Dieses Buch ...

W0289175

... lässt Sie sich nach oben scheitern.

... verhilft Ihnen zu verblüffendem Geist.

... schärft Ihre mentale Stärke.

... übersetzte Ihre Marke nicht nur in Mode.

... stimmt Sie ein.

... zoomt Ihnen Ziele und Zukunft heran.

... verhilft Ihnen zu Macht ohne Machtworte.

ISBN 978-3-945112-03-8

Bibliografische Information der Deutschen Nationalbibliothek

Die Deutsche Nationalbibliothek verzeichnet diese Publikation in der Deutschen Nationalbibliografie; detaillierte bibliografische Daten sind im Internet über http://dnb.d-nb.de abrufbar.

Suzanne Grieger-Langer (Hrsg.) proudly presents

Die 7 Säulen der Macht reloaded 2

7 Speaker

Simone Gerwers
Daniela Ben Said
Antje Heimsoeth
Carmen Brablec
Nicola Tiggeler
Silvia Ziolkowski
Angela Dietz

7 Schlüssel zum Erfolg

Profiler's Publishing

Expertenwissen für Ihren Erfolg

DIE 7 SÄULEN DER MACHT

RELOADED 2

1. **STANDFESTIGKEIT** die tragende Säule

   Unerschütterlichkeit in schwierig(st)en Situationen.

2. **LEIDENSCHAFT** die bewegende Säule

   Lust auf Leistung.

3. **SELBST-KONTROLLE** die koordinierende Säule

   Sich selbst im Griff haben und Situationen entschärfen.

4. **LIEBE** die verbindende Säule

   Wertschätzung als Voraussetzung.

5. **KOMMUNIKATION** die entlarvende Säule

   Ihr Ausdruck.

6. **WISSEN** die stärkende Säule

   was Sie und Ihr Umfeld weiterbringt.

7. **ETHIK** die schützende Säule

   Ihr Schutzschild gegen Manipulation.

Liebe Leser, liebe Leserinnen

zum zweiten Mal stelle ich mich der Herausforderung Ihnen nicht einfach nur sieben Personen, sondern sieben Persönlichkeiten vorzustellen. Gemeinsam zeigen wir Ihnen auf, wie man | frau zu einer beeindruckenden Persönlichkeit werden kann.
Und glauben Sie uns – jeder kann den Weg erfolgreich beschreiten, von der Person zur Persönlichkeit.

Doch vorab – wie fing alles an?

Auf meinem persönlichen wie auch professionellen Weg als Suzanne, als Psychotherapeutin, als Profiler bin ich ausgestattet mit einer geradezu unbändigen Neugierde, wie Mensch tickt. Besonders beeindruckt war ich von souveränen Menschen. Was machen die anders und vor allem, was macht die anders?

Die Antwort auf diese Frage fand ich in den 7 Säulen der Macht. In der Entwicklungspsychologie erfuhr ich von diesen sieben. Es war ein mehr als angestaubtes Modell, dessen erste schriftliche Belege mehr als 3.000 Jahre zurückreichen. Also galt es die Ärmel aufzurollen, den Muff abzuklopfen und für Menschen der Moderne zu übersetzen: Die 7 Säulen der Macht.

Seit 1991 entwickle ich mit den 7 Säulen der Macht Personen zu Persönlichkeiten: www.profilersacademy.com Das Orignialbuch erschien erstmalig 2006, 2013 erfolgte der erste männliche Reload, dem dieser zweite rein weibliche Reload nun im Jahre 2014 folgt. Willkommen zur weiblichen Sicht der Macht.

Worum geht es? – Die 7 Säulen der Macht bemächtigen Sie in zwei Richtungen: die eigene Macht zu entwickeln und missbräuchlicher Macht anderer widerstehen zu können.

Die 7 Säulen der Macht sind Ihr Schutzschild gegen Krisen, Manipulationen und Machtspiele. Mit ihnen navigieren Sie sicher durch unzivilisiertes Gebiet und gehen mit Werten in Führung.

Liebe Leser, es gibt Personen und es gibt Persönlichkeiten. Hier präsentiere ich Ihnen wieder sieben und alle sieben sind so individuell wie exzeptionell, dass sie – so wie sie sind – Ausnahmeerscheinungen sind.

Viel Vergnügen beim Lesen dieser Ausnahmen in Serie.
Ihre Suzanne Grieger-Langer

DIE SÄULEN DER MACHT RELOADED

SIMONE GERWERS
DANIELA BEN SAID
ANTJE HEIMSOETH
CARMEN BRABLEC
NICOLA TIGGELER
SILVIA ZIOLKOWSKI
ANGELA DIETZ

7 SPEAKER

SCHLÜSSEL ZUM ERFOLG

STANDFESTIGKEIT – SÄULE I

Standfestigkeit ist das erste und entscheidende Machtpotenzial!

Nichts kann einen Menschen so stabilisieren wie die Macht der Standfestigkeit. Sie liefert die nötige Unerschrockenheit und das Selbstvertrauen, um jedweder Herausforderung gelassen zu begegnen.

GRETCHENFRAGE STEHEN SIE MIT BEIDEN BEINEN IN DER WELT?

Standfestigkeit ist Ihr Schlüssel zu dem Halt, den es in den Turbulenzen eines Lebens und einer Karriere immer dann braucht, wenn man nicht damit rechnet.

Standfestigkeit ist Kraft und Verankerung im Hier und Jetzt, in Ihrer Position und Ihren Werten.

Standfestigkeit richtet Sie immer wieder auf; Ihre Standfestigkeit ist Ihr Rückgrad!

Die erste Säule der Macht – Standfestigkeit – zum zweiten Mal reloaded von der Stand-Up-Unternehmerin Simone Gerwers:

Wenn man Menschen befragt, die Furchtbares überstanden haben:

Wie habt Ihr das geschafft? Und wie könnt Ihr den Mut aufbringen, Euch immer wieder ähnlichen Situationen zu stellen?

Dann bekommt man regelmäßig die Antwort: Der Trick besteht darin, einfach immer wieder mutig aufzustehen.

Na, toll. Und wie mache ich das?

Immer wieder aufzustehen, wenn ich so gescheitert bin? Was mache ich, wenn ich einfach nicht mehr kann? Wenn ich nicht mehr will?

Die Stand-Up-Unternehmerin Simone Gerwers bringt Ihre Erfahrungen und Erkenntnisse mit, um Ihnen zu zeigen, wie viel und wie wenig es braucht, um sich Herausforderungen immer und immer wieder zu stellen.

Als gestandene Person hat sie ihr Wissen erworben und erlitten und steht damit unerschütterlich.

Lassen Sie sich inspirieren, wie Standfestigkeit bei jeder Herausforderung den nötigen Halt gibt.

Und erfahren Sie, warum es keinen Ersatz für die Standfestigkeit gibt.

Simone Gerwers und ich sind uns sicher, die Macht der Standfestigkeit muss mit Ihnen sein!

Simone Gerwers – die StandUpUnternehmerin

„Versuche es erneut, Versage erneut – Aber versage besser!"

Samuel Becket

Mit Simone Gerwers erleben Sie das Wagnis mit gesellschaftlichen Tabuthemen der Moderne zu brechen! Simone Gerwers ist Impulsgeberin mit humorvoller Provokation und Empowerment. Ihr Cocktail aus fachlicher Expertise, Erfahrungswissen und Leidenschaft weckt die Begeisterung ihrer Kunden, um

- aus Routinen und alten Denkmustern auszubrechen
- die Blickrichtung zu wechseln und
- mutig Selbstverantwortung für den Erfolg zu übernehmen!

Professionalität

Die Diplom-Wirtschaftswissenschaftlerin Simone Gerwers arbeitet als Coach, Consultant und Trainerin für Führungskräfte. Ihre Themen: Führung und Management im Change.

Simone Gerwers arbeitet inhouse und biete ihre Expertise auch offen im eigenen Beratungsunternehmen coaching4change sowie ihrer coaching4changeAkademie an. Sie coacht, berät und trainiert Führungskräfte und Manager zur Führung im Wandel.

Dabei vereint sie in ihrer fachlichen Expertise das Expertenwissen der Wissenschaft mit der Erfahrung aus der Praxis. Gekonnt kombiniert sie Wirtschaft und Psychologie:

- Erfahrungen als Personalchefin eines Wirtschaftsunternehmens
- langjährige Erfahrungen im Personalmanagement von Changeprozessen auf Konzernebene
- zahlreiche Aus- und Weiterbildungen in Coaching und Beratung sowie Kommunikationspsychologie

Die Leadershipexpertin Simone Gerwers bringt Führung auf den Punkt und begleitet Ihren 'Individual Change' als Sparringspartner.

Mit ihrem Wirken wirbt sie für einen gesellschaftlichen Bewusstseinswandel, für den Mut zu Eigenverantwortung und für die Entwicklung von Gestaltungskraft.

Simone Gerwers ist

- Coach im Emotion Coachingpool
- akkreditiert durch die KfW und BGA
- Professional Member of GSA
- Mentorin der HAW in Hamburg
- Förderer und Partner des Gründungsnetzwerk Lüneburg

Im Interview

Warum sind Sie Expertin für Erfolg?

Erfolg ist für mich grundsätzlich eine Lebenshaltung. Diese basiert auf Kompetenzen wie Sehnsucht, Klarheit und Vertrauen in mich. Dazu gehört mein Tun, meine Beharrlichkeit, aber auch Mut und die Kraft nach einem Stolpern wieder aufzustehen. Ich bin überzeugt davon, dass wir nur weitergeben können, was wir selbst ehrlich, authentisch und vor allem mit Leidenschaft leben. Nur so erzeugen wir Glaubwürdigkeit, Vertrauen und wirken gleichzeitig als Mutmacher Erfolg zu leben.

Sie kennen die Werbung: „Mein Auto – mein Haus – mein Pool...". Uns interessiert: Woran messen Sie Erfolg?

Erfolgreich zu sein, heißt für mich, die Freiheit zu haben mit Spaß und Begeisterung meine Berufung leben zu dürfen und damit Gestalter meines Lebens zu sein. Erfolg bedeutet für mich auch eine öffentliche Wahrnehmung zu erfahren, um mein Wissen und meine Kompetenzen mit anderen Menschen teilen zu dürfen.

Kurz: die richtigen Dinge tun, von den richtigen Menschen umgeben und am richtigen Ort zu sein.

Wie haben Sie zu Ihrem unverwechselbaren Stil gefunden?

Mein Stil ist das Ergebnis eines authentischen Lebens. Er ist was ich selbst als meine Identität empfinde. Das setzt voraus zu wissen: Wer bin ich und was will ich wirklich? Was ist das WARUM hinter meinen Zielen. Also welche Werte tragen mich. Alles was dann als Stil sichtbar ist, ist die Beschreibung dessen und nicht aufgesetzt. Mein Stil ist meine Lebensgeschichte, sind meine Erfahrungen, mein Wissen um meine innersten Sehnsüchte und Lebensziele.

Welche kleinen Dinge machen Ihren Tag zu einem erfolgreichen Tag?

Es sind auf jeden Fall die kleinen Dinge, die das Leben ausmachen. Einen erfolgreichen Tag erlebe ich: wenn ich mich im Flow fühle, ich mich kreativ entfalten kann. Ein zufriedener Kunde, aber auch frischer Kaffee, ein Lächeln in der Bahn, ein Waldspaziergang mit meiner Parson Jack Russel-Bande Lilly und Pepe, bei Sonnenschein im Garten frühstücken, mit einem Buch die Seele baumeln lassen, beim Joggen auspowern, anregende Gespräche, italienisches Essen und ein guter Wein, Klavier spielen .... Es sind noch sehr viel mehr dieser Kleinigkeiten. Die Kunst besteht darin, sie achtsam wahrzunehmen.

Wenn ein guter Beobachter Sie eine Woche lang begleitet, woran kann er erkennen, dass Sie ein Erfolgstyp sind?

Auf jeden Fall an meiner Begeisterungsfähigkeit: Energie, Freude und unbändigen Neugier am Leben, an Menschen, am Vertrauen in mich und meine Profession. Ja und zu guter Letzt an meiner Eigenstärke: 1x mehr aufzustehen als hinzufallen.

Was sagen Sie den Zweiflern?

Da antworte ich gern klassisch mit William Shakespeare: „Zweifel sind Verräter, sie rauben uns, was wir gewinnen können, wenn wir nur einen Versuch wagen." Und was ist schon ein Versuch?!

Wie lautet Ihr ultimativer Erfolgstipp?

Nur Mut, trauen Sie sich Ihre eigenen Träume zu leben. Und vergessen Sie nicht: Immer 1x mehr aufzustehen als hinzufallen!

„Unsere größte Schwäche liegt im Aufgeben. Der sicherste Weg zum Erfolg ist es immer noch einmal zu versuchen." Thomas Elva Edison

Ihre Simone Gerwers sagt: Rock your Business, rock your life!

Scheitern Sie sich nach oben

Standfestigkeit

Standfestigkeit als erstes und wichtigstes Machtpotential ist die Wurzel für Erfolg. Standfest zu sein, heißt fest im Leben verwurzelt zu sein. Nur wer mit beiden Beinen fest im Leben steht, kann selbst in Zeiten rasanten Wandels, ein gelingendes Leben führen und erfolgreich sein. Standfestigkeit zeigt sich in Qualitäten wie:

- Stabilität und Selbstakzeptanz
- Lebenskraft
- Fülle und Kreativität

Was heißt es standfest zu sein? Bei dem Wort 'standfest' denke ich an einen Baum. Der Baum steht schon seit Menschenzeiten, innerhalb verschiedenster Kulturen, in Legenden und Religionen, als Symbol für das Leben. In der alten Yogatradition dient er beispielhaft der Umschreibung von Standfestigkeit. Ein Baum verwurzelt sich fest nach unten ins Erdreich und gibt sich damit Stabilität. Verwurzelt sein bedeutet energetisch mit der Erde verbunden zu sein. Das ist die Quelle für Lebenskraft. Gleichzeitig dehnen sich seine Äste und Zweige in die Breite aus und wachsen aufrecht nach oben, in Richtung Himmel. Damit beschreibt der Baum metaphorisch Standfestigkeit in allen Facetten. Standfest sein heißt, fest gegründet zu sein und gleichzeitig beweglich zu bleiben.

Standfestigkeit ist im Außen in unserem Handeln, über unser Wirken mit all unseren Fähigkeiten, in unseren Beziehungen sichtbar. Fundament ist jedoch immer die Festigkeit im Innen. Die dafür wesentlichen Fragen stellt jeder Anrufbeantworter:

I. Wer sind Sie? (Identität | Selbstbild | Selbstwert)

II. Was wollen Sie? (Sinn | Vision | Ziele)

Wer sind Sie und was wollen Sie? Genau diese zwei so entscheidenden Fragen stellen sich die meisten Menschen nicht. Doch ohne diesen inneren Kompass wird es problematisch sein echte Standfestigkeit zu entwickeln.

Probleme mit der Standfestigkeit

Wer Probleme mit der Standfestigkeit hat ist erfolglos, er scheitert, oder schlimmer noch, er versagt. Probleme mit der Standfestigkeit können sein:

- labil statt stabil
- starr statt flexibel
- aufgeben statt durchziehen
- getrieben statt begeistert
- Zweifel statt Vertrauen

Wie sieht es mit Ihrer Standfestigkeit aus?

Man könnte meinen Standfestigkeit ist Garant nicht zu scheitern? Ist es wirklich so? Standfest können wir schwanken und hinfallen, jedoch nicht entwurzeln! Wir scheitern vielleicht, aber wir versagen nicht. Wir scheitern uns nach oben!

Wie schaffe ich es, echte Standfestigkeit zu entwickeln, um ein gelingendes, erfolgreiches Leben führen zu können? Bzw.

- Wie kann mich Scheitern zum Erfolg führen?
- Wie kann ich dem Scheitern einen Sinn einhauchen?
- Wie scheitere ich mich nach oben?

Das Konzept des Scheiterns – eine Entmystifizierung

Scheitern, Katastrophen, Krisen und Fehler sind alles andere, als das Ziel unseres Handelns. Aber sie sind Normalität! Wir tun allerdings so, als müssten wir stets und immer erfolgreich sein. Was wir ausblenden: Erfolg ist sexy, aber Scheitern auch!

Eine alte Weisheit besagt, aus Fehlern wird man klug. Die Geschichte beweist es uns vielfach. Edison hat unzählige Bauchlandungen durchlebt. Erst nach dem Testen des ca. 9000. Glühfadens war seine Glühbirne die Entdeckung. Man möchte es nicht glauben; Michael Jordan schaffte es auf der High School nicht ins Schulteam. Erfahrungen aus Misslingen können nicht nur lehrreich und Ansporn sein, sie sind so mancher Schlüssel zu wirklich großen Entdeckungen.

Scheitern wird dennoch immer wieder nur von seiner Schattenseite betrachtet. Weshalb?

Woody Allen soll den Ausspruch geprägt haben: „Das Überleben nach dem Scheitern ist kein Picknick." Wie wahr! Bitte glauben Sie nicht, dass ich persönliche Tragödien verharmlosen möchte, ganz nach dem Stil: „Einladung zum Schiffbruch ... oder lässig scheitern." Ich betrachte Scheitern grundsätzlich mit großem Respekt. Die Palette des Scheiterns ist vielfältig und manchmal ist es eine tiefe Grenzerfahrung. Auf jeden Fall bedeutet es, die Kontrolle zu verlieren, scheinbar machtlos und ausgeliefert zu sein, bis hin zum Verlust jeglichen Sinn. Aber ist es denn tatsächlich so schlimm Fehler zu machen, sich zu (ver)irren?

Wir leben in einer Welt voller Perfektion, geprägt von Machbarkeitswahn und Erfolgsdruck. Erfolg scheint das Maß aller Dinge zu sein.

Wenn wir von Scheitern reden, dann geht es um weggeschaut, geahndet, sanktioniert, ausgeschlossen... Kein Wunder, dass der Gedanke an ein mögliches Scheitern in uns pure Angst auslöst.

Versagensangst, ein Begriff, der in Mark und Bein geht. Insofern ist es gar nicht verwunderlich: die Angst zu versagen ist persönliche und gesellschaftliche Tabuzone! Damit gehört das Thema Scheitern wohl zu einem der letzten gebliebenen Tabus der Menschheit überhaupt. Misserfolg? So etwas passt eben so gar nicht in das Bild einer Gesellschaft von Gewinnern.

Aber mal Hand aufs Herz! So ganz unter uns: Haben Sie noch nie Schiffbruch erlitten? Vielleicht gab es da doch mal so ein Projekt ..., einen geplanten Karriereschritt, einen verlorenen sportlichen Wettkampf, den Verlust einer Beziehung oder eine Situation beim Sex?

Interessant finde ich, dass es bei Amazon 22.558 Bücher über Erfolg gibt, aber nur 1.257 über den Umgang mit dem Scheitern. Es ist ein Fakt: In unserer Kultur ist Scheitern eben nicht vorgesehen. Fehler sind nicht nur uncool, sondern unerwünscht.

Die meisten Menschen tun einfach so, als wären Glück und Erfolg fest einkalkulierbare Bestandteile unseres Lebens. Schein oder Wirklichkeit? Wie steht es mit Ihnen?

Erinnern Sie sich mit mir an die Fußball WM 2010. Im Halbfinale stockte plötzlich der Erfolg unserer gefeierten Mannschaft. (Wohlgemerkt im Halbfinale!) Sofort startete eine sehr erregte und öffentlich geführte Diskussion. Der Rücktritt von Bundestrainer Löw musste einfach Konsequenz sein. Selbst nach einer Erfolgskette. Wer das Ziel verfehlt, der ist gescheitert, hat versagt. Was sich dahinter verbirgt ist die vorherrschende Kultur blinden „Machbarkeitswahns", Perfektionismusstrebens, des Gewinnens um jeden Preis, des Prädikats der Leistungsgesellschaft.

Fragt sich wirklich keiner, ob wir nicht alle programmiert sind? Erfolg, ja natürlich! Doch wo bleiben Begeisterung am Tun, der Weg zum Ziel, all die Anstrengungen? Die Anerkennung der Leistungen? Sie bleiben auf der Strecke und werden bedeutungslos. Nur das Ergebnis zählt. Schade!

Druck und die Angst zu versagen sind vorprogrammiert. Doch Angst vorm Scheitern limitiert uns. Sie führt uns weg vom erfolgreichen Handeln. Scheitern ist tatsächlich viel mehr, als mal so Schiffbruch zu erleiden oder ein krachender Untergang! Die Medaille hat zum Glück noch eine andere Seite. Auch wenn wir es nicht wahr haben wollen: Scheitern gehört ebenso zum Leben wie Erfolg. Und nicht selten ist gerade der Prozess des Scheiterns überhaupt der Weg zum Erfolg. Aber genau dies, wissen wir im Voraus leider nie. Betrachten wir das Konzept des Scheiterns näher, stellen wir zunächst fest, das Scheitern erstens unvermeidbar ist und zweites Quelle von Innovation, Fortschritt und Erfolg.

„Wenn Sie nicht von Zeit zu Zeit auf die Nase fallen,
ist es ein Zeichen, dass Sie nichts Innovatives tun.
Woody Allen

Bewusster Umgang mit unserem Scheitern und dem Scheitern der anderen eröffnet eine neue Chance erfolgreich zu sein. Dazu bedarf es einer persönlichen Haltung, die man bewusst kultivieren kann. Diese Erkenntnis dürfte Mut machen! Ich lade Sie ein, wenn schon Scheitern, dann nur nach oben. Lassen Sie uns hin- statt wegschauen: Scheitern hat die unterschiedlichsten Facetten. So scheitern wir:

- plötzlich und unerwartet
- ganz unmerklich, step by step
- durch sogenannte 'Fehlentscheidungen'
- in Hilflosigkeit
- durch Angst vor dem Versagen

Einladung zur Erfolglosigkeit – Die Garantie zum VERSAGEN

Wenn Sie garantiert Erfolglosigkeit wollen, dann beherzigen Sie bitte diese Tipps zum Scheitern. In der Regel müssen Sie nicht alles tun, um aus Scheitern echtes Versagen zu machen.

I. Seien Sie standlos!

II. Entwickeln Sie eine Problemkultur.
Vermeiden Sie einen lösungsorientierten Fokus.

III. Wenn schon Ziele, dann bitte unrealistisch:
zu hoch, zu niedrig und keinesfalls „emotionsgeladen".

IV. Halten Sie an Ihren Zielen stets verbissen und starr fest.
Geht nicht gibt's nicht!

V. Machen Sie Sicherheitsdenken und Angst zu Ihrem obersten Leitprinzip.

VI. Rücken Sie Ihr Perfektionsstreben in den Vordergrund und tun Sie alles, um konsequent Fehler zu vermeiden.

VII. Geben Sie bei Schwierigkeiten sofort auf.
Starten Sie keinesfalls einen weiteren Versuch.

VIII. Lassen Sie sich von Pflichtgefühl, nicht von Freude und Begeisterung tragen.

IX. Richten Sie sich mental auf ein Scheitern ein, indem Sie sich von vornherein sagen: Ich schaffe es sowieso nicht.

X. Verschwenden Sie keine Energie: Kochen Sie mit Sparflamme!

Und wenn Sie bereits gescheitert sind, kommen hier Nachhaltigkeits- Tipps zum „nicht lehrreichen Scheitern“:

I. Vorsicht vor ehrlichem Feedback!
Nehmen Sie alles persönlich!
Identifizieren Sie sich mit dem gescheitert sein.

II. Lassen Sie Ihr Ego sprechen und leugnen: Ich wollte XY sowieso nicht erreichen.

III. Kehren Sie die Situation unbedingt unter den Teppich. Was ist schon passiert? Alles halb so schlimm.

IV. Suchen Sie nach Schuld, nach einem Sündenbock. Übernehmen Sie keinesfalls Verantwortung!

V. Bleiben Sie liegen und verkriechen Sie sich in der Opferrolle.

VI. Schauen Sie keinesfalls zurück nach Botschaften, Fehlerquellen etc.

VII. Verschließen Sie sich konsequent dem Blickrichtungswechsel.

VIII. Versuchen Sie keinesfalls etwas Positives zu sehen.

Merksatz:

Ob wir gnadenlos scheitern und versagen, oder ob wir einem Scheitern einen positiven Aspekt abgewinnen können und uns nach „oben scheitern“, hängt einzig und allein von uns selbst, unserer Persönlichkeitsstruktur, unserer Sicht auf das Scheitern ab! Es hängt davon ab, ob wir über Standfestigkeit verfügen.

Weigern Sie sich ein Versager zu sein! Scheitern ist Feedback, nicht mehr und nicht weniger. Nutzen Sie die positive Energie des Hinfallens. Erwerben Sie die Lizenz zum Scheitern nach oben. Wie? Dies erfahren Sie im nächsten Kapitel.

Die Lizenz zum 'Scheitern nach oben'

Ich möchte Ihnen eine faszinierende Geschichte erzählen. Eine Geschichte von einem Mann, der vor ca. 150 Jahren in Amerika lebte.

Dieser Mann verlor mit 23 Jahren seinen ersten Job und gleichzeitig seinen ersten Wahlkampf. Im Alter von 26 Jahren musste er seine Geliebte zu Grabe tragen. Die Tragik setzte sich fort, auch 2 seiner Söhne starben bereits im Kindesalter. Mit 27 Jahren erlag er dann einem Nervenzusammenbruch. Seinen zweiten Wahlkampf verlor er mit 29 Jahren. Im Kongress erlag er mit 34 Jahren und ein weiteres mal mit 39Jahren. Mit 45 Jahren und auch mit 49 Jahren verlor er im Kampf um ein Senatorenamt . Mit 47 Jahren scheiterte er erneut, als er sein Ziel, Vizepräsident zu werden, verfehlte.

Und doch: Abraham Lincoln wurde im Alter von 52 Jahren Präsident der Vereinigten Staaten von Amerika!

Solche Standfestigkeit verdient ein Chapeau. Nach oben gescheitert. Aber steckt es nicht schon im Wort Erfolg? Er – folg könnte man so verstehen = Folge von etwas, oder auch er – folgt. Um erfolgreich zu sein sind Vorarbeit, beharrliches Tun und ein Weg erforderlich.

Wie kommt es, dass einige Menschen eine solche Stand-Up-Qualität haben? Wie erhält man die Lizenz zum Scheitern nach Oben?

Die Lizenz zum 'Scheitern nach oben' in 7 Faktoren

„Wer Angst vorm Scheitern hat, der hat Angst vorm Erfolg."
nach Paulo Coelho

Scheitern ist nichts für Feiglinge, denn laufen lernt man bekanntlich durch hinfallen. Erwerben Sie jetzt die Lizenz zum Scheitern nach oben.

I. Der Sicherheitsfaktor

Veränderung ist Gesetz, sie ist unvermeidbar und notwendig zugleich. Egal ob Sie nun aber den Job wechseln, in eine andere Stadt ziehen, eine Partnerschaft verlassen, ein neues Projekt starten, einen Changeprozess im Unternehmen durchlaufen. – Sie brauchen die Fähigkeit sich den neuen Umständen anzupassen.

Veränderung heißt immer Sicherheit aufzugeben. Um Sicherheit aufgeben zu können, benötigen Sie Vertrauen; Vertrauen ins Ungewisse. Sie erinnern sich: Vertrauen ist die Basis der 1. Säule der Macht, der Standfestigkeit. Es ist nicht verwunderlich, Veränderungssituationen machen genau deshalb vielen Menschen Angst. Wer offen scheitert, macht sich angreifbar. Dazu kommt, dass in unserem Land Misserfolge so stark, wie fast nirgendwo geächtet werden. Und so ist es kein Wunder, dass wir Deutschen weltweit für unsere 'German–Angst' bekannt sind. Dafür werden wir auch ziemlich belächelt. In den USA werden aus Scheiterbiografien Helden erkoren. Hierzulande ist man „out" und wird schlimmstenfalls ausgewechselt. Der Druck zu versagen wächst, wenn der Wind der Veränderung weht. Also doch lieber auf Nummer sicher setzen, kein Risiko eingehen, den Fokus 100% auf Fehlervermeidung setzen.

Zum Nachdenken: Perfektionismus ist vordergründig ein Streben nach Sicherheit. Was sich dahinter versteckt ist Angst. Menschen, die nicht perfektionistisch sind, sind nicht zwingend ungenau. Möglicherweise sind sie effektiv! In Sachen Qualität hat uns unser besagter Ruf durchaus Anerkennung verschafft. Doch wir stehen hinten an, wenn es um Erfolgskriterien wie Flexibilität, Kreativität und Veränderungsbereitschaft geht. Wir gelten als ein Volk der Übervorsichtigen, der Sicherheitsfanatiker und Perfektionisten.

Sind Druck und Angst also unser Preis der Leistungsgesellschaft? Angst hat zunächst eine gesunde Schutzfunktion. Sie hat eine stammesgeschichtliche Warnfunktion und soll letztlich unser Überleben sichern. Veränderung signalisiert uns ein: „Achtung, Gefahr!" Ohne die geliebte, überschaubare Gewohnheit wird der Sicherheitsbereich verlassen. Aber wie heißt es so schön: Die Zeiten ändern sich. Nur wer sich mit ihnen ändert, der überlebt. Veränderung passiert stets außerhalb unserer Komfortzone. Wenn wir uns trauen, uns auf Neues einzustellen, dann wächst unser Erfahrungsschatz und zugleich unser Zutrauen in uns. Jede Entscheidung, die wir treffen erfolgt unter Risiko und Sicherheit. Es lohnt sich achtsam hinzuschauen. Angst sendet uns möglicherweise eine Alarmfunktion, aber ist sie begründet?

I. Bleiben Sie nicht in der Angst stecken. Verabschieden Sie sich vom 'lähmenden' Perfektionismus und der Illusion Sicherheit.

II. Kalkulieren Sie Scheitern als Option (nicht als Ziel!). Wählen Sie ein kalkulierbares Risiko.

III. Entwickeln Sie Mut standfest nach vorn zu gehen. Eine Reise endet und eine neue kann beginnen, wenn Sie wollen. No risk, no fun.

II. Der Wahrnehmungsfaktor

Entscheidend für das, was wir denken, fühlen und wie wir handeln ist unsere Wahrnehmung. Vorsicht: Glauben Sie nicht Ihren Gedanken. Ja, Sie haben richtig gehört. Halten Sie es mit Henry Ford: „Ob Sie glauben, Sie können etwas oder nicht, Sie werden Recht behalten."

Sie entscheiden mit dem, was Sie denken, wie Sie sich fühlen und damit wie Sie letztlich handeln. Wahrnehmung ist immer ein neuronales Konstrukt. Das heißt, sie ist eine bewusste oder auch unbewusste Interpretation von Wirklichkeit. Unsere Erfahrungen liefern uns eine Färbung. Damit ist Wirklichkeit immer individuell, oder anders gesagt: „Die Landkarte ist noch lange nicht das Gebiet." Wir müssen wissen, Wahrnehmung ist nicht nur Abbildung von Wirklichkeit, sondern sie ist eine Realitätskonstruktion. Fragen Sie sich deshalb:

- Kann ich meiner Wahrnehmung trauen?
- Nehme ich (nur) Befürchtungen oder auch Wünsche wahr?

Achtsamkeit ist ein wirksames Instrument, um sich in klarer Wahrnehmung zu schulen. In einer achtsamen Haltung üben wir uns, die Dinge so zu betrachten, wie sie 'wirklich' sind. Achtsam wahrzunehmen heißt, frei zu sein von Gefühlsverstrickungen, Vorurteilen, Filtern, Generalisierungen, Verzerrungen.

Neurobiologisch ist unsere Wirklichkeit grundsätzlich nur ein winziger Ausschnitt, von dem, was tatsächlich wahrgenommen werden könnte. Das Gehirn arbeitet äußerst effektiv. Es reduziert alles Komplexe zu Einfachem.

Bewusster Wahrnehmung geht ein Lernprozess voraus. Das Prinzip ist, dass wir nur die Dinge erkennen können, die wir bereits kennen. Paradox? Nein. Unser Gehirn funktioniert ähnlich einem Erinnerungsspeicher. Erfahrenes wird gemeinsam mit dem dazu erlebten Gefühl abgespeichert (= emotionale Bewertung durch das limbische System). Die Theorie des Neurowissenschaftlers Antonio Damasio über somatische Marker erklärt, wie unsere Gedanken, Gefühle und Körperempfindungen, als Teil unserer Vernunft, miteinander verknüpft sind und unser Handeln prägen. Unsere Erfahrungen sind also mit einem emotionalen Erfahrungsgedächtnis verbunden. Bei jeder Entscheidung, die es zu treffen gilt, sind mit unseren Gedanken unsere Emotionen im Spiel. Allerdings sollten wir uns nicht blind auf dieses Wissen verlassen. Die Frage ist: Taugt der somatische Marker, die alte Erfahrung überhaupt noch für die aktuelle Situation?

Die wichtige Bedeutung die dahinter steht ist: Wir nehmen die Welt nicht wahr, sondern wir konstruieren sie. Somit ist unsere Wirklichkeit tatsächlich unsere Wirklichkeit. Sie ist damit weder richtig noch falsch.

Im Kontext des 'wie' des Scheiterns sind diese wissenschaftlichen Erkenntnisse bedeutungsvoll. Wir Menschen bewerten stets und ständig als natürliche Funktion. Bewertung ist lebensnotwendig für unsere Entscheidungen. Wie unsere Bewertung ausfällt, ist von der Art unserer individuellen Wahrnehmung abhängig. Betrachten wir Scheitern zunächst als Feedback in Form einer Sachbotschaft. Dann haben wir eine Aussage wie: So klappt es nicht. Mit unserer Wahrnehmung erfolgt eine Bewertung, auf Basis einer entsprechend gemachten Referenzerfahrung. So kann ich beispielsweise über mich glauben:

- Ich bin gescheitert.
  Statt: Das Projekt ist gescheitert.
  (Falle Identitätsebene)

- Ich kann es nicht.
  Statt: Ich kann es noch nicht.
  (Falle Selbstbeschränkung von Fähigkeiten)

- Das ist mein Untergang.
  Statt: Das trifft mich, doch es wird weiter gehen.
  (Falle Katastrophendenken) usw.

Merksatz:

Mit einer unreflektierten Wiederholung von alten Mustern aus der Vergangenheit, betreiben wir unter Umständen regelrechte Selbstsabotage. Scheitern ist Kopfsache. Es ist unsere Wirklichkeitskonstruktion.

„Es sind nicht die Dinge die uns beunruhigen,
es ist die Meinung, die wir über die Dinge haben."
Epiktet (griechischer Philosoph)

Manchmal bremst uns so ein Kopfkino einfach aus. Nämlich dann, wenn eine negative Feedbackschleife ausgelöst wird:

Ereignis ➤ Gedanken ➤ Gefühle

Gefühle ➤ Gedanken ➤ Handeln (Ereignis)

Ein negatives Ereignis löst negative Gedanken aus. Sofort stellen sich negative Gefühle und Körperempfindungen ein. Beispiel: Sie haben die Quartalsziele nicht erreicht und müssen morgen vor dem Vorstand eine entsprechende Präsentation abhalten. Das macht Ihnen vielleicht Bauchschmerzen. Eine negative Kaskade entsteht, wenn Sie in der Schleife Gedanken – Gefühl hängenbleiben. Statt einer Lösungsorientierung geraten Sie immer tiefer ins Problem und in den Schmerz. Diese Grübelfallen bezeichnet man als Rumination.

Überprüfen Sie deshalb Ihre eigenen Realitätskonstruktionen und entscheiden Sie sich für einen motivierenden Fokus als Grundlage für Ihre Gestaltungskraft.

Sie können Ihre Situation entweder als Katastrophe, oder als Herausforderung sehen. Ersteres wird unweigerlich zur Folge haben, dass Sie sich schlecht fühlen. Die gleiche Situation als Herausforderung wahrgenommen, wird trotz möglicher Anstrengungen und zu passierender Hindernissen positive Emotionen wie Stolz, Zuversicht und Selbstvertrauen entfachen.

- Schauen Sie genau hin.
  Üben Sie sich in einer achtsamen Sichtweise.
- Üben Sie sich in Akzeptanz in allem, was Sie selbst nicht ändern können. Es ist wie es ist!

- Lernen Sie Grübelfallen – mentales Gedankenkreisen – bewusst zu unterbrechen und auszusteigen.
  Diese Art des Denkens, ist nicht lösungsorientiert. Unsere Energie folgt immer unserem Fokus. Wenn Sie Ihre Aufmerksamkeit auf die Lösungssuche richten, unterstützt es bei der Ausrichtung auf Ihren Erfolgskurs. Fragen Sie sich:
  - Welche nicht hilfreichen Wahrnehmungsmuster | Gedanken haben Einfluss auf mein Tun | Unterlassen?
  - Was wäre ein mir dienlicher Wahrnehmungsfokus?
  - Welche positiven Erfahrungen aus der Vergangenheit kann ich ganz bewusst als Stärkung nutzen?
    Das sind Ressourcen, die Sie in Krisensituationen bewusst abrufen können.

III. Der Resilienzfaktor

Resilienz ist die Eigenschaft der Stehaufmännchen. Kennen Sie Stehaufmännchen, die liegen bleiben? Resilienz steht für eine innere Widerstandskraft. In ihr steckt das innere Wissen, wir können Niederlagen nicht nur überleben, sondern gehen auch gestärkt aus ihnen hervor.

Ein Kind stürzt, das Knie blutet, es liegt schreiend am Boden. Die Mutter tröstet, ermutigt aufzustehen und versorgt die Wunde. Ehe man sich versieht, läuft das Kind munter weiter. Was wir erleben ist Resilienz pur.

Wie kommt es, dass sich manche Menschen von Niederlagen oder Schicksalsschlägen komplett aus der Bahn werfen lassen und andere Stand-Up-Qualitäten zeigen? Resillienz ist gelerntes Verhalten. Positiv wirken sich stärkende Bezugspersonen aus. Das können Personen sein, auf die man sich verlassen kann: wie Eltern, Großeltern... Weitere wesentliche Faktoren sind die eigene Selbstwirksamkeitsüberzeugung und die Fähigkeit Distanz und Akzeptanz zu entwickeln.

Exkurs Selbstwirksamkeit: Mit Self-Efficacy beschäftigte sich in den 70er Jahren der Psychologe Albert Bandura. Sie basiert auf dem Konzept der Selbstwirksamkeitsüberzeugung. Es ist die Überzeugung, Situationen, das eigene Leben selbst, durch eigenes Handeln positiv gestalten zu können.

Beispielhafte Merkmale sind:

- mehr Ausdauer, dafür eine erhöhte Frustrationstoleranz
- verminderte Anfälligkeit für Ängste | Depressionen
- bessere Erfolge in Ausbildung und Karriere
- realistischere Selbsteinschätzung und Vertrauen in eine Zukunftswirksamkeit

Und so geht es:

I. Stärken Sie den Glauben an Ihre eigene Selbstwirksamkeit! Werden Sie sich Ihrer Bedürfnisse bewusst und entscheiden Sie sich dafür: " Ich will, denn ich kann."

II. Üben Sie sich in Akzeptanz von Unveränderlichem.

III. Denken Sie in Chancen.

IV. Lernen Sie aufzustehen, lernen Sie weiter zu gehen.

V. Nehmen Sie Hilfe an.
Trauen Sie sich, um Hilfe zu bitten

Lernen Sie Resilienz:

Ich gehe eine Strasse entlang

Ich gehe eine Straße entlang
Da ist ein tiefes Loch im Gehsteig.
Ich falle hinein. Ich bin verloren....
Ich bin ohne Hoffnung.
Es ist nicht meine Schuld.
Es dauert endlos, wieder herauszukommen.

Ich gehe dieselbe Straße entlang.
Da ist ein tiefes Loch im Gehsteig.
Ich tue so, als sähe ich es nicht.
Ich falle wieder hinein.
Ich kann es nicht glauben,

schon wieder am gleichen Ort zu sein.
Aber es ist nicht meine Schuld.
Immer noch dauert es sehr lange herauszukommen.

Ich gehe dieselbe Straße entlang.
Da ist ein tiefes Loch im Gehsteig.
Ich sehe es.
Ich falle immer noch hinein, aus Gewohnheit.
Ich weiß wo ich bin. Es ist meine eigene Schuld.
Ich komme sofort wieder heraus.

Ich gehe dieselbe Straße entlang.
Da ist ein tiefes Loch im Gehsteig.
Ich gehe darum herum.

Ich gehe eine andere Straße.

Sogyal Rinpoche

IV. Der Innovations- und Lernfaktor

Was wäre die Welt doch arm ohne Irrtum und alles Scheitern. Beispiele für letztlich erfolgreiches Scheitern sind: ein schief gelaufenes Experiment, das mit der Entdeckung des Penicillins Erfolg brachte, die irrtümliche Entdeckung Amerikas durch Christoph Columbus, der glaubte an der Ostküste Asiens gelandet zu sein und der lebensrettende Herzschrittmacher sollte eigentlich nur ein Gerät zum Aufzeichnen der Herzströme sein. Ein HOCH auf das Scheitern!

Auch Lewis Hamilton (Formel 1 Rennfahrer) hat die Erfahrung gelehrt. Sein Ausspruch: „Manchmal muss man erst verlieren, um zu lernen, wie man gewinnt."

Scheitern ist eine fruchtbare Quelle für Innovation, Fortschritt und Lernen. Wenn wir es nur zulassen. Es zuzulassen bedeutet, über die Fähigkeit zur Selbstkritik zu verfügen. Verleugnen, nicht hinzuschauen, schnell weiter zu ziehen, bringen nicht weiter. Wenn wir uns ehrlich zum eigenen Scheitern bekennen können, dann sind wir authentisch. Nur dann können wir garantiert etwas finden, was uns, oder dem Projekt für die Zukunft nützlich sein wird. Wir können nicht nur 'etwas', sondern uns dabei selbst neu erfinden. In der wissenschaftlichen Forschung arbeitet man beispielsweise nach dem Prinzip trial and error (Versuch und Irrtum). Das bedeutet, es wird solange an einer möglichen Lösung probiert, bis sie gefunden ist. Fehlschläge werden dabei einkalkuliert. Der Biochemiker Isaac Asimov beschreibt den Kern des Verfahrens: Nicht „Ich hab`s!" sondern „Das ist ja komisch." sind der Kern. Diese Kultur ist lebenstauglich und zwingend für die Lizenz zum Scheitern nach oben. Wenn wir lernen Bemühungen und Tun anzuerkennen, statt der Fixierung auf Ergebnisse nachzugeben, dann etablieren wir eine Kultur des Scheiterns, die Motivation entstehen lässt. Das Definieren über unser Handeln, statt über Fähigkeiten stärkt das menschliche Selbstbewusstsein (und damit unsere Standfestigkeit).

- „Wenn Du verlierst, dann verliere nicht den Lerneffekt."
  So lautet die 19. Lebensregel des Dalai Lama. Machen Sie diese Regel zu Ihrer.
- überdenken ➤ neu denken ➤ anders denken
- Denken Sie um: Tauschen Sie starre Ergebnisfixierung gegen Entdeckungsfreude.

V. Der Faktor Mut und Demut

Mut gehört zum Scheitern und damit zum Erfolg. Fakt ist, nur der, der wagt, kann auch Scheitern. Wir müssen uns permanent entscheiden, eine Wahl treffen. Das ist nicht immer einfach. In einer Zeit der Multioptionalität gibt es grenzenlose Entscheidungsmöglichkeiten. Heute ist jedes Leben individuell und fast eine Folge von angereihten Projekten einzelner Lebensphasen. Die klassischen Zeiten von Schule – Beruf – Heirat sind vorbei. Die Angst den falschen Weg einzuschlagen läuft mit. Wir sind gezwungen Wagnisse einzugehen, wenn wir unser Leben frei leben wollen. Ein Wagnis einzugehen bedeutet, die eigene Freiheit zu nutzen, das Leben entsprechend des eigenen Lebenssinns zu gestalten und damit sich selbst zu entwerfen. Oder gehören Sie eher zu den Menschen, die sich ihr Leben so richtig bequem eingerichtet haben?

„If you always do, what you always did,
you will always get, what you always got."
Abraham Lincoln

Mutig voranzugehen, gegen Selbstzweifel, gegen die Angst, gegen mögliche Konsequenzen, ist noch nicht genug. Aus Mut kann ebenso schnell Übermut und Machbarkeitswahn werden. Es bringt nichts mit Tschakka und aufgeblähtem Ego loszulaufen. Was schützt uns davor? Mut bedarf immer auch Demut. Demut zeigt sich im Annehmen der eigenen menschlichen Grenzen, der Akzeptanz von Unvollkommenheit und letztlich auch unserer Endlichkeit. Wenn wir selbstbewusst sind Grenzen zu akzeptieren und uns und anderen Wertschätzung entgegen bringen, dann sind wir mutig genug erneut zu wagen oder Neues in Angriff zu nehmen. Wir sind demütig genug zu wissen, dass nicht alles veränderbar ist, dem wir uns stellen. Doch ohne den Versuch zu wagen, unsere Träume zu erreichen, werden wir nie über uns hinauswachsen.

„Jeder kann über sich hinauswachsen und etwas erreichen,
wenn er es mit Mut und Leidenschaft tut."
Nelson Mandela

- Wissen Sie wofür Sie brennen?
  Machen Sie sich Ihre Lebensziele und Etappenziele bewusst?
- Werden Sie aktiv und gehen Sie die Umsetzung Ihrer Wünsche und Ziele an.

VI. Der Verantwortungsfaktor

„ Die einzige Freiheit, die ich kenne
ist die des Geistes und des Handelns"
Albert Camus

Egal, was auch immer wir tun, wir sind für unser Handeln verantwortlich. Mit unserem Handeln treffen wir immer wieder eine Wahl für unser Leben. Oder anders gesagt unser ICH definieren wir über unser Tun. Wir entscheiden uns oder nicht. Wir tun etwas oder nicht. Es hat immer Konsequenzen.

Wenn wir uns entscheiden, dann bejahen wir den Wert dessen, was wir gewählt haben. Insofern macht es Sinn sich entsprechend der eigenen Werte zu verhalten und sich seiner Ziele bewusst zu sein.

Wir tragen aber auch Verantwortung für andere Menschen. Insofern sind wir verpflichtet Optionen einzugrenzen, das zu wagen, was sich lohnt und sich nicht zu scheuen neu zu starten.

Verantwortung zeigt sich ebenfalls im Umgang mit dem Scheitern. Bequem, wenn auch unfair, ist es Schuldige zu finden. Meist ist es eine Art von Schutz für unseren Selbstwert oder das Abteilungsimage. Alternativ finden wir uns in Negation des eigenen Scheiterns, in der Opferrolle. Tatsächlich entziehen wir uns dabei immer der Verantwortung – für uns, andere, ein Projekt. Obendrein schieben wir anderen den 'schwarzen Peter' zu. In Unternehmen ist Scheitern selten akzeptiert und klassischerweise gibt es für jedes gescheiterte Projekt auch ein Opferlamm oder eine ganze Herde. Da wird ein Projekt an eine andere Abteilung übertragen, ein Projektleiter ausgewechselt oder alles leise unter den Teppich gekehrt. Welches Projekt noch? Ach, bedeutungslos. Auch persönlich geraten wir schnell in die Opferhaltung. Eines ist uns dort zumindest gewiss: Anteilnahme und Mitgefühl. Aber bringt uns das wirklich nach oben? Wir entziehen uns der Verantwortung und gleichzeitig unserer Selbstbestimmung. Deshalb macht es Sinn aufrecht zu scheitern.

I. Stehen Sie selbstbewusst zum Scheitern.
Weigern Sie sich aber ein Versager zu sein. Schnell sind Fehler oder gescheiterte Projekte in die Identitätsebene gewandert. Dort gehören Sie nicht hin! Auf dieser Ebene werden Schuldige und Opfer produziert und der Lerneffekt bleibt aus.

II. Übernehmen Sie Verantwortung für sich | Ihre Beziehungen | Ihren Verantwortungsbereich.

III. Verlassen Sie Schuldzuweisungen und Opferhaltung.
Merksatz: Menschen verhalten sich, Menschen sind nicht ...
Mit dieser Haltung können wir unser Handeln verantwortlich gestalten. Wir können das Beste aus der entsprechenden Situation machen. „Ich bin O.K. Du bist O.K. ist gesichert und unsere Standfestigkeit bleibt gewahrt. Oft versperrt uns aber eine kausale Denkweise diese Blickrichtung. Linear betrachtet hat A letztlich B zur Folge und unser Denken ist schwarzweiß. Mit linearen Problemlösungsversuchen erfassen wir nicht die tatsächlich vorherrschenden komplexen, systemische Beziehungen. Um differenziertere Lösungen zu finden, müssen wir mit Lösungsschleifen arbeiten.

IV. Lernen Sie mit einer systemischen Denkweise Lösungsorientierung zu kreieren:

- denken Sie zirkulär und auch mal ums Eck

- erlauben Sie sich und anderen Fehlertoleranzen
- verwechseln Sie nie ein Symptom mit einem Problem
- üben Sie sich in Gelassenheit: Veränderung braucht Zeit

Sind Sie bereit nicht nur über Erfolge, sondern auch über Misserfolg und Scheitern zu sprechen?

„Nein, man ist kein Opfer,
man ist nur Opfer von sich selbst."
Karl Lagerfeld

VII. Der Joyfearfaktor

Kennen Sie Momente, auf die Sie sich total freuen, die Ihnen aber auch irgendwie Angst machen?

Sie haben den ersehnten Führungsjob und stehen nun vor Ihrer neuen Mannschaft. Sie sind Redner und sollen erstmalig eine Bühne mit 500 Zuschauern rocken. Sie sitzen im Hubschrauber und es sind noch wenige Minuten bis zum Absprung... Was Sie in diesen Momenten fühlen, kann man wohlmöglich mit 'Furchtfreude' beschreiben. Joyfear (nach Leo Babauta) beinhaltet Furcht und Freude zugleich. Sie fragen sich, wie können so gegensätzliche Gefühle zusammenpassen? Ganz einfach:

„Joyfear" (Furchtfreude) beschreibt eine Angst, die nicht lähmt, sondern etwas auslöst, dass aus Ihrer Begeisterungsfähigkeit entspringt. In solchen Momenten sind wir zu größter Leistung bereit und fähig und wir stecken andere quasi mit unserer Begeisterung an. Joyfear bringt uns gewissermaßen in einen Zustand des Flow. Der Neurobiologe Prof. Dr. G. Hüther spricht von Gestaltungslust, wenn er Begeisterung als Motivationsfaktor schlechthin beschreibt. Wenn wir unsere Ziele so ausrichten, dass Sie in uns Begeisterung entfachen, dann werden wir erfolgreich sein. Joyfear ist Leidenschaft, die uns selbst, wenn wir scheitern, neue Wege suchen lässt, die uns Kraft gibt es noch mal und nochmals zu versuchen, die uns immer 1x mehr aufstehen lässt als hinzufallen.

Merksatz:

Immer 1x mehr aufstehen als hinfallen!

„Man versteht das Leben nur rückwärts,
muss es aber vorwärts leben."
Soren Kierkegaard

7. Der Stand-Up-Notfallplan:

I. Stopp!
Durchatmen.

II. „Entdramatisieren" und Klarheit schaffen.

III. Akzeptanz, Verabschiedung und Trauerarbeit.

IV. Blickrichtungswechsel statt Grübelfalle.

V. Neu-Fokussierung
Innere Ausrichtung auf einen motivierenden Horizont.

VI. Rückhalt und Hilfe suchen und annehmen (Familie, Freunde, Coach...).

VII. Mutig den Neustart wagen.

VIII. Lernschleife initiieren.

„Was wir brauchen, sind verrückte Leute,
seht Euch an, wohin uns die normalen gebracht haben."
Georg Bernhard Shaw

Nachsatz:

Sich nach oben scheitern ist eine Haltung. Es ist die Haltung der Erfolgreichen. Nur Mut zum Schiffbruch. Mit der Lizenz zum Scheitern gibt es nur eine Richtung: nach oben.

„Viel Erfolg, beim Scheitern nach oben!"

LEIDENSCHAFT – SÄULE 2

Leidenschaft ist das zweite und belebende Machtpotenzial!

Nichts kann einen Menschen mehr bewegen als die Macht der Leidenschaft. Sie liefert die Unerschrockenheit und nützliche (wie nötige) 'Frechheit' zur Freiheit.

GRETCHENFRAGE EMPFINDEN SIE LEBENSFREUDE?

Leidenschaft ist Ihr Schlüssel zu dem Schwung, den es für dauerhaften Erfolg braucht. Sie ist eine einzigartige Kraftquelle.

Leidenschaft ist Lust; Lust am Leben und Lust an der Leistung. Sie ist Lebendigkeit und Lebenselixier.

Leidenschaft, das ist Lebensqualität. Statt fadem Einheitsbrei, ist sie das Salz in der Suppe!

Die zweite Säule der Macht – Leidenschaft – zum zweiten Mal reloaded durch die Kundenverblüfferin Daniela A. Ben Said:

Wenn man die ganz Großen der einzelnen Branchen fragt:

Wie macht Ihr das, dass Ihr über so viele Jahre stark und erfolgreich geblieben seid?

Dann bekommt man regelmäßig die Antwort: Der Trick besteht darin, sich immer wieder neu zu erfinden und sich dabei doch treu zu bleiben.

Na, toll. Und wie mache ich das?

Mir treu zu bleiben hat wohl etwas mit Tradition zu tun, aber wie erfinde ich mich neu und das auch noch regelmäßig?

Was mache ich, wenn mir nichts Neues einfällt, wenn es vorhersehbar ist oder – Gott bewahre – sogar langweilig wird?

Die Kundenverblüfferin Daniela A. Ben Said hat die richtige Formel für genau diese Herausforderung (und viele weitere).

Als Führungs- und Frontfrau nimmt sie Sie mit zu einem beeindruckenden Set an leidenschaftlicher Sichtweisen.

Lassen Sie sich inspirieren, wie Leidenschaft unternehmerisch genutzt werden kann.

Und erfahren Sie, warum in einer gesunden Wertekultur aus Mitarbeitern Motoren für den Erfolg werden.

Daniela A. Ben Said und ich sind uns sicher, die Macht der Leidenschaft muss mit Ihnen sein!

Daniela A. Ben Said – die Kundenverblüfferin

ANDERS ist der Standard!

Über das Energiebündel Daniela A. Ben Said schreibt Spiegel Wissen: „Sie gehört zu den Top-Trainern Deutschlands!"

Mehrfache Buchautorin, 2008 mit dem Coaching Award ausgezeichnet und seit 2006 durchgängig eine der Top 100 excellente Speakers in Deutschland, Österreich und der Schweiz.

Wie und warum? Daniela A. Ben Said begeistert – durch klare Konzepte, einfach und sofort umsetzbar. Sie lebt ihre Ideen vor, auf der Bühne, im Training und vor allem in ihrem eigenen Unternehmen.

Infotainment pur und dabei auch analytisch, reflektierend und mitfühlend, das ist Daniela A. Ben Said.

Professionalität

Die Top-Speakerin Daniela A. Ben Said ist bekannt durch Print, Radio und TV!

Die studierte Psychologin, Psychotherapeutin (HP) und NLP-Lehrtrainerin (DVNLP) hat mehr als Ungewöhnliches im Repertoire.

- Horsecoaching
  Persönlichkeitsentwicklung und Mitarbeiterführungstraining mit echten Pferden
- Ponyshow
  zur Mitarbeitermotivation und Kundenverblüffung
- Falkenseminar
  Führungskräftetraining mit Falken und Adlern
- Wüstenseminar
  Persönlichkeitsbildendes Seminar in der Sahara
- Zielschuss
  Führungskräftetraining mit Abschluss und Schuss auf dem Schießstand

Bücher

Ben Said, Daniela A. 2011. Das Märchenseminar – Persönlichkeitstraining mit Herz. Vechta-Langenförden: Geest-Verlag.

Ben Said, Daniela A. 2011. Das Wüstenseminar. Vechta-Langenförden: Geest-Verlag.

Ben Said, Daniela A. 2012. Be different or die! DABS-Verkauf: Durchdacht, Anders, Begeiternd, ÜberraSchend. Vechta-Langförden: Geest Verlag.

Im Interview

Warum sind Sie Expertin für Erfolg?

Mein Leben ist der Beweis dafür, dass jeder es zu etwas bringen kann. Die Entscheidung für Erfolg liegt in jedem Einzelnen von uns. TUN müssen wir es dann selbst. Mutig, diszipliniert, fleißig, verbindlich und: Überraschend ANDERS!

Sie kennen die Werbung: „Mein Auto – mein Haus – mein Pool...". Uns interessiert: Woran messen Sie Erfolg?

- Glückliche Tage
  Wie kann ich Glück messen? Es gibt das Glücksbarometer! „Wie groß ist der Unterschied zu dem Leben, dass du leben wolltest und jetzt führst? Wie zufrieden bist du damit?"
  „Frage dich jetzt, welche beste Lebensphase du in deiner Vergangenheit hattest und schaue, wie groß der Abstand zu deinem jetzigen Leben ist!"
  „Was möchtest du gerne haben oder was bewunderst du, was andere haben und wie nah bist du an diesem Ziel?"

Zeit mit meinem Mann, unseren Kindern und den Tieren, Natur, gutes Essen, unser Hof, Applaus nach einem Vortrag...

Wie haben Sie zu Ihrem unverwechselbaren Stil gefunden?

- Beobachtung
  aus jedem Seminar | Vortrag kann ich etwas lernen
- Mutig einfach ausprobiert – Trial and Error
- Motto: „Wenn das Pferd tot ist, steig ab."
- Einfach TUN

Welche kleinen Dinge machen Ihren Tag zu einem erfolgreichen Tag?

- Ein gutes Frühstück
- Abgearbeitetes auf der To-Do-Liste abhaken

- Eine Trainingsstunde mit meinem Pferd Erich
- Etwas Schönes machen (Spieleabend mit den Kindern, Kürbisse schnitzen, Schlittschuh fahren, Papier schöpfen, Malen, Hula-Hoop-Wettbewerb, meine Tiere erleben...)
- Eine gute Idee für meine Arbeit
- Feierabend nach guter Arbeit

Wenn ein guter Beobachter Sie eine Woche lang begleitet, woran kann er erkennen, dass Sie ein Erfolgstyp sind?

- Fleiß und Disziplin
- Schnelle Entscheidungen und sofortiges Erledigen von Aufgaben, Priorisierung der Aufgaben
- Versprechen einhalten, Verbindlichkeit
- Direkt und ehrlich, auch wenn es unbequem ist
- Immer auf der Suche nach einer guten Lösung
- Freude und Stolz nach einem gelungenen Arbeitstag, aber auch: Nie zu 100% zufrieden, d.h. immer auf der Suche nach (eigener) Verbesserung!

Was sagen Sie den Zweiflern?

Erfolg gibt Recht! Was juckt es die deutsche (ok, in meinem Falle die halbarabische) Eiche, wenn sich die Sau an ihr kratzt? Und: Wir kochen alle nur mit Wasser – ich habe es nur schon verflixt oft aufgesetzt.

Wie lautet Ihr ultimativer Erfolgstipp?

- Steh' zu deinen Schwächen.
- Sei dir nie für eine Sache zu schade.
- Aus einer Hand aus der etwas rausgeht, kommt auch immer wieder etwas rein!

Geist statt Geld

„Derjenige, der mit Tinte schreibt,
ist nicht zu vergleichen mit demjenigen,
der mit seinem Herzblut schreibt."
Khalil Gibran

Sicherlich kennen Sie das. Sie haben einen Traum. Sie wollen etwas mit voller Leidenschaft verwirklichen. Vielleicht wollen Sie Ihr Golfhandicap verbessern, einen großen Kunden gewinnen, Ihre|n PartnerIn überzeugen, den Marathon als 'Finisher' zu durchlaufen... Was auch immer. Sie wissen, wenn Sie etwas wirklich wollen, dann setzen Sie alles daran, es zu schaffen. Jeder von Ihnen, liebe LeserInnen, hat eine andere Leidenschaft, ein anderes Ziel und dennoch eint uns alle diese unbändige Kraft, die Leidenschaft, der Wille, der Ehrgeiz, alles für diese eine Sache zu geben.

Das ist nicht immer leicht und Rückschläge gehören fest dazu – auch das hat uns das Leben schon oft gelehrt. Mit diesem Text lade ich, Daniela A. Ben Said, Sie ein, mich ein Stück auf meiner Reise zu begleiten. Lassen Sie sich leidenschaftlich anstecken.

Januar 1998

Daniela sitzt an ihrem Schreibtisch. Ihr eigenes Büro! Wie lange hat sie darauf gewartet. Das ist genau das, was sie sich seit Jahren erträumt hat. „Dafür hat sich jeder meiner Jobs gelohnt!", denkt sie stolz an ihrem Schreibtisch. Daniela hat, seitdem sie 15 Jahre alt war, so ziemlich jeden Job angenommen, den sie kriegen konnte. Vor der Schule im Supermarkt putzen, abends in der Pommesbude Würstchen drehen und am Wochenende Babysitting. Alles mit nur einem Ziel: Genug Startkapital für ihre eigene kleine Firma. Mit $15m^2$ sollte es nun also endlich beginnen!

Doch um wirklich an ihr nächstes Ziel, Kunden bekommen, zu gelangen, braucht sie mehr als nur 'ihre Firma'. Sie muss Werbung machen und sich selbst verkaufen. Viele Telefonate brachten viel Frustration. „Das kann doch nicht wahr sein!", denkt Daniela bei sich. „Wieso klappt das nicht?"

„Leiden schaf(f)t!“, erinnert sie sich an die Worte ihrer Oma. Wann immer Daniela als Kind verzweifelt war, hörte sie diese Worte von Elisabeth. „Was kannst du aus deiner Not heraus bewegen?“, fragte Oma immer.

„Welche Kunden will ich überhaupt haben?“, lautet die erste Analysefrage.

Daniela schnappt sich Stift und Block. „So, nun habe ich also die Kunden, die ich haben will! Wie kann ich denen etwas bieten, was die anderen Trainer und Coaches nicht machen?“ Daniela grübelt und kaut auf ihrem Stift herum. „Ha! Ich habe es! Ich habe doch einmal den Satz gehört: „Mache den Kunden deiner Kunden erfolgreich und dein Kunde wird es dir danken!“ Ich muss also meinem zukünftigen Kunden Ideen für seine Kundenzufriedenheit bieten. Dann will er vielleicht mehr wissen und mich buchen!“

Gedacht, getan. Ganz oben auf der ersten Liste: Der Lebensmittelmarkt um die Ecke. Die Kunden: Jedermann | Jedefrau. „Was beschäftigt die Menschen im Januar? Gute Vorsätze! Also muss ich dem Lebensmittelinhaber dafür etwas anbieten, zumindest um bekannt zu werden!“ Auf zu dem Filialleiter: Ein brummiger Mann, der mit großer Wahrscheinlichkeit (noch) nicht für eine junge, ambitionierte, ausgeflippte und leicht hyperaktive Frau wie sie, Daniela, bereit ist. Aufgeregt wie nie zuvor spricht sie den Inhaber in Lichtgeschwindigkeit an: „Wollen Sie Ihre Kunden begeistern und sich mit Ihrem Markt von anderen abheben?“ „Ja!“, ist die knappe Reaktion. „Dann halte ich zur vollen Stunde 3x am Tag in der 3. Januarwoche einen Kurzvortrag: ‚In sieben Schritten zur Umsetzung Ihrer guten Vorsätze!‘ Was meinen Sie dazu?“ Erwartungsfroh und fast atemlos schaut Daniela ihn an. „Mädchen, was kost‘ das?“ „Ähm, nichts, ich will nur ein Schild aufstellen mit meinem Firmennamen.“ „OK!“

Und so bekommt Daniela ihren ersten Kunden. Noch ohne Honorar – doch aus diesem Start ist etwas Tolles entstanden!

Januar 2014

Immer, wenn ich, Daniela A. Ben Said, an meine ersten Auftritte denke, muss ich schmunzeln. Ja, Leidenschaft war und ist noch immer grenzenlos vorhanden. Als ich später 50,00 DM (!) für einen Auftritt nehmen 'durfte', habe ich auch das mit Humor verpackt und mein Kunde hat einen Tag bevor er die Rechnung erhielt, kommentarlos ein Paket mit einem Apfel und einem Ei erhalten. Als dann am Tag darauf die Rechnung kam, stand darauf: „Staunen Sie, was man alles für einen Appel und ein Ei erhalten kann!"

Auch hab ich mich anfangs in Osnabrück an eine Ampelkreuzung der Hauptverkehrsstraßen gestellt und immer, wenn die Ampelphase auf Rot gesprungen ist, an die Fensterscheiben der Autos geklopft und gefragt, ob sie einen Kaffee haben wollten. Den Kaffee habe ich in Becher gefüllt, welche ich selbst mit meinem Firmennamen beschriftet hatte, um bekannt zu werden.

„Geist statt Geld" war immer mein Credo. Geld für große Marketingaktionen war damals nicht da, also musste ich mir etwas einfallen lassen. Heute werde ich dafür gebucht, den Teilnehmern meine Kundenverblüffungsideen weiter zu geben. Aus diesem schwierigen Start ist mein Hauptthema geworden.

Im Jahr 2002 dann hatte ich z.B. die Möglichkeit, einen großen Auftrag zu bekommen. Der Kunde wollte mich nur unbedingt vorher einmal live erleben. Was also tun – hatte ich doch gar keine weiteren Auftritte. Also überlegte ich mir eine „Late-Night" zu organisieren. Familie, Freunde, Sportkollegen sollten das Publikum sein und ich machte eine öffentliche Veranstaltung daraus. Den Kunden habe ich angerufen und gesagt: „Ach... ich habe im Kalender gesehen, dass ich zeitnah eine Veranstaltung habe. Wollen Sie dabei sein?" Na klar wollte er. Also, Hotel gebucht (Raum und Essen) und Freunde instruiert. Wie ich die Kosten zahlen sollte? Nur wenn ich den Auftrag bekäme, hätte ich das Geld!

Um es abzukürzen – es hat geklappt. Unzählige solcher Beispiele aus meinem unternehmerischen Leben könnte ich Ihnen aufzählen.

„Durch Leidenschaft lebt der Mensch,
durch die Vernunft existiert er bloß."
Nicolas Chamfort

Sind Sie ein leidenschaftlicher Mensch? Damit ist nicht die partnerschaftliche Leidenschaft gemeint, sondern die Leidenschaft für Handlungen, für Dinge. Haben Sie eine wirkliche Leidenschaft für etwas?

Leidenschaft macht uns lebendig und beweglich. Leidenschaftliche Menschen sprühen vor Energie und haben Kraft!

Bevor wir uns nun aber in leidenschaftlicher Emotion verlieren, betrachten wir es einmal analytisch.

Was bringt mir Leidenschaft im Beruf?

Sicher ist, dass Sie mit Elan und Leidenschaft anfangen Ihren Weg zu gehen, hin zu Ihrem Ziel. Wenn Sie erst einmal die Berufung gefunden haben, für die Sie mit Herz und Seele arbeiten (und das sind laut einer Studie von Stepstone immerhin 75% der Fach- und Führungskräfte[1]), dann sollten Sie sich nicht nur darauf ausruhen. Natürlich geht Leidenschaft nicht einfach verloren, doch wir gewöhnen uns schnell an den Ist-Zustand und machen uns so auch die kleinen Freuden des Alltags zunichte.

Nehmen Sie sich einen Moment und denken Sie zurück an Ihre Anfänge: Worüber haben Sie sich alles freuen können? Das eigene Klingelschild, der eigene Briefbogen, der erste Kunde, das erste Gehalt? Worüber freuen Sie sich heute noch? Wenn alles glatt gegangen ist? Wenn große Kunden pünktlich bezahlen? Wenn Sie scharfe Kritiker überzeugen konnten?

Sehen Sie, wie wir unseren Blick verändert haben. Lehnen Sie sich zurück und überlegen Sie: Worüber würden Sie sich jetzt am meisten freuen? Entfalten Sie Ihre Kreativität! Ist es ein Werbeplakat mitten in der Stadt? Oder eine neue, frische Marketingidee? Geben Sie sich nicht der Routine hin, sondern ergreifen Sie die Möglichkeiten, um Ihre anfängliche Leidenschaft für das, was Sie gerne tun, wieder aufblühen zu lassen! Und, das nur nebenbei: 61% der Befragten in der anfänglich erwähnten Stepstone Studie sind

---

1 StepStone Studie: Mitarbeiter aus Leidenschaft, 2011

überzeugt, ihre Arbeit aufgrund ihrer Leidenschaft besser auszuführen[2]!

Bei uns im Unternehmen steht eine Erinnerungskiste. Darin sind unsere ersten Flyer (oranges Copyshop-Papier, Arial kursive Schrift, auf A4 kopiert und in der Mitte selbst gefaltet), unsere ersten Visitenkarten (auf dem ersten Inkjet-Drucker selbst ausgedruckt) und viele weitere Erinnerungen. Diese Kiste hilft uns, UNSERE Leidenschaft aufrecht zu erhalten. Sich zwischendurch umzudrehen und zu sehen, welchen weiten Weg wir schon gegangen sind!

Inspirationen lauern überall! Vielleicht ist es bei Ihnen auch eine Marketingidee, an der Sie mal vorbeigelaufen sind? Die Werbung des Wettbewerbs? Eine Anzeige oder ein Artikel in der Zeitung? Eine Situation, in welcher Sie selbst Kunde waren? Ein Seminar oder ein Vortrag? Ganz egal was es letztlich ist – Hauptsache es lässt Sie und Ihre Kreativität aufleben.

Warum ist es gut, seine Leidenschaft zu leben?

Heutzutage verbringen die Menschen „sieben oder acht Stunden am Tag, fünf Tage die Woche, 45 Wochen pro Jahr und das rund 40 Jahre [...] [also] rund 72.000 Stunden insgesamt [im Büro]“ [3]. Sollten diese Sternstunden dann nicht Momente aus dem Alltag sein? Sollte das Arbeiten nicht leidenschaftlich sein? Voller Hingabe? Markus Cerenak geht sogar noch einen Schritt weiter, indem er sagt, nur Leidenschaft führe zum Erfolg[4]. Geht man seinen Beruf voller Enthusiasmus an, genießt man die Arbeit. Verliert man sich in einer Aufgabe völlig, vergeht die Zeit, ohne dass man es bemerkt. Besonders aber rücken kleine Beiträge, die weniger fesseln, in den Hintergrund. Die Aufmerksamkeit richtet sich auf das

---

2 vgl. StepStone Studie: Mitarbeiter aus Leidenschaft, 2011

3 duesseldorf-manager.de

4 vgl. Markus Cerneak, Erfolg mit Leidenschaft

Positive im Leben, da die tagtägliche Beschäftigung etwas ist, was Spaß macht und somit gute Laune bringt. „Leidenschaftliche Mitarbeiter sprühen vor Energie, denn [...] sie [verschreiben] sich mit ganzem Herzen einer Sache“ [5]. Sie können etwas bewegen, lassen sich auch durch Probleme nicht von Ihrem Ziel abbringen. Sie haben einen festen Willen und: „Wo ein Wille ist, ist auch ein Weg“ [6].

Legenden der Leidenschaft

Die Bedeutung von Leidenschaft ist vielseitig. Im heutigen Alltagsgebrauch wird dieser Begriff meist als „große Begeisterung, [als] ausgeprägte [...] Neigung [oder auch als] Passion für etwas, was man sich immer wieder zu verschaffen [sucht]“ [7] interpretiert. Synonyme für Leidenschaft wie Affekt, Begeisterung, Ekstase, Enthusiasmus, Vehemenz, Hingabe sind häufig in unserem alltäglichen Sprachgebrauch zu finden. Sie kann den Menschen mit plötzlichen, „starke[n] Gefühl[en]“ [7] komplett 'in Besitz' nehmen und ist daher eine mit dem Verstand nur schwer zu steuernde oder zu kontrollierende Emotion oder Neigung.

Im Allgemeinen wird der Begriff mit etwas Positivem verbunden, da das „Mögen | Begehren [... die] Anhaftung am Angenehmen [ist]“ [8]. Dennoch steckt auch eine negative Assoziation darin. Zum einen ist das „Nichtmögen | [die] Ablehnung [...] Anhaftung am Schmerz“ [8], zum anderen ist jedoch auch eine Auffälligkeit bei dem Begriff 'Leidenschaft' zu erkennen: betrachtet man diesen nämlich einmal genauer, so findet man darin die beiden Worte 'leiden' und 'schaffen'. Man schafft sich selber das Leid. Auch kann 'leiden' und 'schaffen' so verstanden werden, dass man vom Leid getrieben alles schaffen kann; da eine Person durch den Schwall an Emotionen zum Handeln angeregt wird, ist „Leidenschaft [...] die Einheit von Leiden und Tätigkeit, die [...] Kraft einer Tätigkeit, die

---

5 vgl. Rolf Senftleben, Leben Sie leidenschaftlich!

6 Volksweisheit

7 s. Duden, Definition Leidenschaft

8 vgl. Yoga Sutra, Patanjala

aus Leiden gewonnen ist"[9]. Dabei ist das „Ziel [...] eine Art Ersatz für Befriedigungen, die [...] als unerreichbar oder unzulässig gelten"[9]. Derjenige, der sich im Rausch der Leidenschaft befindet, folgt also einem „Triebbedürfnis [...], eine[r] Art Masochismus"[9], da man, so sehr man sich einer Angelegenheit hingibt, ebenso sehr nach deren Vervollkommnung strebt.

Spricht ein leidenschaftlicher Mensch von seiner Tätigkeit, so zieht er meist auch diejenigen in seinen Bann, die eigentlich keinerlei Interesse an dem Thema haben. Doch der Eifer und der unbändige Enthusiasmus schwappen förmlich über. Man ist sicher, in dem, was man gut kann. Man lernt gerne das, was einen interessiert und einem Spaß macht. Man spricht gerne über die Dinge, die einen begeistern. Was also sollte einen daran hindern, all diese Kriterien zu erfüllen? Dazu benötigen wir lediglich das Wissen über das, was uns bewegt.

Fragen Sie sich demnach:

- Was ist mein Lieblingsthema, was ist wirklich wichtig in meinem Leben, was berührt mich, über welches Thema kann ich mich stundenlang auslassen aber vor allem: Was macht mich wirklich glücklich? Mehr zu den Analysefragen im Folgenden.

Dagmar Kutzenberger hat sich so ausgedrückt: „Wenn meine Stimme der Vernunft freiwillig schweigt und lächelt, dann weiß ich, dass das, was ich tue, das Richtige für mich ist." Und genau das sollte sich jeder zu Herzen nehmen. Seien Sie in eine Tätigkeit so verliebt, dass Sie nicht mehr von ihr lassen können!

Die Kritiker unter Ihnen könnten jetzt vielleicht auch sagen: „Immer diese Motivationsschreiberei! Leidenschaft, Begeisterung – ich kann das alles nicht mehr lesen!" Ist es tatsächlich nicht mehr als einfaches „Tschakka-Tschakka-Motivationstraining"? Studien sagen, dass Leidenschaft ein „kostenloses Nebenprodukt" der intrinsischen Motivation (also der Motivation, die nicht von außen, von externen Reizen, gelenkt wird) ist[10].

Die Persönlichkeitseigenschaft der leidenschaftlichen Hingabe ist bei jedem Menschen in unterschiedlicher Weise und auf verschiedenen Ebenen vorhanden, doch bei allen führt sie zu überdurch-

---

9 Leidenschaft, abstrakt menschlicher Sinn

10 vgl. Deci und Ryan, Selbstbestimmungstheorie

schnittlicher Einsatzbereitschaft. Dies rührt daher, dass ich mir selbst meine Ziele setze und auf meinen eigenen Wunsch hin verfolge, dementsprechend bereit bin ich, mehr Zeit und Einsatz dafür zu investieren.

Ich fühle mich selbstbestimmt!

Eins sei noch zu bedenken: Nur, wenn Sie Ihren Wunsch, Ihr Ziel auch mit eiserner Disziplin paaren, wird ein Ergebnis daraus, welches Sie sich jetzt vielleicht noch nicht einmal erträumen können. Leidenschaft alleine ist keine Leidenschaft. Das ist Prahlerei – das sind die Blender. In dem Wort steckt ja nicht nur die Schaffenskraft, sondern auch das Leid – das ist dann wohl mit der Selbstdisziplin gemeint.

Anfangs hatte ich bereits erwähnt, dass unser eigener Elan sinkt, wenn wir ihn nicht zwischendurch immer wieder aufblühen lassen. Und auch Autoren der 'Zeit' fassten dies mit den hervorragenden Worten zusammen: „Wenn die Anfangseuphorie im Job der Alltagsroutine weicht, braucht man Durchhaltevermögen wie in der Ehe."[11] Die Gallup-Studie 2013 fand heraus, dass 24% der untersuchten Arbeitnehmer innerlich ihren Job gekündigt haben, vor 12 Jahren waren es nur 15%[12]. Daraus folgt unweigerlich, dass die Mitarbeiter weniger innovativ und häufiger krank sind. Für uns Arbeitgeber ist dies ein harter Schlag, denn wir kriegen am ehesten die Folgen zu spüren und wissen häufig nicht, warum unsere anfangs so fleißigen Mitarbeiter auf einmal eher durch Negatives auffallen.

Walter Feichtner beschrieb den Job wie jegliche Art von Beziehung – mit Höhen und Tiefen[13]. Und wie Ihnen auch jeder Paartherapeut sagen würde, steht hinter diesem Unwohlsein der Wunsch nach Verwirklichung, nach Spaß und Sinn in dem, was ich tue.

---

11 Zeit Online, Motiviert in guten wie in schlechten Zeiten, 2013

12 Gallup-Studie 2013

13 Zeit Online, Motiviert in guten wie in schlechten Zeiten, 2013

Was heisst das für uns Chefs und Führungskräfte

Nun steht sicherlich die Frage offen, was das Ganze mit Führung zu tun hat. Zum einen soll es zum Nachdenken anregen, ob es wirklich immer das Rentabelste ist, denjenigen Mitarbeiter mit den besten Noten einzustellen. Wäre es nicht ebenso gut oder besser auch einmal demjenigen mit weniger guten Noten, aber mehr Herzblut eine Chance zu geben?

Heutzutage wird viel zu oft nur nach Zahlen und Fakten geschaut und zu selten nach Leidenschaft, womit wir zum anderen Punkt kommen, nämlich der eigenen Einstellung. Ist ein Vorgesetzter, der völlig fasziniert von dem Themengebiet ist, in dem er arbeitet und mit einem unbändigen Interesse versucht, jede Aufgabe bis ins Detail sorgfältig zu bearbeiten nicht mitreißender, als ein solcher, den die Arbeit eigentlich nicht wirklich interessiert, dem es hauptsächlich um das Geld geht? Und besitzt eben jener Vorgesetzte dann noch ein Team voll engagierter Leute, denen etwas an der Arbeit liegt, die Erfolg nicht ausschließlich am Lohn ausmachen, sondern daran, ob sie das bestmöglichste Produkt entwickelt haben, dann ist der Weg zum Erfolg sicher. Aber dafür müssen Sie von den eingefahrenen steifen Methoden ablassen. Sie müssen sich begeisterte Menschen aussuchen, die ihr Hobby zum Beruf machen. Sie müssen die Leute greifen, die sich wirklich interessieren, die sich mit der Arbeit identifizieren. Lassen Sie einmal ab von Fakten und Vorschriften: Nutzen Sie das Feuer derjenigen, die für eine bestimmte Tätigkeit brennen.

Wie Sie solche Mitarbeiter finden?
Zuerst erkennen Sie bitte an, dass sich heute keiner mehr schlechte Führung erlauben kann. Führung ist heutzutage ein Imagefaktor. Mitarbeiter posten ihre Zufriedenheit auf sozialen Netzwerken, Bewerber informieren sich in Internetportalen über die Führungsqualifikation des Unternehmens. Führen Sie gut, d.h. mit klaren Regeln und auch Mitarbeitermarketing! Betreiben Sie nicht nur Marketing für Ihre Kunden, sondern auch für Ihre Mitarbeiter. Der Mitarbeiter wird dann Ihr bester Werbeträger für neues Personal.

- Notieren Sie doch auf dem nächsten Kontoauszug bei der Lohnüberweisung das Wörtchen „Danke".

- Vergessen Sie NIEMALS Geburtstage und Jubiläen und rufen Sie gefälligst selbst an!
- Schreiben Sie Ihrem Mitarbeiter doch eine Karte nach Hause, während er im Urlaub ist, mit den Worten: „Wir hoffen dein Urlaub war gut! Wir alle im Team freuen uns auf dich am kommenden Montag!"
- Verabschieden Sie Ihren Mitarbeiter doch mit einer Tube Sonnencreme in den Urlaub und, und, und.

Ihr Mitarbeiter ist der Kunde der Führungskraft – behandeln Sie ihn auch so!

Gehen Sie auch andere Wege in der Mitarbeiterakquise. Wo finden Sie die Menschen, die Sie in Ihrem Unternehmen benötigen, im realen Leben? Dort stellen Sie beispielsweise ein Auto hin, welches voll mit Post-it's beklebt ist mit den Worten: „Wir suchen DICH!" Verteilen Sie Kondome mit den Aufschriften: „Wir wollen, dass du kommst!"

Merken Sie es? Für all das brauchen Sie Leidenschaft. Verblüffen und begeistern Sie Kunden und Mitarbeiter! Seien Sie mutig! Dann können Sie sicher sein, dass Sie überall Menschen anstecken können, die sich von Ihrer Leidenschaft mitreißen lassen. Ohne Leidenschaft ist man nicht auf den Menschen bedacht, sondern ausschließlich auf die mit ihm verbundene Arbeit und das dazugehörige Preis-Leistungs-Verhältnis. Die Energie für eine 48-Stunden Woche kann man nicht aus Aufgaben ziehen, die durchgehend als Mühseligkeit in unserem Kopf empfunden werden. Man würde Stunden oder gar Tage mit einer Aufgabe verbringen, die durchgehend negative Gefühle in uns auslöst. Dann ist es doch nur verständlich, dass sich der Körper irgendwann dagegen wehrt und man ein Burn-Out-Syndrom erleidet. Wie soll denn die Kreativität und Lust am Arbeiten nicht „ausbrennen", wenn man von Beginn an bereits keine Ideen für ein Projekt hatte, da man sich nur mäßig interessiert? Wenn man sich nicht für die Arbeit begeistern kann? Besitzt man dagegen den Enthusiasmus für seinen Beruf, so sieht man die Steine, die einem in den Weg gelegt werden, plötzlich als Gegenstand, aus dem sich etwas Tolles bauen lässt. Man lässt sich von Problemen nur noch mehr anheizen, wird kreativ und wächst über sich hinaus.

Um diesen Zustand zu erlangen, muss man sich allerdings auf seine Leidenschaft einlassen. Viele haben Angst davor, die Selbstbeherrschung zu verlieren oder falsche bzw. unvernünftige Entscheidungen zu treffen. Diese Ängste und Zweifel hindern uns daran, dem eigenen Bauchgefühl zu folgen. Das macht unglücklich, da Sie nicht danach handeln, was Sie selbst für richtig halten, sondern danach, was alle anderen für richtig halten. Wir lassen uns häufig durch die Meinung anderer derart beeinflussen, dass wir vergessen auf die eigene Ansicht zu achten.

Allerdings scheint es, als müsse die heutige Bevölkerung abgekühlter sein, gerade in der Berufswelt und besonders in der Führungsebene. Doch erreichen wir nichts im Berufsalltag, wenn wir ohne Gefühl arbeiten – ein Widerspruch in sich. Ebenso wenig lässt sich die Arbeit aber auch nur mit Gefühl gestalten oder verkaufen. Ich denke, dass wir authentisch bleiben sollten, und das können wir nur, wenn wir ein gesundes Maß an Gefühl an der richtigen Stelle mit einbringen können, aber auch wissen wann dies unangebracht ist. Seien Sie ein Vorbild und schwimmen Sie Ihrem Schwarm voran, suchen Sie sich eine Tätigkeit, in der Sie aufblühen. Lassen Sie sich auf Ihre Leidenschaft ein und lernen Sie diese Momente zu genießen. Dann wird Ihr Arbeitsalltag der Teil des Tages sein, auf den Sie sich am meisten freuen. Denn „man muss dem Rat seines Herzens folgen, seine Begabungen suchen und fördern, seine Stärken nutzen und nicht zu viel Zeit mit seinen Schwächen vergeuden. Sich seine Meinung bilden, eine Überzeugung – das ist wohl Voraussetzung für 'das Richtige'." Peter Marboe

Wie finden wir nun also den richtigen Mitarbeiter?

Stellen Sie Ihren Mitarbeitern (in den Vorstellungsgesprächen) auch folgende Fragen:

- Was möchten Sie erreichen und wo möchten Sie in 10 Jahren beruflich stehen?
- Welche Tätigkeit macht Ihnen am meisten Spaß?

- Was muss ein Job haben, damit Sie für die Tätigkeit volle Leidenschaft entwickeln?
- Was würde Ihre Motivation ausbremsen?
- Was brauchen Sie von Ihrem Vorgesetzten, damit Sie begeistert arbeiten können?
- Was wäre für Sie ein Grund nur noch 'Arbeit nach Vorschrift' zu machen?

Des Weiteren können Sie auch durchaus einmal einen kleinen Persönlichkeitstest einbauen. Eine gute und leicht umsetzbare Möglichkeit ist der DISG-Test.

Die Psychologie unterteilt die Menschheit hinsichtlich der Persönlichkeit in vier verschiedene Typen: Den Macher (= dominant), den Expressiven (= initiativ), den Teamplayer (= stetig) und den Analytiker (= gewissenhaft). Dies entspricht auch der „Farbtypen-Lehre" (DISG) basierend auf der Arbeit des Psychologen Marston. Machen Sie sich zu Nutzen herauszufinden, wie Ihr Mitarbeiter 'tickt'. Finden Sie die wirklichen Fähigkeiten des Mitarbeiters. Warum? Nun, dementsprechend können Sie den Mitarbeiter da einsetzten, wo er sich wohlfühlt und mit Sicherheit seine Arbeit gut erledigt. Was uns liegt und was wir können, machen wir gerne. Dort kann er seine wahre Leidenschaft entwickeln. Zudem können Sie Ihr Team nach den verschiedenen Talenten umstellen bzw. neue Kräfte einstellen, um alle Leistungsbereiche abzudecken. Sie möchten als Chef schließlich nicht auf jeder Baustelle mitspielen müssen!

Zurück zu der intrinsischen Motivation unserer Mitarbeiter: Schon Psychologen wie Felix Warneken, Edward Deci oder auch Mark Lepper untersuchten unabhängig voneinander, wie wir Motivation aufbauen und (das hier ist entscheidend für Sie), dass Belohnung, wie Sonderurlaub, Sonderzahlungen oder Ähnliches der Eigenmotivation schadet.

Dies soll natürlich nicht heißen, dass wir jegliche Bezahlung unserer geschätzten Mitarbeiter einstellen sollen. Es heißt viel mehr, dass wir die Arbeit des Einzelnen nicht messen oder mit anderen vergleichen sollten. Dadurch bekommt der Mitarbeiter das Gefühl, er arbeite nicht für seine Aufgabe, sondern nur für das Geld. Er verliert den Blick für das Wesentliche.

Kritiker könnten jetzt argumentieren, dass uns die Gesellschaft dazu macht, dass die Umwelt uns dazu anregt, uns monetär zu vergleichen und wir dadurch unseren Fokus verändern. Nun, 2009 untersuchten Warneken und sein Forschungsteam der Universität Harvard aufgrund dieser Annahme, die Aktion bzw. Reaktion von Kindern. Die Kinder wurden nicht instruiert. Es sollte getestet werden, ob die Kinder, wenn eine andere Person einen Bleistift fallen lässt, von selbst hilfsbereit handeln und den Bleistift aufheben. Zudem auch, ob sich das Verhalten aufgrund von Belohnung verändert. Hierfür bildeten die Forscher zwei Gruppen, eine Gruppe wurde für das Aufheben eines Bleistifts, also Hilfsbereitschaft, belohnt, die andere Gruppe nicht. Das Ergebnis war eindeutig: Die Gruppe 'belohnte Kinder' reagierte nach wenigen Belohnungen weniger hilfsbereit als vorher. Wie schon bei Deci zeigte sich auch hier, dass selbst eine grundlegende Eigenschaft der Kinder, die Hilfsbereitschaft, durch Belohnung negativ beeinflusst wird und wir so den natürlichen Altruismus der Kinder zerstören. Was das im Rahmen der Führung bedeutet, lesen Sie nachfolgend.

Noch einmal zu der Frage – Was heisst das für uns Chefs und Führungskräfte

Natürlich sollten Sie die Fähigkeiten Ihrer Mitarbeiter erkennen und anerkennen! Es hilft Ihnen nicht, wenn Sie gut gemeint den Mitarbeiter nicht würdigen und nur bestrafen, aber 'über-loben' Sie ihn nicht. Das richtige Mittelmaß finden Sie mit Hilfe Ihres gesunden Menschenverstandes.

Vielleicht denken Sie jetzt: „Wie? Jetzt doch nicht einfach nur loben?" Nun, wir Menschen sehnen uns nach Beachtung. Wir brauchen sie zum Leben. Kaiser Friedrich II. wollte im 13. Jh. die Sprachentwicklung bei Säuglingen untersuchen, wenn diese wohl die Grundversorgung bekamen (Stillen), ihnen aber sonst keine Beachtung geschenkt wurde. Das Ergebnis? Sie verendeten. Auch der Pharao Psammetich fand im 7. Jh. v. Chr. Ähnliches heraus. Die Forscher René Spitz[14] und John Bowlby[15] erstellten Anfang bis

14 René A. Spitz, The First Year of Life, 1965

15 John Bowlby, Maternal Care and mental health, 1952

Mitte des 20. Jh. auf Grundlage dessen erste Bindungstheorien und die Theorie der psychischen Deprivation bei Kindern. Diese besagt, dass Kinder (und auch Erwachsene) psychisch verkümmern, wenn ihnen der notwendige menschliche Kontakt genommen wird.

Sie können eine wunderbare Brücke zu Ihrem Privatleben ziehen. Was passiert, wenn ich einen Menschen nicht beachte? Er wird rebellisch und wird mit Ihnen streiten. Was passiert, wenn ich den Menschen nur beachte, wenn er einen Fehler macht? Er wird diesen oder ähnliche Fehler immer wieder machen. Das hat etwas mit der klassischen Konditionierung nach Iwan Petrowitsch Pawlow zu tun: Der Mensch | Mitarbeiter wünscht sich Beachtung, das ist sein Ziel. Sein Ziel erreicht er (im schlimmsten Fall) dadurch, dass er seine Arbeit unsauber oder gar nicht erledigt. Das wäre dann seine Aktion. Die natürliche Reaktion des Arbeitgebers, also Ihnen, wäre hier die geschenkte Beachtung. Jedoch führt dies zur Beachtung in negativer Form, im Sinne eines persönlichen Gesprächs hinsichtlich der Fehlerquote oder Ähnlichem. Künftig wird der Mitarbeiter diese Aktion so anwenden, um die von ihm gewünschte Beachtung zu erhalten. Auf geschäftlicher Ebene ist das, wie Sie selbst schon merken, alles andere als von Vorteil. Schenke ich dem Mitarbeiter allerdings schon vorher und zu angemessenen Zeitpunkten die von ihm gewünschte Beachtung (also quasi den Mitarbeiter beim 'richtig machen' ertappen), kann ich als Boss auch bei misslungenen Aufgaben angemessen reagieren und unterstütze damit nicht das negative Verhalten.

Gebe ich also meinen Mitarbeitern die entsprechende Aufmerksamkeit von vornherein, bleiben mir Fehler erspart und ich habe zufriedenere Mitarbeiter. Fazit: Ziel erreicht!

Xiao-Ping Chen, eine Professorin für Management der Universität Washington fand mithilfe zweier selbst durchgeführten Studien heraus, dass Mitarbeiter, die mit echter Leidenschaft arbeiten, kreativer sind als jemand, den ich zu seiner Arbeit zwingen muss und außerdem, dass echte Leidenschaft und Kreativität die Autonomie des Mitarbeiters voraussetzen[16].

16 vgl. Wirtschaftspsychologie aktuell, Lernen von Xiao-Ping Chen, 2011

Ich selber schenke meinen Mitarbeitern sehr viel Vertrauen, und das muss ich auch! Dadurch, dass ich viel unterwegs bin, muss ich mein Büro gesichert wissen. Neue Mitarbeiter führe ich erst an der Hand, gebe ihnen eine verantwortungsvolle, aber, und das ist wichtig, nicht überfordernde Aufgabe. Ich weise sie so an, dass sie alles Nötige zu einer guten Aufgabenerfüllung haben und zeige ihnen, dass ich bei Fragen für sie da bin. So baue ich eine Vertrauensebene auf. Nach erfolgreicher Arbeitserledigung bin nicht nur ich zufrieden, sondern auch meine Mitarbeiter. Das motiviert sie, weil sie sehen, dass ich mit ihnen zufrieden bin, mit dem, was sie selbst geschafft haben. Bei der nächsten Aufgabe kann ich ihnen nur noch meinen Auftrag geben und ziehe mich ein wenig zurück. Ich stehe natürlich immer noch zur Unterstützung zur Verfügung, gebe meinen Mitarbeitern aber Autonomie.

Natürlich behalte ich mir die Freiheit vor Kritik zu äußern. Hier lautet das Stichwort KONSTRUKTIV.

Zurück zu Professorin Chen: Ihre im Journal of Applied Psychology erschienenen Ergebnisse bestätigten ihre Ausgangsthese: „Leidenschaft und Autonomie machen kreativ". Durch die Selbstbestimmung wird der Geist beweglicher und das Verhalten bunter, vielseitiger.

Dass Kreativität ein besonderes Maß an Aufmerksamkeit geschenkt werden sollte, wusste auch schon Walt Disney. Er entwarf in seiner Firma mehrere Denkerräume. Zur Entwicklung neuer Strategien ging er mit seinem Team in 3 Räume:

Der erste Raum trägt den Namen 'Träumer'. In diesem Raum gibt es eine Regel: Keine Idee und kein Vorschlag wird bewertet. Stellen Sie also z.B. Ihrem Team die Frage: „Wie können wir unsere Kunden noch mehr von uns begeistern?" Auch können Sie dies für sich selbst nutzen und überlegen, was Sie für Ihre Mitarbeiter tun können. Dann lassen Sie in diesem Raum alle Ideen zu! Es wird keine Idee bewertet. Viel zu oft sagen Vorgesetzte bei einer Idee oder einem Vorschlag eines Mitarbeiters sofort: „Viel zu teuer!", „Hatten wir schon mal!", „Das ist nichts für uns!" und viele Sätze mehr! Wie soll der Mensch dann Kreativität und | oder Leidenschaft entwickeln? Lassen Sie also in diesem Raum Platz für alle Gedanken!

UND: Nach der Lern-, Kommunikations- und Hirnforscherin Vera Birkenbihl gilt: Neues erkennen wir daran, dass wir es ablehnen! Daher empfiehlt sie: „Wenn du einen Gedanken oder eine Idee findest, die du ablehnst, werde wachsam! Schreibe dir diese Idee, diesen Gedanken auf einen Post-it. Klebe diese Notiz an eine Stelle, an welcher du sie 24 Stunden regelmäßig siehst. Wenn du die Idee nach 24 Stunden immer noch unmöglich findest, dann passt sie nicht zu dir – schmeiß den Zettel weg. Wenn du die Idee | den Gedanken nach den 24 Stunden gar nicht mehr so schlecht findest, dann war die Idee | der Gedanke nur neu!"

Zurück zu unserem Kreativitäts- | Träumerraum. Dieser Raum nutzt gerade die Offenheit und den Gedankenirrsinn, um die Firma mit Hilfe innovativer Gedanken nach vorne zu bringen. Diesem Beispiel habe ich mich ständig angeschlossen und mit der verrücktesten Ideen Akquise betrieben. Genau das brachte mir meinen ersten Erfolg. Haben wir es nicht alle schon einmal erlebt, wie eine ganz verrückte Idee den Erfolg bringt, den diverse konventionelle Einfälle vorher nicht annähernd erreichen konnten?!

„Oft sind unvernünftige Gründe, die helfen,
besser als vernünftige Gründe, die nicht helfen!"
Matthias Claudius

Für unsere Führungskräfte heißt das, dass wir die Leidenschaft unserer Arbeitskräfte ständig wieder herauskitzeln müssen. Das schaffen Sie nur, wenn Sie diese und die Kreativität in eine sichere Umgebung stellen. Rein in den Raum 'Träumer'!

Um das Modell vollständig vorzustellen: Mit allen Ihren Ideen aus dem Träumer-Zimmer, gehen Sie in den Raum, in den immer alle sofort wollen: in den 'Kritiker-Raum'. Hier machen Sie eine Aufwand-Nutzen-Analyse. Was kostet uns die neue Idee und was haben wir davon? Steht diese Abwägung in einem guten Verhältnis zugunsten der Nutzen, dann gehen Sie mit dieser Idee (oder mehreren Ideen) in den 3. Raum. Das ist das 'Handlungs-Zimmer'. Hier legen Sie fest: Wer macht was, bis wann, mit welchem Budget. So lassen Sie Kreativität und Leidenschaft bei Ihren Mitarbeitern lebendig werden!

Natürlich können dabei verrückte Dinge herauskommen. Doch genau das ist der Sinn dahinter. Auffallen heißt aus der Masse herauszustechen. Wenn eine Idee zunächst unvernünftig erscheint, heißt das nicht gleich, dass sie nicht den erwünschten

Zweck erfüllt. Manchmal müssen wir Vernunft und Scham bei Seite schieben. Ich habe Ihnen anfangs von meiner „Kaffee-Aktion" in der Osnabrücker Innenstadt erzählt. War es mir unangenehm an die Fensterscheiben fremder Autos zu klopfen? Na sicher! Waren die Autofahrer verdutzt, verblüfft oder teilweise sogar erschrocken? Natürlich! Aber, noch heute habe ich Kunden, die mich ansprechen mit Worten wie „Frau Ben Said, als Sie damals den Kaffee an der Ampel verteilt haben..." – Hat es was genützt? Aber Hallo!!!

Die Brücken über dem Fluss

Nun haben wir viel über die Leidenschaft in der Mitarbeiterführung gesprochen. Lassen Sie uns aber auch einmal die andere Seite einer Führungskraft betrachten. Schlagen Sie eine Brücke zu sich selbst. Oft machen wir uns Gedanken über Führung und Motivation anderer. Was ist mit uns? Führung bedeutet eben nicht nur Leidenschaft. Es bedeutet auch, dass ich viel Verantwortung trage, manchmal unpopuläre Entscheidungen treffen muss, vielleicht sogar manchmal alleine bin. Ich muss viel leisten, mit Kritik und Neid zurechtkommen. Vielleicht habe ich sogar die Konkurrenz in der eigenen Firma. Ganz sicher muss ich vor allem für meine Fehler geradestehen und immer die vollen Konsequenzen tragen!

Mindestens ebenso wichtig wie die Frage, wie ich andere Menschen mit meiner Leidenschaft anstecke, ist die Frage, wie ich sie selbst immer wieder in mir wecke, begeistere und mich selbst motiviere.

Extrem laut und unglaublich nah

Grundsätzlich bin ich total begeistert von meiner Arbeit! Ich mag meinen Job, weil ich ihn beherrsche und weil ich in dem, was ich sage, sicher und kompetent bin. Außerdem bin ich damit erfolgreich, habe bereits viel geleistet und konnte mir so meine Träume erfüllen. Dann bin ich immer die 'laute Dani'. Ich schaffe, was ich will! Ich erreiche meine Ziele. Ich brenne vor Leidenschaft.

Doch es gibt eben auch die leisen Momente. Die nur Menschen erleben dürfen, die mir unglaublich nah sind. Ein bisschen lasse ich nun Sie, liebe Leserinnen und Leser, mir nah kommen.

Bei mir sind meine Zweifel das Leid. Täglich stelle ich mich, meine Arbeit, mein Tun und auch meinen Enthusiasmus infrage. Manchmal sagen mir die Kritiker:

- „Du bist so aufgekratzt!"
- „Du machst viel zu viel!"
- „Worin bist du denn überhaupt Spezialist? Du bist viel zu breit aufgestellt!"

Dann bekomme ich Angst. Angst, nicht gut genug zu sein, den Glauben an mich selbst und meine Begeisterung zu verlieren. Auch fürchte ich meine Besitztümer, die ich mir so mühsam aufgebaut habe, weggeben zu müssen. Ich habe dann schlichtweg Existenzangst.

Wir wissen heute aus Studien, dass Zweifel gut sind. Da gilt: „Du bist nicht perfekt, aber das macht dich aus und das bringt dich voran!" Wo kein Selbstzweifel ist, da herrscht Stillstand!

Forscher bezeichnen diese Neigung zu Selbstzweifeln auch gerne als 'selbstkritischen Perfektionismus'. Der britische Psychologe Tim Woodman von der Bangor Universität verglich in einer Studie zwei Gruppen von Sportlern, die moderat von ihrem Können überzeugt waren. Woodman teilte der einen Hälfte der Probanden ein Springseil aus, mit dem Hinweis es sei neuer, aber schwererer und steiferer und es würde für sie deswegen erschwert sein, damit den Wettkampf zu gewinnen (er verunsicherte sie). Der anderen Hälfte teilte er ein Seil ohne jeglichen Kommentar aus. Die Seile beider Gruppen waren in Wirklichkeit identisch. Ergebnis des einminütigen Tests war, dass die Gruppe der 'Verunsicherten' deutlich besser abschnitt. Sie waren aufmerksamer und verbissener, trotz der von Anfang an schwierigeren Voraussetzungen, gut abzuschneiden. Sie wuchsen über sich hinaus.

Für die Forscher zeigte das Ergebnis eindeutig, dass das Team, das sich von vornherein als Sieger sah, sich weniger angestrengt hatte und deswegen schlechtere Ergebnisse hervorbrachte[17].

Sie bestätigten damit die so genannte Flow-Theorie (nach Mihaly Csikszentmihalyi). Diese besagt, dass wir dann unseren Punkt der optimalen Motivation und Leistungsfähigkeit erreichen, wenn wir uns ein wenig überfordert fühlen. Der US-Psychologe erklärte dieses Phänomen durch unsere eigene Abwägung zwischen unserer Angst (Überforderung) und der Langeweile (Unterforderung). Der eigentliche 'Flow' kommt dann zustande, wenn wir unsere Angst und Langeweile ausbalancieren und ein kleines Stück Richtung Überforderung gehen, um uns voran zu treiben[18]. Es liegt also schon in unserer Natur, dass wir uns weiter nach 'vorne' bewegen wollen! ABER: Es liegt an uns selbst, dieses Wissen und die eigene Kraft zu nutzen und für uns einzusetzen.

Wissen, Studien und Kompetenz alleine helfen mir nicht immer. Manchmal brauche ich eine Auszeit. Ich pflege dann meine zweite Leidenschaft. Meine Tiere. Wenn ich meine Power, Energie und Kraft nicht mehr finde oder sie unter den (Selbst-)Zweifeln verloren gegangen sind, dann gehe ich zu meinen Hunden oder den Pferden oder zu all den vielen anderen Tieren, die ich habe. Das lenkt meine Gedanken ab. Dort finde ich neue Kraft.

Zu Leidenschaft gehören Zweifel und Überforderung (denken Sie an die Studie)! Das ist manchmal unangenehm und wir brauchen eine temporäre Fluchtmöglichkeit! Daher suchen Sie sich immer eine zweite (private) Leidenschaft, in der Sie einen Ausgleich finden. Sie müssen sich nun nicht alle einen Hof mit vielen Viechern suchen... eben jeder auf seine Art. Golf spielen, Stricken, Sport – Hauptsache es begeistert Sie!

Habe ich dann wieder Kraft, ist auch mein eiserner Wille wieder da. Und wenn wir die Kritik mit Verstand betrachten, können wir entweder etwas daraus lernen oder aber wir stellen fest: Letztlich

---

17 Hrsg. Prodinger, 101 Wege zu mehr Erfolg!, 2013

18 Jochen Mai, Flow(er) Power – Wo Motivation entsteht, 2007

werden wir immer kritisiert, wenn wir erfolgreich sind. Am Anfang sagten die Menschen zu mir: „Das schaffst du nie!" „Zu jung!" „Es gibt schon genug Trainer!"

Dann waren die ersten Schritte geschafft und es hieß: „Die kocht ja auch nur mit Wasser!" „So gut ist sie nun auch wieder nicht!"

Heute heißt es: „Die ist viel zu teuer!"

Naja, wir können es nicht allen recht machen – Bruce Lee hat einmal gesagt: „Wenn du kritisiert wirst, musst du irgendetwas richtig machen. Man greift beim Fußball ja auch nur den an, der den Ball hat!" Recht hat er. Da merken Sie es – sobald ich wieder Kraft habe, ist meine Leidenschaft da! Darauf kommt es an! Nutzen Sie Fehler, Kritiken oder eigene Zweifel. Legen Sie für sich Ihre Werte fest und leben Sie danach. Ich für mich versuche, jeden Tag meine Leidenschaft für den Tag wieder aufzuwecken. Ich bereite mich darauf vor, mit Enthusiasmus den Tag und die Aufgaben, die er mitbringt, seien sie positiv oder negativ, zu begegnen und daraus zu lernen.

„Wenn wir dann alt sind, werden wir kapier'n,
wir hatten nie was zu verliere'n...
also lass uns doch Geschichten schreiben,
die wir später ger'n erzähl'n..
wer immer wir auch war'n –
lass mal werd'n wer wir sein woll'n...
lass uns möglichst viele Fehler machen
und möglichst viel aus ihnen ler'n..."
Julia Engelmann, Poetry Slam

Analysefragen, um seine Leidenschaft (wieder) zu finden:

- Was hat mir in den letzten 12 Monaten richtig viel Freude bereitet?

- Diese Schulnoten gebe ich den folgenden Lebensbereichen:
  - Liebe | Partnerschaft
  - Familie
  - Freunde
  - Körper | Fitness
  - Freizeit
  - Beruf

- Fragen Sie sich bei jeder Note unter 3: „Wie kann ich es verbessern?"

- Als ich ein Kind war:
  - Faszinierte mich am meisten...
  - Beschäftigte ich mich am liebsten mit...

- Die beste Zeit meines Lebens war | ist...
  - Das machte diese Zeit aus...
  - Das muss passieren, damit ich mich wieder so fühle...

- Das gibt mir Kraft:
  - Aktivitäten
  - Gedanken
  - Menschen
  - Orte

- Wie sieht mein perfekter Tag aus?
  Oder: Wie sieht meine ideale Woche aus?

- Welche 10 Dinge möchte ich noch getan haben, bevor ich „alt und langweilig" werde?

- Machen Sie sich zwei Listen:

  - Davon will ich mehr!

  - Davon will ich weniger!

- Wann spüre ich Stress besonders deutlich?
  (= Dinge, die Sie verändern | abstellen sollten)

- Was würde ich tun, wenn ich nicht mehr arbeiten müsste?

- Welchen Traum würde ich mir verwirklichen, wenn ich nicht scheitern könnte?

- Wofür lohnt es sich zu kämpfen?

- Was berührt mich?

- Worüber könnte ich den ganzen Tag nachdenken und | oder reden?

- Was hindert mich daran, all die Antworten dieser Fragen endlich anzugehen und zu leben?

Manchmal reicht es aber auch schon aus, einfach offen zu sein. Offen für Veränderungen und Neues. Wenn Sie Neues ausprobieren, kann es auch sein, dass Sie Ihre Leidenschaft durch 'Zufall' entdecken.

Gehen Sie Umwege, machen Sie Fehler, probieren Sie viel aus und seien Sie unvernünftig. Wenn Sie immer nur 'auf Nummer sicher gehen' wollen, dann entgeht Ihnen viel und vielleicht auch die Chance, Ihre wahre Leidenschaft zu entdecken. Kennen Sie den folgenden Text?

„Wenn ich mein Leben noch einmal leben könnte...

Wenn ich mein Leben
noch einmal leben könnte,
würde ich versuchen, mehr Fehler zu machen.
Ich würde nicht so perfekt sein wollen,
mich mehr entspannen,
öfter bis zum Äußersten gehen.
Ich wäre ein bisschen verrückter.

Ich würde weniger Dinge so ernst nehmen.
Ich würde mehr reisen,
Sonnenuntergänge betrachten,
auf Berge steigen,
in Flüssen schwimmen.

Ich bin einer dieser klugen Menschen,
die jede Minute ihres Lebens
fruchtbar verbrachten,
vernünftig, immer auf Nummer sicher.
Ach, freilich hatte ich auch
meine Momente -
aber wenn ich noch einmal
anfangen könnte,
hätte ich davon mehr.
Einfach Augenblicke,
einer nach dem anderen,
anstatt jeden Tag
so viele Jahre im Voraus zu leben.

Wenn ich noch einmal leben könnte,
würde ich von Frühlingsbeginn an bis
in den Spätherbst hinein barfuß gehen.
Ich würde öfter die Schule schwänzen,

mehr Karussell fahren,
mehr mit Kindern spielen.

Denn wenn du dich andauernd
nur schindest
vergisst du bald,
dass es so wunderschöne Dinge gibt,
wie zum Beispiel einen Bach
der Geschichten erzählt
und einen Vogel der singt...

Nadine Stair im Alter von 85 Jahren

Warnender Hinweis

Leidenschaft kann ungeahnte Energien freisetzen und damit viel Kraft geben. Allerdings muss es sich bei leidenschaftlichen Personen nicht um besonders charismatische, mitreißende Menschen handeln. Lassen Sie sich nicht von falschen Bildern in Ihrem Kopf lenken! Leidenschaft heißt nicht, dass Sie so 'extrem laut' sein müssen. Die kann auch ganz leise sein. Leidenschaft kann auch eine große Zufriedenheit sein. Leidenschaftliche Sammler z.B. können unauffällig und still sein und dennoch eine große Leidenschaft für die Sache haben. Bei meinen Tieren bin ich auch immer ganz leise, damit ich sie hören kann. Dann bin ich ihnen unglaublich nah – und fühle eine wahnsinnige stille Leidenschaft!

Wolfsblut

Leidenschaft ist DER Motor. Wir begeistern, wir motivieren, wir leiden – all das haben wir bereits geklärt. Zu der Leidenschaft gehört auch die Leidenschaft zur Disziplin. Sie müssen klar und konsequent führen, um überhaupt Mitarbeiter zu haben, die gemeinsam mit Ihnen heulen. Bei einem Wolfsrudel gibt es eine klare Regel: Gefolgt wird dem stärksten Wolf! Finden Sie also auch Ihre

Leidenschaft in der Disziplin und in der Konsequenz. Im übertragenen Sinne bedeutet das: Die wichtigste Eigenschaft einer Führungskraft ist: KONSEQUENZ.

„Es sind gerade die Inkonsequenzen des Lebens, welche die größten Konsequenzen haben."
André Gide (1869-1951), frz. Schriftsteller, 1947 Nobelpreis

Ich selbst führe leidenschaftlich gerne und es ärgert mich, wenn ich Vorgesetzte sehe, die Ausreden für ihre schlechte, leidenschaftslose und inkonsequente Führung gebetsmühlenartig herunterleiern: „Das kann ich doch nicht machen!", „Ich bin eben nicht so hart!", „Es geht hier doch um Menschen!"

GENAU!

Es geht um Menschen – genau genommen darum, dass Sie als Führungskraft die Aufgabe haben, diesen Menschen eine sichere Existenz zu schaffen. Also führen Sie! Fair und klar. Wenn ein Hund Sie beißt, sagen Sie ja auch nicht: „Ach, naja, dieses Mal hat er mich zwar böse verletzt, aber er hatte eben einen schlechten Tag!" Nein, Sie führen einen Hund klar und konsequent (zumindest wenn Sie es richtig machen). Verstecken Sie Ihre Inkonsequenz und damit Ihre Unfähigkeit der Führung nicht hinter sozialen Entschuldigungen.

Wer mit Leib und Seele führt, der hat ein klares Fehlermanagement. Dieses beschreibe ich wie folgt:

Die Regel der 3 Gespräche

So stelle ich es den Mitarbeitern vor: „Jeder Mensch macht Fehler – das ist in unserem Unternehmen völlig in Ordnung. Jeder Mitarbeiter bekommt drei Chancen. Wenn ein Fehler auftritt, folgen zwei professionelle Konfliktlösungsgespräche. Tritt der gleiche Fehler dann immer noch auf, folgt das 3. Gespräch – dies bedeutet die schriftliche Verwarnung | Abmahnung oder Kündigung."

Meistens sind die Mitarbeiter sehr dankbar, wenn endlich klar geführt wird.

Der Aufbau des ersten Gespräches

Sie fangen das Gespräch, nach dem üblichen „Guten Tag, lieber Mitarbeiter!" mit einem Lob oder einer positiven Vision an. Wir haben schließlich alle gelernt, dass man nicht mit der Tür ins Haus fällt.

Dies könnte in etwa wie folgt aussehen:

„Lieber Mitarbeiter, ich bin mit Ihren Leistungen sehr zufrieden und möchte auch in Zukunft so erfolgreich mit Ihnen zusammenarbeiten. Nun gibt es da eine Sache, die mir nicht so gut gefällt und die möchte ich gerne mit Ihnen lösen..."

Da wir ein guter Chef sind, nehmen wir den Fehler zunächst auf uns. Schließlich haben WIR (wie oben bereits erwähnt) den Mitarbeiter eingewiesen und ihm seine Aufgaben erklärt.

„Sicherlich liegt es daran, dass ich es Ihnen nicht richtig erklärt habe bzw. Ihnen nicht gesagt habe, warum XY so wichtig für mich ist... Ich hätte mich klarer ausdrücken sollen."

Somit schaffe ich für den Mitarbeiter auch eine ruhigere Atmosphäre in der er, ohne nervös hin- und herzuzappeln, aufmerksam zu- und hinhören kann.

Jetzt kann ich das mich störende Verhalten beschreiben und meinen Standpunkt verdeutlichen:

„Mir ist aufgefallen...."

Auf diese Basis aufbauend, können wir gemeinsam eine Lösung definieren, mit der vor allem der Mitarbeiter umgehen kann (,denn er muss sie umsetzten) und wir müssen zufrieden sein können.

Als Abschluss kann ich nochmals seine Mitarbeit wertschätzen und mich bei ihm dafür und für das erfolgreiche Gespräch bedanken.

Dann bleibt nur noch eine Notiz mit Datum des Gesprächs in die Personalakte aufzunehmen, um einen Nachweis über das, was besprochen wurde zu haben.

Der Aufbau des zweiten Gespräches

Dank der Notiz in der Personalakte kann ich beim zweiten Gespräch auf das vorangegangene erste Gespräch verweisen und mich darauf beziehen:

„Lieber Mitarbeiter! Erinnern Sie sich noch an unser Gespräch vor X Tagen | Wochen? Wir hatten besprochen, dass..."

Nun liegt es an mir als Vorgesetzter die Führung zu ergreifen und Fragen zu stellen und (ACHTUNG! Wichtig!) danach unbedingt das Schweigen auszuhalten!

Es ist nun wichtig, dass wir dem Mitarbeiter Raum und Zeit bieten, so dass er antworten kann. Nie, nochmals: NIE selbst antworten. Lassen Sie den Mitarbeiter DENKEN!!! Führen Sie durch Fragen!

- „Woran liegt es?"
- „Welche Unterstützung brauchen Sie?"
- „Wie gedenken Sie, in Zukunft mit dem Problem umzugehen?"
- „Welche konstruktiven Lösungen schlagen Sie vor?"

Sollte gar keine Antwort kommen (unwahrscheinlich, wenn Sie als Chef das Schweigen aushalten) führen Sie den Mitarbeiter und bitten ihn fünf Lösungen schriftlich auszuarbeiten und diese innerhalb der nächsten XY Tage | Wochen bei Ihnen einzureichen. So geben Sie ihm immer noch den Raum und die Zeit und signalisieren ihm, dass Sie nicht für ihn arbeiten und denken, sondern andersherum!

Definieren Sie ein konkretes Zeitfenster in dem Sie dem Mitarbeiter die Möglichkeit bieten den Fehler abzustellen oder zu verändern. Achten Sie penibelst darauf, dass dieser Zeitraum eingehalten wird, so bleiben Sie konsequent und berechenbar.

Auch hier bedanken Sie sich erneut für das konstruktive Gespräch und verabschieden sich wertschätzend. Bleibt die Notiz mit Datum des Gesprächs in der Personalakte zu vermerken und von beiden Parteien unterschreiben zu lassen.

Der Aufbau des 3. Gespräches

Dieses Gespräch wird etwas unangenehmer, ist aber für Sie als Arbeitgeber unumgänglich! Je nach rechtlicher Richtigkeit müssen Sie hier eine schriftliche Verwarnung | Abmahnung oder Kündigung aussprechen!

Da Sie diese Schritte vorher bei Ihren Angestellten angekündigt haben, sind diese über Ihr Vorgehen informiert. Nun liegt es an Ihnen das Vorgehen einzuleiten.

Nur wer klar und konsequent führt, stellt auch den lebenden Beweis für seine eigene Führungsleidenschaft dar!

Glauben Sie mir: Ich weiß, wie hart das im ersten Moment klingen mag! Aber Sie werden sehen, dass sowohl den Mitarbeitern als auch Ihnen Struktur im Umgang mit Fehlern gut tut. Denn wie schnell kann aus unstrukturierter Leidenschaft ein lauter Ton bis hin zum cholerischen Anfall werden. Dann haben wir wieder das selbst geschaffene Leid!

FAZIT

Fassen wir die wichtigsten Punkte im Überblick zusammen:

- Finden Sie die richtigen Mitarbeiter!
- Finden Sie Ihre eigene Leidenschaft!
- Führen Sie leidenschaftlich!

Als Chef muss ich vielseitig sein, flexibel, einfallsreich und gleichzeitig führend und durchschaubar. Einerseits muss ich es schaffen, den Mitarbeiter beim 'richtig machen' zu ertappen und Mitarbeitermarketing zu haben. Andererseits soll ich klar und konsequent führen! Sie sehen, das ist keine einfache Aufgabe, aber eine Herausforderung, in die Sie hineinwachsen können. Mir hilft immer der Vergleich mit dem Fußball. Es gibt ein Spielfeld (= Ihre Firma). Für das Spiel gibt es klare Regeln (Ihre klaren Vorgaben), wenn man sich nicht an die Regeln hält, gibt es eine Verwarnung, eine gelbe oder eine rote Karte (= Fehlermanagement, die drei Gespräche). Wenn sich alle an die Regeln halten, kann wunderbar gespielt werden (Erfolg, Lob, Mitarbeitermarketing).

Ich muss für mich selbst, als Führungsperson, eine Mischung aus dem finden, was ich können muss und was ich schon kann. Es ist meine Aufgabe, mich besonders dem zu widmen, was ich kann, und es mit dem anzugehen, was ich habe. Ich habe die Leidenschaft! Mit dieser besinne ich mich auf meine Stärken und baue störende oder mich behindernde Schwächen ab. Jeden Tag! Immer wieder!

Für mich ist Leidenschaft zu dem, was ich tue, der größte und stärkste Pfeiler. Ergänzen Sie es um Standfestigkeit, Selbst-Kontrolle, Liebe, Kommunikation, Wissen und Ethik. Dann kann Ihren Erfolg kein Mensch auf der Welt aufhalten. Hätte mir 1998 jemand gesagt, dass ich es jemals schaffen werde, mir meine Lebensträume zu verwirklichen – ich hätte es nicht geglaubt!

Aus meiner Leidenschaft habe ich mein Lebenswerk geschaffen. Ich habe mir schon viele Träume verwirklicht. Meinen Hof mit meinen Tieren, meine Arbeit – all das macht mich sehr glücklich. Niemals hätte ich es geschafft, all die Hindernisse, die Zweifel und die Ängste zu überwinden, wenn ich nicht diesen unbändigen Willen, gepaart mit Kreativität, gehabt hätte. In Summe macht genau das die Leidenschaft aus. Leben Sie leidenschaftlich!

„Träume verleihen uns die Kraft,
dort weiter zu machen,
wo man längst die Hoffnung aufgegeben hat."
Unbekannt

SELBST-KONTROLLE – SÄULE 3

Selbst-Kontrolle ist das dritte und regulierende Machtpotenzial!

Nichts kann einen Menschen mehr befreien als die Macht der Selbst-Kontrolle. Sie gibt Ihnen das Steuerrad in die Hand.

GRETCHENFRAGE HABEN SIE SICH IM GRIFF?

Selbst-Kontrolle ist Ihr Schlüssel zur machtvollsten Erfahrung Ihres Lebens. Raus aus der Ohnmacht, hinein in die Macht der Selbstbestimmung.

Selbst-Kontrolle ist Eigenverantwortlichkeit und auch Gesellschaftsfähigkeit.

Selbst-Kontrolle entscheidet darüber wie viel Chance Sie Ihrem schier grenzenlosen Potenzial geben!

Die dritte Säule der Macht – Selbst-Kontrolle – reloaded durch den Olympiafaktor Antje Heimsoeth:

Wenn man die wahrhaft glücklichen Menschen befragt:

Wie macht Ihr das, dass Ihr so glücklich und zufrieden seid, obwohl Ihr doch auch schwere Schicksalsschläge hinnehmen müsst?

Dann bekommt man regelmäßig die Antwort: Der Trick besteht darin, mental stark zu bleiben. Es ist eine Frage der Selbstverantwortung.

Na, toll. Und wie mache ich das?

Mal ehrlich, Selbstverantwortung klingt verdächtig nach Disziplin und Kasteiung – nichts unangenehmer als das. Was soll ich damit? Geht das heutzutage nicht auch anders?

Ich will glücklich sein und zwar sofort. Wo kann ich das kaufen?

Der Olympiafaktor Antje Heimsoeth liefert Ihnen die Leichtigkeit der Selbstverantwortung.

Als Expertin für mentale Stärke nimmt sie Sie mit zu Ihren unendlichen Möglichkeiten.

Lassen Sie sich inspirieren, wie Selbst-Kontrolle Sie erleichtern und entspannen kann.

Und erfahren Sie, warum in einer gesunden Selbstbestimmung der Schlüssel zum Erfolg liegt.

Antje Heimsoetz und ich sind uns sicher, die Macht der Selbst-Kontrolle wird Sie befreien!

Antje Heimsoeth – der Olympiafaktor

Go for Gold!

Wenn Sie Erfolg, Lebenszufriedenheit und stabile Beziehungen leben möchten, dann ist es absolute Bedingung, Eigenverantwortung zu übernehmen – zu 100%. Setzen Sie mit eben dieser Selbstverpflichtung die Mentalübungen von Antje Heimsoeth um, so wird sich Ihr Leben positiv verändern.

Denn Erfolg und Gesundheit beginnen im Kopf. Alles das, was Sie sich vorstellen können, hat eine große Chance erreicht zu werden, wenn Sie es einfach nur tun.

Antje Heimsoeth zeigt auch, welche Einstellungen und Übungen es braucht, um nicht nur erfolgreich, sondern extrem erfolgreich zu sein. Ihre Erfahrungen aus und mit dem Spitzensport stellt Sie Ihnen für Ihre Spitzenleistungen zur Verfügung.

Professionalität

Die Expertin für Erfolgs- und Mentaltraining, Antje Heimsoeth, weiß, was wir von Sportlern lernen können und wie Gewinner denken. Mit ihrer authentischen, leidenschaftlichen und natürlichen Vortragsweise mit 'Herz',gepaart mit ihrem Wissen, Talent und ihrer langjährigen Erfahrung, beeindruckt und inspiriert sie die Teilnehmer ihrer Ausbildungen, Seminare und Vorträge. Auch in ihren Büchern vermittelt die ausgebildete Ingenieurin und ehemalige Leistungssportlerin praxisnahe Mentaltechniken und Vorgangsweisen, die eine rasche und nachhaltige Umsetzung der Lektüre in den Alltag, Beruf und Sport ermöglichen.

Als Unternehmerin, Trainerin und Mental Coach in den Bereichen Sport, Gesundheit und Business, sowie als Dozentin an der Hochschule Ansbach ist sie internationale Expertin ihres Faches und hält weltweit Vorträge und Seminare in Deutsch und Englisch.

Antje Heimsoeth ist erfolgreiche Autorin und Publizistin (Focus, Bild, Wirtschaftswoche, Markt und Mittelstand, Women's Health). Ihre Bücher werden international verlegt.

Bücher | VideoMaterial

Heimsoeth, A. 2008. Mental-Training für Reiter. Stuttgart: Müller Rüschlikon.

Heimsoeth, A. 2012. Golf Mental: Pockettraining. Stuttgart: pietsch.

Heimsoeth, A. 2013. Mein Kind kann's. Mentaltraining für Schule, Sport und Freizeit. Stuttgart: pietsch.

Heimsoeth, A. 2014. Love it – Leave it – Change it, Chefsache Prävention I: Wie Prävention zum unternehmerischen Erfolgsfaktor wird. Wiesbaden: Gabler.

Heimsoeth, A. 2014. Golf mental: Erfolg durch Selbstmanagement. Stuttgart: pietsch.

Heimsoeth, A. 2013. DVD: Mentale Gesundheit - Gesundheit, Erfolg, Selbstvertrauen und Lebensfreude. Müllheim-Baden: Auditorium-Netzwerk.

Im Interview

Warum sind Sie Expertin für Erfolg?

Es ist meine Devise: Lerne von den Besten. Und ich durfte in der Arbeit mit vielen Spitzensportlern, Bundestrainern und Nationalmannschaften von den Besten lernen.

Ich übertrage die mentalen Techniken und Strategien aus dem Spitzensport ins Business, davon kann jeder profitieren, nicht nur die Führungskräfte und Vorstände, die ich zu Erfolgserlebnissen hinbegleiten durfte.

Und ich bin selbst sehr erfolgreich, was ich mit Stolz sagen kann. Wer kann besser Erfolgstipps geben, als der, der erfolgreich ist und mit Erfolgreichen arbeitet?

Sie kennen die Werbung: „Mein Auto – mein Haus – mein Pool...". Uns interessiert: Woran messen Sie Erfolg?

Ich messe nicht Erfolg, sondern ich spüre Erfolg.

Dazu gehört die Gesundheit und meine Lebenszufriedenheit.

Dazu gehören bereichernde Begegnungen und Momente in denen ich singend durchs Leben gehe .

Dazu gehört auch, wenn ich Neues von den Besten lernen kann, denn das ist meine Devise – von den Besten zu lernen.

Wie haben Sie zu Ihrem unverwechselbaren Stil gefunden?

Dadurch, dass ich meiner Intuition und mir treu geblieben bin. Viele Menschen versuchten mich auf Wege zu leiten – oft sicherlich gut gemeint –, doch ich habe immer auf meine Intuition gehört, ob es passt, denn nur ich weiß, wo mein Weg ist. Dazu gehört auch mein Umfeldmanagement. Ich lasse Menschen, die mir nicht gut tun, ziehen und pflege mein Netzwerk und förderliche Kontakte.

Ich bin extrem zielorientiert. Dabei geht es darum, sich zu Zielen zu committen, Visionen täglich aufzuschreiben und Ziele zu visualisieren – ich tue das in Form von Zielcollagen.

Welche kleinen Dinge machen Ihren Tag zu einem erfolgreichen Tag?

Natürlich Aufträge – ich liebe meinen Job. Er bringt mich rund um die Welt und in Kontakt mit vielen Menschen, vielen Kulturen, vielen Sichtweisen. Ich sehe es so, dass ich meine Berufung leben kann und darf.

Die Erfolge meiner Klienten.

Es ist nicht die Quantität der Begegnungen, sondern die Qualität. Es ist ist einfach schön, Tage mit Freunden zu verbringen und auch Zeit für mich zu finden, diese gestalte ich mit innerer und körperlicher Bewegung – mit Musik im Ohr.

Wenn ein guter Beobachter Sie eine Woche lang begleitet, woran kann er erkennen, dass Sie ein Erfolgstyp sind?

Daran, dass ich sehr fleißig und diszipliniert bin, sehr viel Fachliteratur lese, Kongresse besuche, mich mit Kollegen austausche, statt meine Zeit mit TV oder anderem zuzumüllen.

Und an meiner Kundenorientierung, ich greife eher zum Telefonhörer als zur Tastatur.

Zwei weitere Dinge: Ich prüfe, ob das, was ich tue auf meine Ziele einzahlt. Und ich plane meine Entspannung, meine Reisen durch die ganze Welt.

Was sagen Sie den Zweiflern?

Arbeiten Sie an Ihrem Selbstvertrauen und an Ihrem Selbstbewusstsein. Stellen Sie sich die Frage, was Ihre Zweifel für Sie sicher stellen, denn meine tiefste Überzeugung ist, dass Zweifel eine Kernbotschaft beinhalten und ein Bedürfnis.

Wie lautet Ihr ultimativer Erfolgstipp?

Hören Sie auf zu jammern und ständig zurückzuschauen. Werden Sie aktiv. Seien Sie dankbar. Denken Sie groß.

Siegen beginnt im Kopf

Mentale Stärke im Beruf

Erfolgreiche Führung fußt auf drei wichtigen Säulen: das Unternehmen führen – andere führen – sich führen.

„Führen bedeutet: Andere anleiten, aber gleichfalls sich selbst.“ [1] Wer siegreich führen und mit seinen Mitarbeitern etwas erreichen will, braucht daher ein gutes Selbstmanagement. Und das zeichnet sich durch mentale und emotionale Stärke aus. Mentale Stärke bedeutet, sein Leistungsspektrum ungeachtet aller Widrigkeiten und Störungen voll und ganz ausschöpfen zu können. Im Spitzensport gehört mentales Training mittlerweile in den meisten Disziplinen zur Saison- und Wettkampfvorbereitung.

Mentales Training (mens (lat.): Geist, Verstand, Intellekt) ist die gedankliche Vorbereitung, ein geistiges Hineingehen in eine Situation im Vorfeld. Oder nach Sportprofessor Hans Eberspächer: „Mentales Training ist das planmäßig wiederholte, systematische, bewusste und kontrollierte Optimieren von Vorstellungen des Eigenzustands, einer Handlung oder eines Weges ohne gleichzeitige praktische Ausführung.“ [2] Ziel ist, mit der Kraft der Vorstellung Situationen optimal zu meistern und Höchstleistung abrufen zu können. Wer mental und emotional trainiert, kann Herausforderungen mit Klarheit, Zuversicht und Gelassenheit begegnen.

Als Führungskraft unterliegen Sie besonderen Anforderungen: Sie müssen Zielvorgaben erfüllen, gewinnbringend fürs Unternehmen agieren, Ihr Team entwickeln, mit Unsicherheiten umgehen, auf Veränderungsdruck reagieren und zielführend geplante Veränderungen (im Team) ausführen und bewältigen können. Darüber hinaus wird von Ihnen erwartet, dass Sie Motivator, Kapitän der Mannschaft und glänzendes Vorbild sind.

Nicht wenige Führungskräfte werden angesichts dieser umfangreichen Aufgaben von Ängsten und Selbstzweifeln geplagt. Doch Angst vor Abstieg, Fehlern, Blamage, Versagen oder der Konkur-

---

1 Peters, Bernhard, Hermann, Hans-Dieter u. Müller-Wirth, Moritz, „Führungsspiel. Menschen begegnen, Teams formen, Siegen lernen – Nutzen Sie Erfolgsgeheimnisse des Spitzensports“, Heyne, 2013, S. 115

2 Hans Eberspächer, „Mentales Training. Das Handbuch für Trainer und Sportler“, 2004, S. 73

renz kann Ihr Leistungsvermögen negativ beeinflussen und beherrscht schlimmstenfalls Ihr Denken. Gefährlich ist dies, da Ihre innere Haltung und Ihre Einstellungen Ihr Handeln prägen und so den Unterschied zwischen Erfolg und Scheitern machen.

Schon der griechische Philosoph Heraklit wusste, dass sich ständig alles im Wandel befindet – 'panta rhei' (altgr. für 'alles fließt'). Manches davon langsamer, anderes schneller. Der Wandel ist für Sie als Führungskraft ständiger Begleiter.

Der deutsche Hockeytrainer und 'Taktik-Experte' Bernhard Peters definiert das Ausruhen auf Erfolgen, das Festhalten an bewährten Methoden und das Vermeiden neuer Wege als Schwachpunkte bei einem Team. „Wer führt, hat Ziele – und wer diese erreicht hat, muss verändern.“ [3] Das Verändern betreffe „sowohl den faktischen, planerischen als auch den emotionalen Teil der Arbeit einer Führungskraft“.[4] Verändern heißt auch, am eigenen Führungsstil und Führungsverhalten zu arbeiten. Denn diese sind wesentliche Faktoren für die Arbeitszufriedenheit und das Befinden Ihrer Mitarbeiter – und damit Teil des Gesamtergebnisses Ihrer Führungsleistung.

Die Macht der Gedanken

> „Ein Sieger findet für jedes Problem eine Lösung.
> Ein Verlierer findet in jeder Lösung ein Problem.“
> Jörg Löhr

Der berühmte Automobilproduzent Henry Ford hat einst gesagt: "Egal, ob Sie glauben, dass Sie etwas können oder dass Sie es nicht können, Sie haben in jedem Fall recht." Unsere Gedanken bestimmen unser Handeln und unser Tun. Unser Handeln und unser Tun bestimmen unser Verhalten. Unser Verhalten gestaltet unser Leben und unsere Umwelt.

Sich ständig wiederholende, negative Gedanken wie „Ich schaffe das nicht.“, „Ich bin nicht gut genug.“, „Ich kann Verantwortung schlecht abgeben.“ oder „Es war schon immer so. Es wird dieses

---

3 Peters, Bernhard, et al., „Führungsspiel.“, S. 112

4 Ebd

Mal auch so sein." führen zu Stress, Angst oder Verspannung, unangenehmen Gefühlen und Misserfolg.[5] Die Qualität Ihres inneren Dialogs, also der Art, wie Sie innerlich mit sich selbst umgehen, spielt eine entscheidende Rolle in Ihrem Leben.

Und nun sind Sie dran:

Worüber denken Sie die meiste Zeit nach? Wie steht es um Ihre inneren Dialoge? Ist Ihnen schon einmal aufgefallen, welcher Art Ihre Selbstgespräche sind? Haben Sie schon einmal bewusst auf Ihre inneren Stimmen geachtet? Wie hören sich diese Gedanken an? Unterstützen sie Sie oder behindern sie Sie? Kommen Sie schnell ins Grübeln?

Die meisten Menschen sind Gefangene ihres eigenen Gehirns. Wir denken am Tag etwa 60.000 einzelne Gedanken. 85 Prozent davon sind negativ und haben eine destruktive Wirkung. Lediglich 15 Prozent aller Gedanken sind positiver Natur und wirken konstruktiv. Finden Sie heraus, wie Sie lernen können, Ihr eigenes Erleben zu verändern, um Kontrolle über das zu bekommen, was in Ihrem Gehirn tatsächlich passiert.[6]

Programmieren

Stellen Sie sich Ihr Unterbewusstsein wie die Festplatte eines Computers vor. Ihre Gedanken, Worte und Bilder sind dort wie ein Programm abgespeichert. Das Unterbewusstsein akzeptiert jede Information, die es erhält. Der Verstand ist der Filter. Er entscheidet, was er glaubt und was nicht, je nach bereits einprogrammierten Lebenserfahrungen. Wenn Ihr Verstand etwas für wahr hält – selbst wenn es falsch ist – wird Ihr Unterbewusstsein es als wahr akzeptieren und die entsprechenden Resultate veranlassen. Die gute Nachricht ist: Genau wie beim Computer können Sie auch Ihre alten, negativen, selbstzerstörerischen Programme Ihres Unterbewusstseins löschen und neu schreiben.

---

5 Heimsoeth, Antje in: Buchenau, Peter (Hrsg.), „Chefsache Prävention. Wie Prävention zum unternehmerischen Erfolgsfaktor wird", Springer Gabler, 2014, S. 77

6 vgl. Bandler, Richard, „Veränderung des subjektiven Erlebens. Fortgeschrittene Methoden des NLP", Junfermann, Paderborn, 1987. S. 20

Vom 'Getriebenen' zum Handelnden

Das Unterbewusstsein ist wie einer Ihrer gewissenhaften Angestellten, es braucht und sucht nach Führung. Verweigern Sie als Chef Ihrem Unterbewusstsein diese Führung, dann holt sich Ihr Unterbewusstsein aus externen Quellen die benötigten Direktiven: vom Partner, von Arbeitskollegen und Mitarbeitern, Freunden, von Ihrem Vorgesetzten oder sogar aus den Medien. Wenn Sie bislang nicht der Chef Ihres Unterbewusstseins waren, dann stellt sich die Frage, wie viele der Gedanken, die Sie täglich im Kopf bewegen, tatsächlich von Ihnen stammen.

Fakt ist: Entweder wählen Sie Ihre Gedanken selbst oder Sie akzeptieren Sie von einer auswärtigen Quelle![7] Als Führungskraft sollte es Ihnen ein unbedingtes Anliegen sein, den Kurs selbst zu bestimmen.

Ihr Unterbewusstsein wird manche Anweisungen mit Freuden ausführen, andere nur halbherzig und bei manchen Instruktionen werden Sie auf Widerstand stoßen – das kennen Sie bereits von Ihren Mitarbeitern. Machen Sie sich bewusst: Sie sind der Chef! Wiederholen Sie Ihre Anweisungen ans Unterbewusstsein so lange, bis Sie die gewünschten Ergebnisse sehen. Auch bezüglich dieses speziellen Mitarbeiters gilt die Macht der Gewohnheit. Ein wenig Geduld gehört zum Geschäft, doch Sie tun gut daran, die Qualitäten Ihres Unterbewusstseins anzuerkennen und zu schätzen. Bilden Sie mit ihm ein inneres 'Dreamteam'.

Erfolg ist auch eine Frage der Haltung und Einstellung

Sie können eine passive Haltung und negative Einstellung aufgeben. Und noch mehr: Sie können diese durch positive Einstellungen, klare Gedanken, positive Bilder und förderliche Denkmuster ersetzen und auf diese Weise neue Programme schreiben. Dies erreichen Sie durch das Anerkennen der negativen Gedanken und

---

7 Heimsoeth, Antje, „Golf Mental: Pockettraining", pietsch, 2012, S. 20

das Umformulieren negativer Gedanken in positive Gedanken. Achten Sie dabei auf eine tiefe Bauchatmung.

Vergegenwärtigen Sie sich einmal Ihren geistig-emotionalen Zustand, wenn Sie eine Bestleistung erbracht haben. Formulierungen wie „Ich war wie im Rausch!", „Ich hatte einen Lauf!" oder „Alles lief wie von selbst!" fallen in diesem Zusammenhang. In solchen Phasen steht das Denken still - der innere Dialog ist sozusagen vorübergehend außer Betrieb. In ausführlichen Studien hat sich gezeigt, was den erfolgreichen Menschen im Bereich des inneren Dialoges auszeichnet, nämlich dass das Selbstgespräch konstruktiv, anspornend und handlungsorientiert verläuft. Jeder weiß, dass man sich selbst aus diesem genialen Zustand erweckt, sobald man beginnt, wieder nachzudenken. Bei Misserfolgen berichten Menschen oft, dass ein vorhergehendes negatives Selbstgespräch bereits die Weichen in Richtung des unerwünschten Verlaufes vorprogrammiert habe. Negative innere Dialoge fördern also eine Abwärtstendenz im Handeln.[8]

Der „Innere Dialog", Affirmationen

Das Wort Affirmation (= positives Selbstgespräch) beinhaltet das lateinische Wort 'firmare', was so viel bedeutet wie 'festigen, verankern'. Eine Affirmation ist ein bejahender, bekräftigender Satz, der – oft genug laut oder innerlich wiederholt – Gedanken und Überzeugungen verändert.

Analysieren Sie Ihre Selbstgespräche, die Sie vor, während und nach Stresssituationen führen – und zwar sowohl leichte als auch sehr anspruchsvolle, erfolgreich verlaufende ebenso wie aussichtslose. Jene Selbstgespräche, die förderlich für Ihr Handeln und Ihre Leistung waren, können Ihnen als Inspiration für Ihre Affirmationen dienen.[9]

Wählen Sie für Ihre Affirmationen immer positive, bejahende Formulierungen und bilden Sie kurze, eingängige Sätze mit höchstens zehn Wörtern. Formulieren Sie rhythmisch, ggf. auch lustig oder originell, und in der Gegenwartsform. Und fangen Sie jeden Satz

8 Heimsoeth, Antje in: Buchenau, Peter (Hrsg.), „Chefsache Prävention. Wie Prävention zum unternehmerischen Erfolgsfaktor wird", Springer Gabler, 2014. S. 79

9 Hans Eberspächer, „Mentales Training. Das Handbuch für Trainer und Sportler", 2004, S. 107

mit „Ich" an. (Beispiele: „Ich habe Selbstvertrauen. Ich fühle mich stark. Ich bin geduldig."). Entwickeln Sie dabei ein inneres Lächeln – das entspannt übrigens gleichzeitig Ihre Gesichtszüge und verleiht Ihnen auch äußerlich eine positive Ausstrahlung.

Verwenden Sie keine Affirmation, von der Sie selbst nicht richtig glauben können, dass sie zutrifft. Notieren Sie Ihre Affirmationen auf Haftzetteln, die Sie in Ihrem persönlichen Bereich in Sichtweite platzieren oder speichern Sie sie als Hintergrundbild auf Ihrem Smartphone ab. Je öfter Sie darauf schauen, umso besser speichert Ihr Unterbewusstsein die Botschaft ab.

Negative Gedanken lassen sich nicht vermeiden – aber Sie können sie bewusst durch positive ersetzen. Um negative Gedanken unter Kontrolle zu bringen, machen Sie folgende Übung:

Gedankenstopp

Diese Technik ist ein Erste-Hilfe-Programm, um aufkommende negative, unerwünschte, immer wiederkehrende, grüblerische, einschränkende, nicht präzise oder destruktiv formulierte Gedanken, Gefühle und Verhaltensweisen zu stoppen. Sobald negatives Denken, falsche Gedanken oder eine selbsterfüllende Prophezeiung aufkommen, holen Sie ein auf Pappe geklebtes Stoppschild oder ein ähnliches Symbol aus Ihrer Hosentasche, schauen es an und sagen "STOPP" (leise; wenn möglich laut). Sie können das Wort auch mehrmals hintereinander sagen: „STOPP! STOPP! STOPP!". Oder Sie stellen sich das Stoppschild vor. Sie können zusätzlich noch mit einer Hand auf Ihren Schenkel klopfen. Atmen Sie dabei ruhig und tief. Wenn es Sie unterstützt, können Sie sich beim Ein- und Ausatmen vorstellen, wie sich dieser Gedanke in Luft auflöst. Oder Sie stellen sich dabei vor, wie Ihre Gedanken waggonweise als vorbeifahrender Zug in einen Tunnel fahren. Beladen Sie jeden Waggon mit negativen Gedanken. Und wenn Sie die Rücklichter des Zugs im Tunnel verschwinden sehen, passiert dasselbe mit Ihren Gedanken. Sie sind weg.

Nach dem STOPP-Signal richten Sie Ihren Blick wieder auf die anstehende Aufgabe, suchen nach einer Lösung für die Aufgabe bzw. konzentrieren sich auf die Aufgabe. Dies unterstützen Sie mit einem positiv formulierten und unterstützenden Gedanken, z.B. mit der Erinnerung an etwas Angenehmes – es muss nichts mit der aktuellen Situation zu tun haben – oder alternativen Verhaltensprogrammen, damit Sie nicht wieder in das alte, belastende

Muster verfallen. Lassen Sie dieses Stopp-Verfahren zur Gewohnheit werden. Das dauert erfahrungsgemäß eine gewisse Zeit. Setzen Sie Affirmationen und den Gedankenstopp zunächst in stressfreien Situationen ein, damit Sie diese dann auch an Tagen schlechter Befindlichkeit wirkungsvoll einsetzen können.

Warum üben? – Wenn Sie sich unter Stress befinden, neigt man dazu, gewohnte Verhaltensweisen oder Stereotypen durchzuführen, ob diese nun der Situation angemessen sind oder nicht. Das heißt: Verhaltensweisen, die kaum trainiert sind, sind in kritischen Momenten nicht abrufbar.

Selbstmanagement bei Krisen, Stress & Co.

Gerade beim Bewältigen von Stress kommt dem Denken, Wahrnehmen und Bewerten (mentale, kognitive Prozesse) große Bedeutung zu. Stress entsteht zu einem erheblichen Teil im Kopf. Wie wir Situationen einschätzen und unsere eigenen Fähigkeiten und Ressourcen beurteilen, hat großen Einfluss darauf, ob es zu Stress kommt oder nicht.

> „Nicht die Dinge selbst beunruhigen uns, sondern die Meinung, die Vorstellungen, die wir von den Dingen haben."
> Epiktet

Das Stressmodell von Richard Lazarus (1974) geht davon aus, dass Stress sehr eng an die Bewertung und Beurteilung der Situation oder eines Ereignisses geknüpft ist. Nicht die eigentlichen objektiven Merkmale der Situation, die Realität selbst, lösen den Stress aus, sondern Ihre Einschätzung des Problems, Ihre Gedanken, Einstellungen, Empfindungen und Überlegungen. Sobald eine Situation von Ihnen als negativ bewertet wird und Sie diese nicht mehr mit Ihren bestehenden Ressourcen und Fähigkeiten meistern können oder meinen diese nicht mehr meistern zu können, reagiert der Körper mit der urzeitlichen Alarm- und Notfallreaktion.[10]

Je größer die Unsicherheit bzw. Angst (vor Fehlern, Wettkämpfen, Konkurrenzsituationen im Alltag und Beruf) und je bedeutungsvol-

---

10 Heimsoeth, Antje in: Buchenau, Peter (Hrsg.), „Chefsache Prävention. Wie Prävention zum unternehmerischen Erfolgsfaktor wird", Springer Gabler, 2014, S. 82

ler die möglichen negativen Konsequenzen, desto größer ist das Gefühl der Bedrohung und damit auch der Stress.

Übertriebener Ehrgeiz, Schlafmangel, Bewegungsmangel, ungünstige Ernährung, Perfektionismus, überhöhte Ansprüche an die eigene Person, Zeitdruck, Enttäuschungen, soziale Unsicherheit, Ängste, Konflikte, schlechte Organisation oder ein schlechter Gesundheitszustand – die Liste möglicher Auslöser für Stress am Arbeitsplatz (und anderswo) könnte endlos fortgesetzt werden.

Dass Stress unser Leistungsvermögen beeinflusst und sich negativ auf die Gesundheit, u.a. auf das Herz-Kreislauf-System und den Stoffwechsel auswirkt, ist hinlänglich bekannt. Doch dass Stress sich langfristig auch auf unsere Gedächtnisleistung auswirkt, haben Wissenschaftler erst vor kurzem festgestellt. Eine schwedische Langzeitstudie zeigt, dass starke psychische Belastung in mittleren Jahren das Alzheimer- und Demenzrisiko im Alter erhöht. Forscher der Universität Göteborg hatten dafür 800 Frauen rund 38 Jahre begleitet und sie mehrfach zu 18 psychosozialen Stressoren befragt. Mit jedem Stressor erhöhte sich das Demenzrisiko um 20 Prozent.[11] Es gilt, Stressauslöser (Stressoren) rechtzeitig zu erkennen, um gegenzusteuern. Sie sollten Ihre Stressbewältigung auf allen Ebenen in den Alltag integrieren. Mentalorientierte Zugänge zur Stressreduktion sind zum Beispiel Autogenes Training, Progressive Muskelentspannung, Fantasiereisen, Gedankenreisen, Körperreisen (Psychohygiene-Training, Mentales Training, Zentrieren (Objekt-Konzentration)) oder Selbsthypnose. Auch das Hören von Musik ist ein bewährtes Mittel, um zu entspannen. Herzfrequenz, Atmung und Muskelanspannung verändern sich dabei, ohne dass Sie es bewusst steuern.

Stressoren 'zähmen', Stress bewältigen

Soforthilfen gegen Stresssymptome gibt es auf verschiedenen Ebenen – für das Verhalten, den Körper, die Gedanken und die Gefühle. Ein erster Schritt zu einer Veränderung ist, die eigene Denkweise zu überprüfen und eigene stressverschärfende Gedanken zu erkennen und zu wandeln. Besonders in Situationen, die

11 vgl. Magazin Stern Gesund leben Nr. 6 | 2013

man selbst nicht ändern kann, regen folgende Fragen zur alternativen Bewertung an: Was kann ich in dieser Situation lernen? Welche Aufgabe habe ich in dieser Situation?

Alle nachfolgend aufgeführten Techniken helfen Ihnen nicht nur in unerwarteten Stresssituationen. Regelmäßig im Alltag praktiziert, sorgen sie für mehr Gelassenheit und innere Ruhe. In der nachstehenden Übersicht[12] gewinnen Sie einen Überblick über Notfallskills auf den verschiedenen Ebenen, deren Einsatz von der jeweiligen Situation und Ihren persönlichen Vorlieben abhängen:

Denken

- Selbstermutigung durch konstruktive Gedanken
- Perspektivenwechsel
- Sinngebung
- Pro und Contra abwägen
- Hirn-Flick-Flacks (Rechenübungen, Quiz-Spiele...)

Körpereinsatz

- Körperhaltung
- Muskelan- | -entspannung
- Joggen, sich bewegen
- sich auspowern

Wahrnehmung

- Atmung
- Konzentration auf den Augenblick
- Körperempfindungen beobachten
- Achtsamkeitsübungen mit den fünf Sinnen

Handeln

- ablenkende Aktivitäten
- konzentriert arbeiten
- Andere unterstützen
- Mandala malen

Übung zur mentalen Stressreduktion: „innerer Beobachter"

Wenn Sie mit unangenehmen Situationen bzw. einer schwierigen Aufgabe konfrontiert sind, sollten Sie möglichst rasch Abstand

---

12 Psychosomatische Abteilung Klinik St. Irmingard, Skript Traumamodul, Dr. P. Heinz, Version 5/2013, Prien am Chiemsee

gewinnen. Machen Sie sich zum unbeteiligten Zuschauer, der unbehindert von starken Gefühlen die Problemsituation von außen beobachtet und analysiert. Atmen Sie tief durch, und tun Sie so, als ob Sie einen Film im Kino anschauen würden. Oder Sie stehen auf, stellen sich hinter Ihren Stuhl und sehen sich selbst vorm inneren Auge auf dem Stuhl sitzen. Reflektieren Sie einzelne Aspekte des Ereignisses und denken Sie darüber nach, welche anderen Möglichkeiten Sie noch haben, um auf Ihr Gegenüber oder das Ereignis zu reagieren. Könnten Sie Ihre Verhaltensweisen einer Person gegenüber verändern? Wissen Sie, weshalb Sie Ihr Verhalten einer Person gegenüber beibehalten? Wie gehen Sie mit sich selbst um?

Körperliche Stressreduktion

Der Zugang zur Entspannung und Gelassenheit geht u.a. über die Atmung. Viele Probleme, Ängste und Unsicherheiten, z.B. in schwierigen Situationen oder in Spitzenzeiten, entstehen dadurch, dass die Atmung immer flacher wird. Der Mensch steht mit hoch gezogenen Schultern im Meeting vor seinen Kollegen. Meist fällt einem das selbst nicht auf. Häufiges Sitzen zwängt Bauch und Zwerchfell ein. Zudem atmen die meisten von uns nicht vollständig aus und nutzen so auch nicht die komplette Kapazität der Lunge. Optimal hingegen ist es, lang und tief in den Bauch zu atmen, dabei hebt und senkt sich die Bauchdecke. Schulter und Nacken bleiben entspannt, die Seiten dürfen sich mitbewegen. Wer bewusst ruhig atmet, kann nahezu nicht in Stress geraten – oder sich via Atmung schnell wieder heraushelfen.

Übung: Entspannungsatmen

Sorgen Sie dafür, dass Sie für ein paar Minuten ungestört allein in einem Raum sind. Sie können die Übung bestmöglich im Liegen oder auch im Sitzen und Stehen machen. Gürtel, der auf den Bauch drücken könnte, Kragen und Krawatte lockern, Schuhe evtl. ausziehen. Legen Sie sich bequem auf den Rücken, die Beine ausgestreckt. Ihre Hände liegen auf dem Bauch, die Mittelfinger berühren sich über dem Bauchnabel. Schließen Sie die Augen, wenn Sie mögen.

Atmen Sie ganz langsam durch die Nase ein und zählen Sie dabei langsam bis drei. Atmen Sie bewusst, langsam und gleichmäßig durch den Mund aus. Beim Einatmen hebt sich Ihr Bauch und die Finger gehen leicht auseinander. Halten Sie den Atem für eine Sekunde an. Atmen Sie nun langsam wieder aus. Die Bauchdecke senkt sich zurück in die Ausgangslage und die Finger berühren sich wieder. Achten Sie darauf, dass das Ausatmen deutlich länger dauert als das Einatmen. Wiederholen Sie diese Atmung mehrere Male.

Selbstcoaching-Tipp: Aktivieren der Thymusdrüse

Diese Übung verbessert Ihre Stimmung, trägt zur Entspannung und Lebensfreude bei, reduziert Stress, steigert die Immunabwehr und sorgt für Ausgeglichenheit.

Klopfen Sie täglich mehrmals etwa eine Minute lang mit den Fingerspitzen oder mit der Faust (sanft) auf die Thymusdrüse. Diese liegt ca. vier Finger breit unterhalb der Halskuhle hinter dem Brustbein in der Mitte des Brustkorbs.

Nehmen Sie zusätzlich Ihre Zunge beim Einatmen hinter die Zähne an den Gaumen. Klopfen Sie solange, bis Sie einen tiefen Atemzug machen müssen. Das ist ein Zeichen dafür, dass sich etwas gelöst hat. Beim Klopfen können Sie folgenden Satz sagen: „Ich liebe, glaube, vertraue, bin dankbar und mutig."

Besonders hilfreich ist das Klopfen der Thymusdrüse vor einem großen Auftritt z.B. auf der Bühne, vor einem Vortrag, einem Referat, vor einem Wettkampf oder vor anstrengenden, wichtigen oder aufregenden Gesprächen.

Übung: Ruhebild

Gehen Sie in Ihrer Fantasie an einen Ort, an dem Sie sich rundum wohl fühlen. Das kann der Lieblingsplatz aus der Kindheit hoch oben im Baum sein, der Gipfel eines Berges, den man einmal voller Stolz erklommen hat – in meinem Fall war das die Besteigung des Großglockners –, eine Lichtung im Wald, ein Strand, ein schöner Garten, ein Park, eine wunderschöne Landschaft oder eine erfundene Umgebung.

Die Visualisierung eines schönen Ortes bewirkt wohlige Entspannung und beruhigt die Nerven. Im Idealfall durchströmt uns ein Gefühl der Stärke und Zuversicht, das wiederum hilft, Entscheidungen zu treffen und in eine neue Richtung aktiv zu werden. Suchen Sie einen solchen Ort geistig in hektischen Situationen auf, können Sie sich schnell auf ein niedrigeres Erregungsniveau bringen. Sie rufen Ihr Ruhebild ab, indem Sie z.B. tief durchatmen, ein Schlüsselwort ('Ruhe' o.ä.) sagen und sich mental an Ihren Ort der Ruhe versetzen.

wingwave®

Mit der wingwave®-Technik, die ich gezielt bei Kurzzeit-Coachings wegen der guten Resultate einsetze, durfte ich erfahren, dass durch eine Nachbearbeitung negativer bzw. angstauslösender Erlebnisse mit schnellen Augenbewegungen die emotionale Erinnerung verblasst, sich Unsicherheiten und Stress auflösen und die Einflüsse negativer Gedanken auf die Muskulatur verschwinden.

Wingwave® dient der Stressregulation, stärkt und stabilisiert die eigenen Ressourcen und die innere Balance. Unter anderem basiert die Methode auf Erkenntnissen der Gehirnforschung. Die Methode vereint drei Verfahren: die Stimulation beider Gehirnhälften durch wache REM-Phasen, d.h. schnelle Augenbewegungen, auch auditive oder taktile Links-rechts-Impulse durch Berühren; Neurolinguistisches Programmieren sowie den Myostatiktest.[13]

Change it, love it or leave it!

Stressoren gehören unweigerlich zu unserem Alltag. Lassen sich Stressoren weder verändern noch vermeiden, so hilft es, sie neu zu bewerten. Bei näherer Betrachtung lässt sich in einer vermeintlich überfordernden Situation auch eine Chance erkennen. Akzeptieren Sie eine unveränderbare Situation und verändern stattdessen Ihre Haltung dazu, nehmen Sie diese nicht mehr nur als reinen Stress wahr, sondern vielleicht als Problemstellung, zu dessen Lösung Sie selbst beitragen können – frei nach Henry Fords bekanntem Motto: love it – leave it – change it.

---

13 Heimsoeth, Antje in: Buchenau, Peter (Hrsg.), „Chefsache Prävention. Wie Prävention zum unternehmerischen Erfolgsfaktor wird", Springer Gabler, 2014, S. 94

Mentale Stärke trainieren

Eigentlich war er gut vorbereitet, hatte lange an der Präsentation gefeilt. Als der Vertriebsleiter sich vor die Runde stellte, um der Geschäftsführung und 30 Mitarbeitern sein neues Konzept vorstellen, schien dem Triumph nichts mehr im Wege zu stehen. Doch er war nervös, sah vor allem kritische Blicke und Stirnrunzeln im Plenum, konnte schlecht mit Zwischenfragen umgehen. Je bewusster ihm seine Unsicherheit wurde, desto fahriger wurde er. Als er seinen Vortrag beendete, musste er feststellen, dass seine Performance alles andere als ein Triumph war.

Das Phänomen, trotz bester Vorbereitung nicht in der Lage zu sein, dann, wenn es darauf ankommt, sein Bestes zu zeigen, kennen auch Spitzensportler. Die Schwimmweltmeisterin und Olympiasiegerin Britta Steffen litt lange unter dem Phänomen, im Training Bestzeiten zu erzielen und im Wettkampf zu versagen. Mit Hilfe einer Psychologin und der Anwendung verschiedener Mentaltechniken gelang es ihr, innere Blockaden zu lösen. Ihre Erfolge wurden konstant. Dazu sagte Steffen selbst in einem Interview: „Zwar bin ich zum Beispiel vor Prüfungssituationen immer noch hypernervös. Aber jetzt stehe ich da vorne und mache mein Ding. Ich bekomme von vielen Seiten das Feedback, sehr souverän zu wirken, sehr authentisch zu sein." [14]

Was können wir von erfolgreichen Spitzensportlern lernen? Vertrauen in die eigenen Fähigkeiten, Selbstsicherheit, Zielklarheit, Kontrolle der Emotionen, Gedankenhygiene, Engagement, Disziplin, Kampfkraft, Lernen aus Niederlagen, Mut, Ausdauer, Beharrlichkeit, Leidenschaft und Begeisterung, das berühmte Feuer in den Augen. Dabei zapfen erfolgreiche Spitzensportler und Trainer eine mentale Kraftquelle an, auf die auch Sie Zugriff haben: Das Vertrauen in die eigene Leistungsfähigkeit und der Glaube an die eigenen Fähigkeiten und an sich selbst. Wenn Sie das verinnerlichen, versetzen Sie sich den entscheidenden Schub. Für den Anfang reichen bereits wenige Übungen. Wichtig ist es, sie konsequent zu praktizieren.

---

14 Interview mit Britta Steffen, „Ich hatte wahnsinnig Angst", von Thomas Hummel , Süddeutsche.de, 17.5.2010

Niemand, auch nicht der besttrainierte Spitzensportler, ist in der Lage, permanent Höchstleistungen zu bringen. Wer zu Spitzenleistungen fähig sein will, muss sich zwischendurch Phasen der Entspannung und Regeneration gönnen. Jeder Athlet hat nach dem Wettkampf eine Regenerationsphase. Das gilt auch für Sie – ebenso während IhresTagesgeschäftes wie in Form von Urlauben.

In seinem Buch 'Die Disziplin des Erfolgs' schreibt Jim Loehr[15], Pionier der Sportpsychologie: „Nicht Zeit, sondern Energie ist die Kardinalwährung der Höchstleistung" und „Führungspersönlichkeiten sind die Sachwalter der Energie – in Unternehmen, in Organisationen und sogar in Familien. Sie inspirieren oder demoralisieren andere durch die Art, wie sie mit ihrer eigenen Energie umgehen, und dadurch, wie gut sie es verstehen, die kollektive Energie der von ihnen Geführten zu mobilisieren, zu fokussieren, zu investieren und zu erneuern."

Entspannung ist wohl die beste Stress-Prävention und erste Maßnahme, um Stress abzubauen. Was genau die richtige Entspannung für Körper, Geist und Seele ist, darüber herrschen viele Missverständnisse: Laut einer Umfrage der DAK halten 93% der Deutschen einen Ausgleich für wichtig. Aber die Befragten gaben als Entspannungshilfen Gespräche, Lesen, Fernsehen (78%) gefolgt von einem Glas Wein oder Bier (47%, mehr davon Männer) an und nur 27% (am meisten die Frauen) Yoga oder autogenes Training. Aus den USA kommt aktuell die Nachricht, dass Führungskräfte zum Stressabbau am Arbeitsplatz bis zu einer Stunde am Tag am PC spielen.

Als Mental Coach habe ich dazu eine klare Meinung und sie wird unterstützt durch wissenschaftliche Erkenntnisse, zum Beispiel der Neurobiologie: Fernsehen und Computerspiele entspannen den Geist keineswegs. Wir umgeben uns dabei lediglich mit einer neuen Flut an visuellen und auditiven Reizen. Unser Gehirn ist also ständig hoch aktiv, auch wenn wir meinen, gerade 'nichts zu tun'. Schlafen wir beim Fernsehen ein, wird das Unterbewusstsein weiter mit Eindrücken berieselt – oft auch noch mit negativen aus Thrillern, Nachrichten, Katastrophenmeldungen.

---

15 Loehr, Jim, „Die Macht des Erfolgs", Econ. 2003. S. 12

Zeit für Entspannung, regelmäßige Bewegung und bewusste Ernährung sollten Teil Ihres täglichen Lebens sein oder werden. Wer den Herausforderungen als Führungskraft erfolgreich begegnen will, muss geistig UND körperlich fit sein. So, wie Sie Energie verbrauchen, müssen sie diese auch wieder gewinnen.

Um den Kopf frei zu bekommen, genügen ein täglicher Spaziergang (in der Mittagspause), meditatives Joggen, Entspannungsübungen, Bewegung, zehn Minuten Ruhe bei einer Tasse Tee, Tagträumen, Faulenzen, Ausflüge mit der Familie oder Freunden, Musik oder ein gutes Buch. Sport, vor allem sanftes Ausdauertraining, sowie Bewegungsformen wie Yoga, Tai Chi oder Qi Gong tragen wesentlich zu Entspannung bei. Am wichtigsten ist Regelmäßigkeit und dazu feste Auszeiten im Alltag: Das kann ein wöchentlicher Saunabesuch sein oder ein täglicher 'Powerschlaf' zur Regeneration.

Wie für (fast) alles gilt auch beim Entspannen: es will gelernt sein, um zu wirken und das erfordert Üben und das konkrete Ziel, bewusst etwas für seine Gesundheit zu tun.

Aus Niederlagen und Misserfolgen lernen

Eine von 19 Lebensweisheiten des Dalai Lama lautet „Wenn du verlierst, verliere nicht den Lerneffekt." Misserfolg ist der 'engste' Freund des Erfolgs. Die amerikanische Basketball-Legende Michael Jordan sagte zu der Rolle des Misserfolgs in seiner sportlichen Laufbahn: „In meiner Karriere habe ich mehr als 9.000 Würfe verfehlt. Ich habe fast 300 Spiele verloren. 26 Mal wurde mir der spielentscheidende Wurf anvertraut und ich habe nicht getroffen. Ich habe immer und immer wieder versagt in meinem Leben. Deshalb bin ich erfolgreich." Michael Jordan hat aus jedem einzelnen Fehler gelernt und es hat ihn motiviert, es das nächste Mal besser zu machen. Misserfolge begriff Jordan als Chancen zur Verbesserung und nicht als Beweis seiner Unfähigkeit.

Keine Macht der Abwärtsspirale!

Wenn Sie Ihre Rückschläge und Enttäuschungen über Ihre Leistung nicht verarbeiten, leisten Sie einer negativen Entwicklung Vorschub. Zurück bleibt dann das Gefühl, nichts wert zu sein. Das impliziert geringes Selbstvertrauen. Daraus resultieren Angst, Stress und Unbehagen. Sie führen zu einer Blockade und damit zu neuen schlechten Leistungen. Das erneute Versagen sorgt für ein noch geringeres Selbstvertrauen – und so dreht sich die Spirale der Selbstkritik immer weiter abwärts.

Je positiver Sie – auch nach einer Niederlage – eingestellt sind, desto angstfreier gehen Sie auch Ihre nächste Herausforderung an. Und das führt zu positivem Feedback und guten Leistungen. Erreichen Sie dadurch das nächste Mal Ihre gesteckten Ziele, wächst Ihr Selbstvertrauen weiter. Und beim übernächsten Mal sind Ihre Ergebnisse noch besser.

„Das Gefühl des Versagens ist das Tor zum höchsten Erfolg"
Alan Goldberg

Zu Ihren Aufgaben als Führungskraft gehört auch der Umgang mit den Fehlern Ihres Teams. Die Art und Weise, wie Sie auf Versagen reagieren ist der Schlüssel zur Motivation Ihrer Mitarbeiter. Der US-Sportpsychologe Alan Goldberg rät, gescheiterte Aufgaben als Gelegenheit zu nutzen, um Ihren Mitarbeitern Feedback zu geben, wie sie sich verbessern können. Das motiviert Ihr Team zu neuer Anstrengung.

Niemandem ist damit geholfen, wenn Sie Ihre Mitarbeiter für unfähig erklären und nur Ihrer Enttäuschung Luft machen. Bestrafen oder erniedrigen Sie Ihre Mitarbeiter, machen Sie, so Goldberg, übervorsichtige Versager aus ihnen, die zudem jeglichen Respekt vor Ihnen verlieren werden.[16] Die folgende Übung können Sie ebenso für die Verarbeitung von Misserfolgen des Teams wie für eigene anwenden.

Abhaken!

Wenn Sie eine schlechte Präsentation oder eine für Sie ungünstig verlaufene Verhandlung zügig verarbeiten und sogar eine Lerner-

---

16 Goldberg, Dr. Alan, "Playing Out of Your Mind: A Soccer Player and Coaches Guide to Developing Mental Toughness", Reedswain, 1997, S. 70

fahrung daraus ziehen möchten, dann sollten Sie möglichst schnell Abstand dazu gewinnen. Das 'Abhaken' können Sie allein oder in Gegenwart einer Vertrauensperson tun. Sie dürfen offen enttäuscht sein und Ihren Gefühlen freien Lauf lassen.

Danach sollten Sie eine Aktivität wählen, die Ihnen Erleichterung verschafft – sei es ein langer Spaziergang, eine Joggingrunde oder das Boxen am Sandsack. Die körperliche Aktivität hilft Ihnen, sich geistig nicht länger im Hamsterrad des Misserfolgs zu bewegen. Wenn Ihr Kopf wieder 'frei' ist, widmen Sie sich der Analyse Ihres Misserfolgs. Was können Faktoren für die schlechte Präsentation oder die ungünstige Verhandlung gewesen sein? Was lief gut, welche Stärken kamen zum Tragen? Was lief nicht gut? Wo sind Sie in alte Gewohnheitsmuster zurückgefallen? Was lässt sich beim nächsten Mal verbessern? Wie haben Sie sich in der betreffenden Situation erlebt?

Wenn Ihre Analyse abgeschlossen ist, richten Sie den Blick nach vorne: Wann und wo gibt es wieder eine Gelegenheit, bei der ich es besser machen kann? Die Reflexion und systematische Auswertung der Erfahrungen und Handlungen während Ihres Misserfolgs sind für den effektiven Lernprozess, das optimistische Herangehen an die Arbeit, konstante Fortschritte sowie die persönliche Weiterentwicklung unabdingbare Voraussetzung. Die Auswertung ist ein lohnender und notwendiger Schritt, der jede Vorbereitung und jeden Auftritt erst vervollständigt – nicht nur bei Misserfolgen.

Dankbarkeit

„Es gibt in der Welt selten ein schöneres Übermaß als das in der Dankbarkeit."
Jean de La Bruyère

Führen Sie ein Dankbarkeitstagebuch: Setzen Sie sich täglich – am besten abends – in Ruhe hin und notieren Sie Ihre Gedanken ins Dankbarkeits-Tagebuch.

In Ihrem 'Tagebuch' halten Sie all die schönen, kleinen wie großen, besonderen Dinge und Ereignisse des Tages fest – mindestens fünf Dinge pro Tag. Sie widmen sich dem Guten und den angenehmen Dingen in Ihrem Leben, Dinge, für die Sie dankbar sind oder die Ihnen Freude gemacht haben. Hier halten Sie die Namen von Menschen fest, die heute positiv auf Sie eingewirkt haben. Der Fokus wird aufs Wesentliche und Positive gelenkt, Selbst-Bewusstsein und Selbst-Wert werden gestärkt.

Mein Leben hat sich durch das Führen des Dankbarkeitstagebuchs definitiv verändert. Ich bin zuversichtlicher, ja glücklich, geworden und schlafe oft darüber ein.

Kein Platz ist im Dankbarkeits-Tagebuch für Zweifel, Sorgen, Nöte, Grübeleien, einschränkende Gedanken. Der Psychologe und Motivationsforscher Mihaly Csikszentmihalyi rät dazu, sich abends auf drei Dinge zu besinnen, die am Tag gut gelaufen sind. Glück ist für ihn die Summe guter Momente, denen wir jeden Tag Aufmerksamkeit schenken. Unaufmerksamkeit sei deshalb der schnellste Weg ins Unglück, so der Wissenschaftler. „Menschen, die mit dem Schicksal hadern, richten ihre Aufmerksamkeit auf das, was sie unzufrieden macht. Die Glücklichen hingegen haben ihren Blick trainiert für Dinge, die erfreulich sind.“ [17]

„Dankbarkeit ist der schnellste Weg zum Glück“
Barry Neil Kaufmanr

Rituale

Ein Ritual (lat. ritualis, 'den Ritus betreffend', 'zum religiösen Brauch gehörend') ist eine nach festen Regeln ablaufende, gleichbleibende Handlung bzw. ein Vorgehen mit Symbolgehalt.

Rituale sind eine ganz wichtige psychische Komponente, um innere Stabilität zu behalten. Rituale strukturieren und ordnen Abläufe unseres Lebens und sie bieten uns die Möglichkeit, Sicherheit, Ruhe und Geborgenheit zu finden. Sie geben uns Kraft.

Der Göttinger Hirnforscher Gerald Hüther hat die Rolle von Ritualen untersucht und kommt zu dem Schluss, dass sie eine Bewältigungsstrategie darstellen, die in Stresssituationen Momente des Innehaltens und der Ruhe bieten. In stressigen und ungewohnten

---

17 aus Csikszentmihalyi, Mihaly, "Flow: Das Geheimnis des Glücks", Klett-Cotta, 16. Aufl. 2013

Situationen werden von den Nervenzellen unkontrolliert Reize weitergegeben. Die Hände zittern, die Knie werden weich und der Atem stockt. In solchen Momenten können Rituale die Nervenzellen synchronisieren und dazu beitragen, dass die Informationen wieder geregelt fließen. Für diesen Effekt ist es wichtig, dass Sie sich Ihrer ritualisierten Handlung bewusst sind. Nur dann kann Ihre Tätigkeit die neuronalen Prozesse im Gehirn positiv beeinflussen. Bewusste Rituale lenken den Blick nach innen. Sie bewirken, dass Sie für einen Moment ganz bei sich sind.[18]

Beinahe in jeder Sportart können Sie Rituale vor dem Start beobachten, zum Beispiel beim Skispringen vor jedem Sprung, im Reit- und Skisport, in der Leichtathletik vor jedem Wettbewerb, im Tennis vor dem Aufschlag oder im Basketball vor dem Freiwurf.

> „Ich fange jedes Match mit einem neuen, original verpackten Hemd an und trage immer dasselbe Amulett um den Hals, das ich als Glücksbringer bekommen habe."
> Nicolas Kiefer

Vor wichtigen Ballwechseln tickt er die Linie mit seinem Schläger kurz an.[19] Tiger Woods trägt in einer Finalrunde traditionell die Farbe Rot.[20]

Aber bitte imitieren Sie kein Ritual. Sie kennen die wichtigen inneren Effekte des Rituals auf den Menschen, von dem Sie das Ritual kopieren möchten, nicht. Jeder hat seine individuellen 'Marotten'. Entwickeln Sie daher exklusiv für sich ein EIGENES Ritual, mit dem Sie sich wohl fühlen. Wichtig: „Das Schöne an den Ritualen ist, dass man nicht an sie glauben muss, man muss sie einfach nur machen", sagt der Indologe Axel Michaels, Professor an der Universität Heidelberg.[21]

Hier ein Beispiel aus dem Business: Herr Müller – als Führungskraft trägt er Verantwortung für 20 Mitarbeiter – kommt ins Coaching zu mir, weil er gestresst ist und nicht mehr mit den ständigen Spitzenzeiten zurechtkommt. Seinem Chef hat er bereits gesagt, dass er nicht mehr könne und unter Schlaflosigkeit leide.

---

18 „Die Macht der Rituale", Hrsg. Akademie Gesundes Leben Stiftung Reformhaus-Fachakademie, http://www.akademie-gesundes-leben.de/aktuelles/gesund_leben.php#Rituale

19 http://www.focus.de/sport/tennis/nicolas-kiefer_aid_103954.html

20 Woods, Tiger, „So spiele ich!", 3. Aufl., München, 2006, S. 239

21 http://www.zeit.de/zeit-wissen/2006/06/06_Rituale.xml/seite-4

Sein Selbstvertrauen ist unter anderem deswegen stark erschüttert, weil er als Kind wegen seiner Brille stark gehänselt worden ist. Er hat als Kind gelernt, nicht aufzufallen. Aufgrund seiner Unsicherheit akzeptieren ihn seine Mitarbeiter nicht als Vorgesetzten. Sein geringes Selbstbewusstsein versucht er mit enormer Pflichterfüllung zu kompensieren, mit einem hohen Arbeitspensum und Schnelligkeit. Die Anerkennung seiner Vorgesetzten ist ihm wichtig. Ihm fiel es schwer, sich abzugrenzen.

Mit einem ganz persönlichen Arbeitstagesabschluss-Ritual kann Herr Müller ab sofort sicher stellen, die Arbeit nicht mit nach Hause zu nehmen: Vor Feierabend erkundigt er sich kurz bei den Teamleitern, was war, ob alles okay ist. In seinem Büro notiert er, was morgen zu erledigen ist (Erledigungsliste). Er fährt den Rechner runter, räumt seinen Schreibtisch auf und klopft auf den Tisch. Beim Rausgehen verabschiedet er sich von allen, denen er begegnet. Er steigt auf sein Fahrrad. Mit Verlassen des Firmengeländes spricht er mit niemand mehr über Dienstliches, auch wenn er noch einen Kollegen treffen sollte.

Den Weg nach Hause nutzt er bewusst zum weiteren aktiven Abschalten. Am Ortschild auf dem Heimweg bleibt er kurz stehen und reflektiert seine Gedanken: Denkt er gerade noch an die Arbeit? Wenn ja, setzt er den weiter oben beschriebenen 'Gedankenstopp' ein. Zu Hause tauscht er seine Dienstkleidung gegen den Freizeitdress, nimmt eine Dusche, taucht so förmlich ins Privat- und Freizeitleben ein. Er macht beispielsweise erst mal zehn Minuten Musik und unterhält sich mit seiner Frau und den Kindern. Das gemeinsame Abendessen ist der Höhepunkt seines Feierabends. Er sieht nur noch sehr selten fern, sondern liest stattdessen oder spricht mit seiner Frau. Morgens geht er wieder joggen, wie er es früher auch schon getan hat.

Übung

- Welche Rituale gibt es in Ihrem Leben?
- Welches Arbeitstagesabschluss-Ritual könnte Ihnen den Übergang von der Arbeit ins Privat- und Freizeitleben erleichtern? Wie könnten Sie 'runterfahren'?
- Welche Rituale haben Sie im Laufe der Zeit unter den Tisch fallen lassen, könnten Sie aber wieder zum Leben erwecken?

Konzentration

Worauf konzentrieren Sie sich bei schwierigen Aufgaben bzw. unter Druck? Können Sie Ihre Aufmerksamkeit bewusst auf spezifische Sachen lenken? In welchen Situationen lassen Sie sich leicht ablenken?

Und was genau bedeutet Konzentrationsfähigkeit? „Sich auf das Wesentliche zu richten, auf das Gegenwärtige und dabei bis auf die unterstützenden, alle inneren und äußeren Einflüsse auszublenden, das ist Konzentration. Man ist auf das Ziel und die optimale Handlung ausgerichtet." [22] Leichter gesagt als getan. Die Konzentration hängt ab von Ihrer Stimmung, der Sache, Ihrer psychischen Verfassung, Ihrem Können, Ihrer Umgebung und Ihrer Motivation. Konzentrationsfähigkeit kann gelernt werden.

Die Konzentrationsfähigkeit betrifft sowohl die äußeren Sinne (Hören, Sehen, Tasten), die inneren Sinne (Tastsinn, Gleichgewichtssinn, Bewegungssinn) bzw. die Steuerung der eigenen (unangepassten) einströmenden Gedanken, Gefühle (Ärger mit Kollegen oder Mitarbeitern), Druck, äußeren Einflüsse, diverser Erwartungshaltungen, Anspannungen und Vorstellungen.

„Tue, was du tust!" Dieser Satz aus dem Chinesischen birgt das Geheimnis aller Konzentrationsübungen. Lassen Sie sich in Ihrem Tun nicht unterbrechen – weder durchs Telefonklingeln noch durch Gespräche oder Geräusche in Ihrem Umfeld. Fokussieren Sie sich mit allen Sinnen auf die Gegenwart, das JETZT. Denn eines ist sicher: Das Einzige, was Sie wirklich beeinflussen können, ist die Gegenwart.

Ab in den Tunnel!

Spitzensportler müssen unter größter psychischer Anspannung Höchstleistungen liefern und können sich im entscheidenden Moment keinerlei Ablenkung von ihrem Ziel erlauben. Wie gelingt ihnen diese Konzentration auf den Punkt – trotz Publikum, dem Agieren der Konkurrenten, dem Punktestand und all der anderen Faktoren, die in einer Wettkampfsituation zum Umfeld gehören?

---

22 Eberspächer, Hans, Gut sein, wenn's drauf ankommt. Von Top-Leistern lernen", 3. Aufl., Hanser, München, 2011, S. 142

Eine Hürdenläuferin beschreibt ihre Technik so: „Ich nehme zur Konzentration als Denkhilfe die Vorstellung, dass ich in einen Tunnel laufe. Alles, was außerhalb des Tunnels passiert, kriege ich nicht mit. Welche Konkurrenz läuft oder was die anderen machen beim Einlaufen oder ob ein Reporter da ist oder sonst etwas, interessiert mich nicht, weil ich das in meinem Tunnel nicht mitbekomme." [23]

Fazit: Wer im Tunnel ist, bekommt weder negative Ereignisse oder Zwischenrufe noch irgendwelche anderen Störungen mit – hier herrscht totale Konzentration auf sich und die jetzt abzuliefernde Leistung.

Steuerung durch Selbstinstruktionen

Ihre persönliche Leistungsstärke setzt sich aus verschiedenen Komponenten zusammen: Stärken und Schwächen, Körper und Hirn, Selbstregulation, Regeneration, Visualisierungskraft sowie Zielen und Motivatoren. Während einer Präsentation oder in einem Bewerbungsgespräch haben Sie keine Möglichkeit, eine mangelhafte Selbstdarstellung zu korrigieren. Doch je stärker Sie mental und emotional gefestigt sind, desto weniger verspüren Sie Ängste und Selbstzweifel auf dem Weg zu Ihren Zielen oder in einer entsprechenden Situation – auch unter widrigen Umständen – und umso besser können Sie hohen, ja außerordentlichen Anforderungen begegnen. Dazu gehört eine tief empfundene Überzeugung von den eigenen Fähigkeiten und Fertigkeiten. Seien Sie überzeugt, die optimale Leistung zum geforderten Zeitpunkt abrufen zu können.

Setzen Sie in Situationen, in denen es auf Ihre Leistung 'just in time' ankommt, Ihrem eigenen Perfektionismus den Optimismus entgegen. Es dürfen Fehler passieren, auch Ihnen! Pushen Sie sich selbst in eine positive Grundhaltung, indem Sie sich sagen: „Ich freue mich auf die Präsentation. Ich freue mich, hier zu sein." Suchen Sie sich zur Unterstützung dieser Haltung im Plenum nickende und lächelnde Mitarbeiter und Kollegen, die Sie anvisieren und

---

23 Eberspächer, Hans, „Gut sein, wenn's drauf ankommt. Von Top-Leistern lernen.", 3. Aufl., Hanser, München, 2011, S. 142

meiden Sie ernste oder gar grimmige Gesichter, die Sie aus dem Konzept bringen könnten, also Ihre Konzentration stören würden.

Der Psychologe Hans Eberspächer sagt: „Eine Person, der es schließlich gelingt, sich [mit Selbstgesprächen] dahingehend zu regulieren, dass sie erfolgszuversichtlich und leistungsbereit 'durchhalten' kann, verfügt über die grundlegende Fertigkeit, psychische Beanspruchungssituationen zu bewältigen." [24] Halten Sie für Momente höchster Beanspruchung Affirmationen bereit, die Ihre Konzentration auf das 'Hier und Jetzt' richten. Einfache, kurze Sätze wie „Tief atmen!" oder nur Signalworte wie „Fokus!" oder „Lächle!" helfen Ihnen, in kritischen Situationen konzentriert zu bleiben. Benutzen Sie auch für diese Affirmationen externe mobile Erinnerungshilfen wie das Hintergrundbild Ihres Smartphones, ein Powerbalance-Armband oder schlicht einen Smiley, der auf Ihrem Laptop klebt. Damit schaffen Sie einen Anker, der Sie daran erinnert, sich aufs Wesentliche zu fokussieren.

Übung: Das mentale Wohnzimmer

Dieses Ritual kommt aus dem Golfsport und eignet sich sehr gut für Situationen im Berufsleben. Gelingt z.B. im Golf etwa ein Schlag nicht so wie geplant und der Golfspieler ärgert sich sehr darüber, kann er im Geiste um den Ball herum – da, wo dieser gerade zum Liegen gekommen ist – einen Radius von ca. einem Meter Durchmesser ziehen. Das ist sein 'mentales Wohnzimmer'. Innerhalb dieses Kreises darf er seinem Ärger Ausdruck geben, mit dem Fuß aufstampfen oder die Faust ballen. Und er analysiert kurz, was passiert ist. Beim Verlassen des 'mentalen Wohnzimmers' jedoch kommt der Golfspieler wieder in die Gegenwart zurück, denn das Schimpfen und Analysieren bezieht sich bereits auf ein Ereignis in der Vergangenheit, selbst wenn der Schlag nur wenige Sekunden her ist. Beim Heraustreten aus dem 'mentalen Wohnzimmer' konzentriert er sich wieder auf die Atmung, denn sie bringt ihn ins Hier und Jetzt, oder in die Natur.

Wenn der Golfer einem verlorenen Ball nachtrauert, über 'wenn' und 'aber', 'was passiert, wenn' grübelt, an den möglichen Score (Ergebnis der Golfrunde) und den Gewinn des Turniers denkt, zu

---

24 Eberspächer, Hans, „Mentales Training. Ein Handbuch für Trainer und Sportler", sportinform, München, 1995, S. 26

lange über einen Termin im Büro oder über Unerledigtes nachgrübelt, läuft er Gefahr, seine Konzentration zu verlieren, seine Potentiale zu blockieren, Fehler zu machen und im Turnier abzufallen. Wenn er Angst hat, ist er gedanklich in der Zukunft oder er befürchtet, dass seine Vergangenheit wieder zur Gegenwart werden könnte. Wenn es ihm allerdings gelingt, im 'Hier und Jetzt' zu bleiben, reduzieren sich seine 'Horrorphantasien' und seine Ängstlichkeit beträchtlich und er empfindet keine Angst mehr.

Steht im Beruf etwa ein wichtiges Meeting an, und Sie ärgern sich gerade noch über ein Ereignis, etwa einen Telefonanruf oder eine E-Mail, können Sie dieses Ritual anwenden: So kann die Türschwelle des Büros die Linie sein, ab der Sie beschließen, den Ärger im Raum zurück zu lassen. Den Flur nutzen Sie dazu, sich in einen positiven Zustand zu bringen, z.B. mit Atemfokussierung, Erfolgsvisualisierung (Sie erinnern sich an ein erfolgreiches Handeln in einer ähnlichen Engpasssituation und stellen sich diese vor), positiven Gedanken, Affirmationen oder einer Bewegung (ein Teilnehmer aus Russland erzählte mir in einem Workshop, dass er immer einen Luftsprung vor der Tür mache). So ist Ihr Kopf frei von negativen Emotionen und Sie können sich auf die neue Aufgabe und das Meeting konzentrieren.[25]

Die Macht positiver Bilder

„Ich schlage nie einen Ball, selbst nicht beim Training, ohne ein sehr scharfes und klares Bild von dem Schlag in meinem Kopf zu haben", sagt der amerikanische Profi-Golfer und Sportpsychologe Peter Terry.[26] So, wie Golfer ihre Technik mit der Visualisierung erfolgreicher Abschläge verbessern, können Sie auch in beruflicher Hinsicht die Macht positiver Bilder für sich nutzen. Steigen Sie in Ihrem Kopfkino zum Abteilungsleiter auf, schütteln Ihren Gratulanten strahlend die Hände. Halten Sie vor dem inneren Auge begeisternde Präsentationen. Es funktioniert: Visualisierungstraining 'arbeitet' nach dem Prinzip der selbsterfüllenden Prophezeiung.

---

25 Heimsoeth, Antje in: Buchenau, Peter (Hrsg.), „Chefsache Prävention. Wie Prävention zum unternehmerischen Erfolgsfaktor wird", Springer Gabler, 2014, S 91-92

26 Terry, Peter, „Mental zum Sieg", BLV 1994

Zweifel, Stress und Ängste reduzieren sich, positive Gefühle werden in Gang gesetzt, die Konzentration auf das Ziel steigt.

Spitzensportler visualisieren vorab Bewegungsabläufe, um sie im Moment der Realisation optimal zu vollziehen. Wenn z. B. Fabian Hambüchen am Reck steht, sammelt er sich noch einmal kurz. Vor seinem inneren Auge läuft in diesem Moment ein kleiner Film mit einem besonders schwierigen Übungsteil ab. Und dann geht es los. „Sowie meine Finger das Metall der Stange berühren, explodiere ich", sagt der Weltmeister.[27]

Im 'Kopfkino' stellen Sie sich eine Situation, zum Beispiel die Präsentation vor einem Kunden, lebendig und so erfolgreich wie möglich vor. Sie entspannen sich in einem ruhigen Raum und erleben Ihr Ziel, beschreiben innerlich die grandios verlaufende Präsentation lebendig und emotional, am Ende steht der Auftrag und die Feier mit dem Team. Spüren Sie körperlich und mental, wie gut sich diese Situation anfühlt. Visualisiert werden kann alles. Möglicherweise ist der Kunde beim Termin schlecht gelaunt oder verschiebt ihn kurzerhand um zwei Stunden nach hinten. Wie Sie in so einem Fall gelassen bleiben, auch das durchdenken Sie vorab. Das Ziel: Mit der Kraft der Vorstellung Situationen optimal zu meistern und die beste Leistung abrufen zu können.

Es gibt zahlreiche Situationen, die sich so trainieren lassen, etwa die nächste Verhandlung oder Rede. Dabei gilt es, realistisch zu bleiben und Widrigkeiten zu berücksichtigen wie ein schwieriger Verhandlungspartner oder ein ungeduldiger Zuhörer. Beziehen Sie alle Sinneskanäle mit ein – je realistischer Sie sich die Situation vorstellen, umso effektiver lässt sich die Visualisierung nutzen. Erleben Sie Ihren inneren Film nicht nur visuell und akustisch, sondern auch kinästhetisch (mit Muskelempfindungen), olfaktorisch und gustatorisch.

Übung: Der imaginäre Raum

Um sich trotz äußerer Störungen, z. B. durch Lärm, Telefonklingeln, Hektik oder Gespräche, besser konzentrieren zu können, schirmen Sie sich vorübergehend von Ihrer Umwelt ab. Das gelingt Ihnen mittels Visualisierung, also Ihrer geistigen Vorstellungskraft. Stel-

27 Klimmer, Marion, „So coachen sich die Besten. Persönliche Höchstleistungen erzielen." Redline Verlag, 2012. S. 134

len Sie sich einen Motorradhelm, Lärmschutzkopfhörer ('Mickymäuse'), Ohrenstöpsel oder z. B. eine Blase vor, die Ihren Kopf teilweise umschließt. Nehmen Sie in Gedanken Ihre 'Schutzblase' voll und ganz wahr. Hören Sie die Stimmen von außen, spüren Sie Gefühle und Informationen, die von außen auf Sie einwirken.

Bilder wie die 'Schutzblase' wirken, da das Gehirn ohnehin Abstraktes durch Konkretes codiert. Die durchsichtige Haut der Blase bildet die Trennwand zu negativen Affekten, auch belastende Gefühle prallen an ihr ab. Füllen Sie die Blase mit der Atmosphäre, die Sie brauchen, um konzentriert zu arbeiten. Welches Bild als imaginärer Raum für Sie passend ist, bestimmen Sie. Sie können sich auch mittels einer visuellen Käseglocke abschotten oder in ein gläsernes Ei schlüpfen. Finden Sie heraus, welches Bild am besten zu Ihren Bedürfnissen passt.

Stärkenorientierte Führung

Wie bereits zu Beginn dieses Buchbeitrages erwähnt, hängen Selbstführung und Führung anderer Menschen stark von der Persönlichkeit der Führungskraft ab. Wer sich seinen Stärken zuwendet und sich ihrer bewusst ist, geht selbstsicher und selbstbewusst durchs Leben, steigert seinen Selbstwert und geht mental gestärkt an Herausforderungen heran. Selbstachtung und Selbstwert haben nichts mit Perfektion oder mit Vermeidung von Fehlern zu tun. Sehr häufig ist Mitarbeiterführung und Personalentwicklung darauf angelegt, nach Schwächen zu suchen und diese zu beheben und Fehler zu reduzieren. Vorhandene Stärken hingegen werden als selbstverständlich betrachtet.

Viele Führungskräfte beklagen sich über demotivierte Mitarbeiter. Für mich ist dies auch eine Konsequenz des in den Vordergrund-Stellens von Schwächen und Misserfolgen, ob seitens der Führungskraft oder durch den Mitarbeiter selbst. Wann haben Sie zuletzt Erfolge eines Mitarbeiters in einem Einzelgespräch hervorgehoben? Wann hatten Sie ein aufmunterndes Wort übrig für einen Mitarbeiter, der gute Arbeit geleistet hat?

Wer nicht die Gelegenheit hat, seine Stärken auszuspielen, erntet auch kein positives Feedback für seine Leistungen. Damit bleiben

Erfolgserlebnisse aus, die Motivation sinkt. Wer wenig motiviert ist, engagiert sich auch nicht mehr. Das bedeutet, der Output Ihres Teams verschlechtert sich, das Unternehmen fährt weniger Gewinn ein. Damit verfehlen auch Sie Ihr Leistungsziel.

Studien zufolge reduzieren mitarbeiter- und mitwirkungsorientierte Führungsstile Belastungen und Fehlzeiten. Dagegen lässt ein autoritärer Führungsstil, der sich nur an der Aufgabe orientiert und Mitarbeiter- und Mitwirkungsorientierung unberücksichtigt lässt, die Fehlzeiten ansteigen. Um Über- bzw. Unterforderung vorzubeugen, empfiehlt es sich, Beschäftigte immer gemäß ihren Voraussetzungen und Qualifikationen einzusetzen.[28]

Erkennen Sie als Führungskraft die Stärken Ihres Teams und fördern Sie diese. Nicht vergessen: die Jobs und Aufgaben den Menschen anzupassen, dann werden Höchstleistungen erzielt. Die Stärken des Einzelnen und des Teams zu erkennen und zu stärken, statt an vermeintlichen Fehlern rumzudoktern, ist ein wesentlicher Baustein mentalen Trainings. Wichtig ist, dass jeder zur Geltung bringen kann, worin er wirklich gut ist – dies fördert das Selbstvertrauen und stärkt die Stärken!

Für die künftige Arbeitswelt wird der Mensch mit seinem Wissen, seinen Erfahrungen und seinen Fähigkeiten immer wichtiger, lautet das Fazit der Initiative Neue Qualität der Arbeit (INQA). Um den Herausforderungen der Arbeitswelt zu begegnen, müssen wir verstehen, wie Menschen ihr eigenes Potenzial erkennen und voll entfalten können. Veränderungen beginnen im Kopf.[29] Und damit auch der Erfolg.

Prinzip: Stärken stärken

Auf Ihre Stärken können Sie sich verlassen. Und diese Fähigkeiten – sei es Flexibilität, Mut, Begeisterungsfähigkeit, Intuition oder zum Beispiel Ausdauer – sind es, die Sie benötigen, wenn Höchstleistungen gefragt sind. Machen Sie sich Ihre Stärken zunutze und seien Sie sich ihrer bewusst. Wenn Sie in Augenschein nehmen,

---

28 Initiative Neue Qualität der Arbeit, INQA-Publikation 2012: „Mit Verstand und Verständnis – Mitarbeiterorientiertes Führen und soziale Unterstützung am Arbeitsplatz"

29 Vortrag Dr. Petra Bock, „Die Bedeutung von Coaching in unserer Zeit" anlässlich der Verleihung des Berliner Coachingpreises am 27.11.2013 in Berlin

über welchen Schatz an Ressourcen Sie bereits verfügen, werden Sie Herausforderungen optimistischer entgegenblicken.

Ressourcen können Erfahrungen, besondere Begabungen, Erinnerungen, Wissen, Fertigkeiten, Talente, positive Eigenschaften, individuelle Fähigkeiten und Bilder sein, die Ihnen bei einem Problem zur Verfügung stehen.

Übung: Ressourcenbaum

Beschäftigen Sie sich mit Ihren Stärken und machen Sie sich Ihre Stärken bewusst: Welche Fähigkeiten, Talente, Gaben, Kompetenzen, Ressourcen, welche tollen Anlagen und Eigenschaften haben Sie? Schreiben Sie mindestens 15 Stärken auf. Was haben Sie schon alles erreicht? Welche eigenen Erfolge konnten Sie schon feiern? Welche Charaktereigenschaften und Stärken schätzen andere an Ihnen besonders? Was ist Ihnen gut gelungen? Welche schwierigen Situationen haben Sie mit Hilfe welcher Stärken gemeistert? Finden Sie Symbole oder Bilder für Ihre Stärken und hängen Sie diese z.B. an die Wand.

Schlusswort

Das Gehirn ist ähnlich wie ein Muskel. Das Denken ist eine Aktivität Ihres 'Hirnmuskels'. Um Kondition aufzubauen, braucht es Zeit – das kennen die meisten von uns aus dem Sport. Gestehen Sie diese Zeit auch Ihren Gedanken zu. Freuen Sie sich über jede kleine Treppenstufe, die sie hinauf zur mentalen Sicherheit erklimmen. Seien Sie beim Erreichen Ihrer Ziele geduldig mit sich, aber haben Sie keine Angst vor Veränderung. Wie zu Beginn bereits erwähnt, braucht unsere Zeit Führungskräfte, die mit Veränderungen umgehen können und sich selbst ganzheitlich entwickeln wollen. Machen Sie die Gegenwart zu Ihrer Zeit. Jetzt ist der richtige Zeitpunkt, Chancen zu ergreifen und Veränderungen in Angriff zu nehmen. Damit schaffen Sie sich eine Zukunft nach Ihrem Maß. Ich wünsche viel Erfolg bei Ihrer mentalen Entdeckungsreise!

LIEBE – SÄULE 4

Liebe ist das vierte und verbindende Machtpotenzial!

Nichts kann einen Menschen mehr stärken als die Macht der Liebe. Sie liefert das rechte Augenmaß im Kontakt und den klaren Blick für das Wesen des Gegenübers.

GRETCHENFRAGE LIEBEN SIE WAHRHAFTIG?

Liebe ist Ihr Schlüssel zum Menschen, zu sich selbst als auch zum Anderen.

Herzlichkeit ist die härteste Währung. Für Liebe tun wir alles und noch mehr.

Liebe ist die beständige Macht, wenn es hart auf hart kommt, spätestens dann finden die Menschen wieder zueinander.

Die vierte Säule der Macht – Liebe – reloaded durch die Markenübersetzerin Carmen Brablec:

Wenn man die großen Marken fragt und die, die immer im Gedächtnis der Gemeinschaft sind:

Wie macht Ihr das, dass Ihr in aller Munde seid?

Dann bekommt man regelmäßig die Antwort: Der Trick besteht darin, einen Sog zu erzeugen, indem man seine Werte in allem durchscheinen lässt.

Na, toll. Und wie mache ich das?

Mal ehrlich, was heißt hier 'durchscheinen lassen'? Sollte ich nicht besser das tun, was der Markt verlangt? Und begreift das überhaupt einer, was wir hier machen?

Die Markenübersetzerin Carmen Brablec ist Meisterin der Markenübersetzung – sie weiß diese Herausforderungen in Erfolge zu wandeln.

Als Expertin für Branding – auch Employer Branding – nimmt sie Sie mit zu den Besonderheiten der Markeninszenierung.

Lassen Sie sich inspirieren, wie Liebe zu sich und zur Sache unternehmerisch genutzt zu mehr Leistung führt.

Und erfahren Sie, warum Sie mit einem gesunden Brand nicht mehr bitten müssen, sondern gebeten werden.

Carmen Brablec und ich sind uns sicher, die Macht der Liebe wird Sie den Wert einer Marke spüren lassen!

Carmen Brablec – die Markenübersetzerin

Ohne Marke kein (Selbst-)Marketing

Das Geheimnis erfolgreichen Selbstmarketings: eine unwiderstehliche Anziehungskraft als Marke zu entwickeln.

Selbstmarketing mit Sog bedeutet: mehr Umsatz bzw. höhere Gehälter zu generieren – auf Kaltakquise verzichten zu können – sich richtig zu positionieren – gehört und verstanden zu werden – Existenzängste zu Erfolgserlebnissen umzuwandeln – Qualitätsgespräche statt Preiskämpfe zu führen – weniger Budget für Marketingmaßnahmen zu benötigen – andere zu Ihren Markenbotschaftern zu machen – Expertenstatus erreichen zu können – mehr Qualitytime zu haben für Familie, Hobbies und was Ihnen wichtig ist!

Sie werden gebeten und müssen nicht mehr bitten – um Aufträge, Kunden, Aufgaben, Anerkennung oder mehr Geld.

Professionalität

Seine Attraktivität und Anziehungskraft als Marke zu steigern, dafür steht Markenübersetzerin Carmen Brablec. Brand-Translation bedeutet Versprechen in gelebtes Verhalten zu übersetzen.

Sie dreht den Akquise-Spieß um und zeigt in ihren Vorträgen, wie Selbstmarketing Sog erzeugen kann. Sie macht Akquisescheue zu Marken und verhilft zu vollen Auftragsbüchern und Expertenstatus.

Vor allem ihre Konzepte, Mitarbeiter zu Markenbotschaftern zu entwickeln, stehen bei den Unternehmen hoch im Kurs. Denn diese haben verstanden, dass aktive und positive Markenbotschafter die Allzweckwaffe im Kampf um Kunden und Mitarbeiter sind.

Die gelernte Computer-System Analystin studierte BWL mit dem Schwerpunkt Marketing und International Management und ließ sich in London zur Imageberaterin ausbilden. Das Managermagazin kürte sie zu "Deutschlands führender Expertin für Optische Kompetenz". Mit großer Leidenschaft doziert sie auch an deutschen Hochschulen.

Bücher | Blogs | Veröffentlichungen

Brablec, C. 2010. Dresscodes entschlüsseln von A-Z: Matchpoint-Media.

Brablec, C. 2013. Die erfolgreiche Bewerbung. www.carmenbrablec.de/die-trainerin/diplomero: diplomero.

Brablec, C. 2013. Selbstmarketing. www.selbstmarketing-mit-sog.de: Carmen Brablec.

Brablec, C. 2013. Optische Kompetenz. www.optische-kompetenz.de: Carmen Brablec.

und weitere Fachbeiträge und Kolumnen rund um optische Kompetenz, Selbstmarketing und Mitarbeiter als Markenbotschaften zu finden auf www.carmenbrablec.de/die-autorin/publikationen/

Im Interview

Warum sind Sie Expertin für Erfolg?

Jeder versteht unter Erfolg etwas anderes. Für mich bedeutet Erfolg, angekommen zu sein, meine Erfüllung und meine Berufung gefunden zu haben.

Ich habe meine Erfahrungen, Talente und Leidenschaften vereinigt und mein eigenes Berufsbild geschaffen, das mich zu 100% erfüllt. Ich bin 34 Jahre alt und fühle mich vollständig. 12 Jahre lang war ich suchend, habe vier Karrieren begonnen und beendet. War oft ganz unten und habe wieder neu angefangen. Jetzt darf ich anderen helfen, ihren Weg zu erleichtern und ihre Ziele zu erreichen.

Sie kennen die Werbung: „Mein Auto – mein Haus – mein Pool...". Uns interessiert: Woran messen Sie Erfolg?

Am Vertrauen meiner Klienten.

Unternehmen vertrauen mir, dass ich ihre Mitarbeiter zu Markenbotschaftern ihres Unternehmens entwickle. Meine Coaching Klienten legen mir ihre Zukunft in die Hand und sagen: „zeige mir den richtigen Weg, mich zu finden und richtig zu vermarkten."

Und daran, dass das, was ich erlebt habe und weitergebe auch funktioniert. Daran messe ich Erfolg.

Wie haben Sie zu Ihrem unverwechselbaren Stil gefunden?

Ich habe meine eigene Marke entwickelt.

Das was ich mit meinen Klienten erarbeite, habe ich für mich entwickelt.

Ich habe aufgehört zu kopieren und angefangen zu sehen und zu verstehen wer ich bin, was mich ausmacht und was andere davon haben, dass es mich gibt. Ich habe aufgehört, mich zu verbiegen, um es allen recht zu machen.

Eine Marke darf polarisieren. Ich bin endlich authentisch und passe in keine Schublade mehr und das ist gut so!

Welche kleinen Dinge machen Ihren Tag zu einem erfolgreichen Tag?

Technik, die mir den täglichen Kontakt zu meinen Vertrauten ermöglicht.

Andere mit meiner Art oder Arbeit zum Lächeln zu bringen.

Die Wahl zu haben und sie jeden Tag zu nutzen.

Zurückzugeben, was ich jeden Tag bekomme.

Wenn ein guter Beobachter Sie eine Woche lang begleitet, woran kann er erkennen, dass Sie ein Erfolgstyp sind?

Daran, dass ich lebe, was ich verspreche. Es gibt keine Maske, die aufgestülpt wird, wenn die Scheinwerfer angehen und es heißt „showtime". No show, no tricks, 100% me. Jeder der mich erlebt, spürt, dass ich mit mir im Reinen bin und verkörpere wofür ich stehe: Marke sein und meine Marke zu leben.

Was sagen Sie den Zweiflern?

You are Welcome!
Ich liebe Zweifler. „Try me!" Sag ich. Erleben Sie mich, fordern Sie mich direkt und klar heraus.

Wie lautet Ihr ultimativer Erfolgstipp?

Das möchte ich mit einem Gedicht von Edgar Allan Poe beantworten:

„Du willst, dass man dich liebt,
so weiche nie davon, was dein Wesen ist.
Bleibe nur immerdar die Gleiche,
Sei nichts, was du nicht wirklich bist.
Dann wird auch deine sanfte Weise,
die mehr als Schönheit noch besticht,
verleiten alle Welt zum Preise
Und Liebe werden – eine Pflicht."

Das Geheimnis erfolgreichen Selbstmarketings

SelbstMARKEting

Erinnern Sie sich noch an Ihre Schulzeit? Wie grausam Kinder sein können, wenn es um Kleidung geht?

Bei mir war es die Levi's 501! 160,- DM für eine Hose – und man braucht ja mehrere – das konnte sich meine alleinerziehende Mutter nicht leisten. Ich rannte also die meiste Zeit in den gut erhaltenen Klamotten meiner Cousine rum. Wäre ja auch kein Problem, wäre ich nicht acht Jahre jünger gewesen. Tragen Sie mal Klamotten aus den 80ern in den 90ern. So war mir das Gespött meiner Mitschüler sicher, über Jahre hinweg. Ich hatte den Stempel der immer unmodisch und unmöglich gekleideten Mitschülerin inne.

Als ich anfing mir mit Nebenjobs selbst Geld zu verdienen, versuchte ich die coolen, beliebten Mädchen und ihren Stil zu imitieren und das gelang mir sehr gut. Zu gut! Denn plötzlich wurde ich für das Kopieren gehänselt. Was in China ein Kompliment ist..., naja, Sie kennen das. Kurz und gut, ich hatte nix mehr zu verlieren. Also ließ ich meiner Kreativität freien Lauf. Trug Röcke über Hosen, noch lange bevor es Trend in den Läden wurde. Trug meine Ohrenschützer mit Stolz, lange bevor man sie wiederentdeckte. Allerdings außerhalb der Schule, denn hier hatte ich genug von Spott und Anfeindungen. Hier lief ich eher unauffällig rum.

Bis ich eines schönen Tages in der Aula saß. Es war soweit, Abiparty. Wir hatten es geschafft. 13 Jahre Schule näherten sich mit sehr großen Schritten dem Ende. Ich hatte eine knielange Hose an und dazu hohe Stiefel, 1999 völlig innovativ. Eine meiner Mitschülerinnen, meinte zu mir: "Hey, wow, das hätte ich dir gar nicht zu getraut, das sieht echt cool aus." Hat nur 13 Jahre gedauert, na immer hin!

Mein privates Umfeld allerdings honorierte meine Leidenschaft viel früher. Man fragte mich nach Shoppingtipps. Freunde im Bewerbungsprozess baten mich um Beratung beim Dresscode. Man empfahl mich sogar an Freundes Freunde weiter. So wurde Kleidung zu meinem Hobby und die Wirkung von Menschen zu meiner Leidenschaft.

Im Marketing dreht sich alles um den Aufbau eines positiven Images. Positiv im Auge der Zielgruppe. Denn Sie werden einen Sportwagen, der 24 Liter auf 100km verbraucht, nicht der Gruppe von ökologisch denkenden Elektroautofans schmackhaft machen können.

Wir lernen das Konzept des positiven Images schon in der Schule. Ich gehörte nie zu der Gruppe der beliebten Schüler, Kleider machen eben auch junge Leute.

Ein Image führt dazu, dass man über uns spricht. Der Inhalt unserer Gespräche wird durch unser Image maßgeblich beeinflusst. Entweder man spottet über uns, sagt gar nichts oder man empfiehlt uns weiter.

Das Ziel von Marketing ist es, dass sich andere gerne mit unserem positiven Image schmücken. Oder wie würden Sie es rechtfertigen, dass eine Frau 800,- Euro für eine kleine Louis Vuitton Handtasche bezahlt? Denn nichts anderes tun wir Nicht-Models. Wir zahlen dafür, uns mit dem Label – dem positiven Image anderer – draußen zu schmücken und dafür Werbung zu laufen. Marketing spricht dabei die Emotionen der Zielgruppe an. Sie sollen sagen „me too!": „Das will ich auch!"

Im Marketing versuchen wir also, unser Angebot mit allen uns zur Verfügung stehenden Mitteln an den Mann zu bringen. Wir wollen Aufmerksamkeit erregen, um die Berechtigung zu erhalten, anderen mitzuteilen, was sie davon haben, dass es uns gibt.

Eine ganze Branche lebt von dieser Vermarktung. Doch wie gelingt es uns Einzelpersonen dieses Konzept zu übernehmen?
Sie könnten sich wie ein Marktschreier in die Lobby Ihrer Firma stellen und anpreisen, was Sie können, wie gut Sie sind, was Sie schon alles geleistet haben. Dann können Sie auch gleich einen Korb Tomaten daneben stellen. Die tun wenigstens nicht so weh, wie andere Gegenstände, die die anderen sonst nach Ihnen schmeißen würden.

Sie können auch andere dafür bezahlen, gut über Sie zu sprechen, damit Sie ein positives Image aufbauen. Aber ehrlich, wie sieht das denn aus, wenn Sie einen Kollegen bestechen, damit der gut über Ihre Arbeit spricht. Auch Fernseher funktionieren nicht so gut, das haben wir ja bei den Poths gesehen.

Unternehmen investieren viel Geld in Marketingaktivitäten, um ihre Angebote an die entsprechende Zielgruppe zu verkaufen. Doch uns Selbständigen und Angestellten stehen diese Optionen und Mittel nicht zur Verfügung. Wir lassen durch entsprechendes Selbstmarketing die Person und die Leistung für sich sprechen.

Selbstmarketing ist die Kunst, andere von seinem eigenen Können zu überzeugen, ohne sich wie ein Marktschreier anzupreisen oder Geld dafür zu bezahlen.

In meinem Beitrag zeige ich Ihnen auf, wie Sie sich in Zukunft so präsentieren, dass man sich ein Bein ausreißt, um Sie als Mitarbeiter oder selbständigen Dienstleister zu gewinnen bzw. zu halten.

Voraussetzung dafür ist, dass Sie sich als Marke verstehen. Denn ohne Marke kann kein Marketing stattfinden. D.h., um sich selbst zu vermarkten, muss erst Bewusstsein darüber herrschen, wer man ist und wohin man will. Um von der Zielgruppe stimmig wahrgenommen zu werden, muss Klarheit darüber herrschen, nach welchen Prinzipien das eigene Handeln ausgerichtet werden soll. Alles was Sie dafür tun müssen, ist Ihre Marke in Verhalten zu übersetzen.

Erfolgreiches Selbstmarketing erreicht man also durch sichtbar und erlebbar machen der eigenen Leistungen. Wie das geht, zeige ich Ihnen mit meiner Brand-Translation-Methode® an Beispielen.

Ihre Marke in Verhalten zu übersetzen, führt zu besseren Aufträgen und leichterer Kundenakquise und hilft Ihnen im Bewerbungsprozess. Sie fallen auch Rationalisierungsmaßnahmen nicht mehr zum Opfer, denn Sie stehen für einen einzigartigen Nutzen, der Sie zum Spezialisten, Experten und unersetzlichen Mitarbeiter im Unternehmen macht.

Nicht so wie es Marc passiert ist: Marc ist Maschinenbau-Ingenieur in einem Konzern. Er ist Assistent der technischen Leitung. Als er zum Gespräch bei der Personalabteilung gerufen wird, freut sich sein Team schon einer Beförderung entgegen. Tatsächlich fällt er jedoch einer Rationalisierungsmaßnahme zum Opfer. Man würde jemanden reinholen, der mehr Erfahrung hätte und die Abteilung effizienter aufstellen könne. Die Branche ginge einer Krise entgegen, die Konkurrenz werde immer härter. Man benötigte jetzt Leute, die in der Lage wären, den Karren aus dem Dreck zu ziehen.

Marc schafft es argumentativ nicht zu überzeugen und ist nun auf Jobsuche. Doch er ist gelassen. Er ist ja schließlich Ingenieur, die werden doch händeringend gesucht. Ein Bewerbungsprozess beginnt, der ihn von Tag zu Tag mehr frustriert. Denn keines der zahlreichen Bewerbungsgespräche, die er führt, endet mit einer Einstellung.

Das vorläufig letzte Bewerbungsgespräch steht an. Er sitzt in einem kleinen Büro, es ist vollgestopft und chaotisch, sein Interviewer ist allein und mustert ihn ohne ein Wort. "Warum sollen wir gerade Sie nehmen?" durchbricht er das Schweigen. Marc erzählt allerhand Irrelevantes über sich und dass er sehr hart arbeiten würde. Immer der erste und der letzte im Büro sei. Er tanzt fast beim Sprechen, wirkt dabei unkonzentriert und fahrig. Der Interviewer kommentiert Marcs Antwort mit: „Wow, das war peinlich. Sie sind zu jung, niemand kennt sie, sie hatten noch nie so eine Stelle", er hält inne und schüttelt ablehnend den Kopf. Und das Gespräch endet, wieder erfolglos.

Ein Beispiel dafür, wie man es nicht macht.

Um erfolgreiches Selbstmarketing zu betreiben – das bedeutet größtmöglichen Erfolg bei minimalstem Einsatz (die Ökonomen mögen mir das verzeihen) – brauchen Sie eine Strategie. Wenn Sie die folgenden Punkte beherzigen, werden sich andere darum reißen, sich mit Ihrem Image zu schmücken! Also Sie zu buchen, einzustellen, Sie um Rat zu fragen. Kurzum, um Karriere zu machen!

Alles, was Sie hier lesen, ist nicht nur theoretisches Wissen aus hunderten von Büchern geklaut und neu zusammengesetzt, nein, ich habe alles, was ich Ihnen erzähle, selbst ausprobiert. Entscheiden Sie am Ende selbst, ob die Ideen, die ich Ihnen hier präsentiere, für Sie hilfreich sein können.

Ziele

Kennen Sie diese Momente, in denen Sie etwas Schönes machen und dieser kleine Gnom in Ihrem Kopf macht es Ihnen kaputt? Er nennt sich 'schlechtes Gewissen'. Er ermahnt uns immer wieder: „Du musst noch den Jahresabschlussbericht fertig machen.", „Die Garage ist immer noch nicht aufgeräumt.", „Das Gehaltsgespräch, wann machst Du endlich den Termin mit Deinem Chef?!"

Wissen Sie was das Schlimme daran ist, am schlechten Gewissen? Es führt dazu, dass wir das, was wir gerade tun, nicht genießen können. Und damit ist unser Gehirn auch nicht bereit, die gerade aufgenommenen Informationen richtig zu verarbeiten.

Wenn ich während der Arbeitszeit zwei Stunden im Wellnessbereich meines Fitness-Studios verbringe und dabei lese, habe ich überhaupt kein schlechtes Gewissen. Ich verrate Ihnen auch den Trick dahinter: Ich lese etwas über Verhandlungen – das Harvard Konzept. Sehr zu empfehlen übrigens. Aber es geht nicht um das Thema, sondern darum, dass ich mir für dieses Jahr das Ziel gesetzt habe, bessere Verhandlungen zu führen. Dieses Buch zu lesen, bringt mich also meinem Ziel ein Stück näher.

Das führt dazu, dass ich während der zwei Stunden im Warmen, mit dem Wassergeplätscher im Hintergrund, nicht nur völlig ungestört entspanne, sondern ich genieße regelrecht, was ich tue. Denn es bringt mich weiter. Das ist perfekt. Ich schweife mit meinen Gedanken nicht immer ab, frage mich nicht ständig, ob ich jetzt nicht besser dies oder das tun sollte. Der kleine Gnom ist ruhig, er hat nix zu meckern, denn ich tue ja das Richtige. Und ich nehme jedes Wort, das ich lese, auch bewusst auf.

Sich Ziele zu setzen ist so wichtig. Der kleine Gnom in Ihrem Kopf wird immer dann sauer und rebelliert, wenn Sie Zeit vergeuden, sich verzetteln, von Ihrem Weg abkommen. Oder viel schlimmer: er rebelliert, weil er unsicher ist. Denn er kennt den Weg nicht, er weiß nicht, wo die Reise überhaupt hin geht. Er wird deshalb regelmäßig depressiv und unzufrieden und animiert Sie dazu, Dinge ständig unfertig hinzuschmeißen.

Gesetzte Ziele geben Ihnen Orientierung in Ihrem Alltag. Kleiner Tipp für Sie: kleben Sie sich einen großen Zettel über Ihren Hauptbildschirm im Büro, mit dem Satz: „Bringt dich das, was Du gerade tust, deinem Ziel näher?"

„Ohh," werden Sie sich manchmal denken, „ertappt". Und dann beenden Sie diese Tätigkeit zügig und wenden sich wieder Dingen zu, die Sie voran bringen.

Sich Ziele richtig zu setzen, ist allerdings eine Kunst. Und das Kunsthandwerkzeug habe ich Ihnen mitgebracht. Also Bleistift gezückt und mitgemacht.

Auf dem Weg zur Übersetzung Ihrer Marke müssen Sie also erst mal damit anfangen, zu definieren, wo Sie überhaupt hin wollen.

- Was möchten Sie erreichen?
- Wofür nehmen Sie diese Anstrengung überhaupt auf sich?

Früher im Angestelltenverhältnis, war ich nicht glücklich, aus vielen verschiedenen Gründen. Ich hatte mir zum Ziel gesetzt: „Ich will hier weg." Doch leider ist das kein Ziel. Es ist nur eine Absichtserklärung. Das ist wie mit dem Abnehmen als Neujahrsvorsatz. Da fehlen die wichtigen Handlungsparameter. Dafür eignet sich die SMART Methode am besten. Gehen wir die mal Schritt für Schritt durch:

S = Spezifisch

- Was genau will ich erreichen?

Hier herrscht der Grundsatz: investiere Zeit in die Vorbereitung für einen reibungslosen Ablauf.

Spezifische Ziele zu vereinbaren heißt, Klarheit darüber herzustellen, was Sie wollen. D.h. ein Ziel so detailliert wie möglich zu formulieren. Formulieren Sie Ziele nämlich zu vage, fehlen Ihnen die nötige Motivation und der Fokus auf die Zielerreichung, das schafft Unsicherheit. Formulieren Sie Ihr Ziel möglichst so, dass sein Erreichen von niemandem außer Ihnen selbst abhängig ist.

Die folgenden offenen Fragen helfen Ihnen bei der Zielformulierung:

- WAS genau will ich erreichen?
  Beschreiben Sie das Endergebnis so genau wie möglich. Ein individuelles Ziel wird viel eher erreicht als ein generelles.

- WARUM ist es für mich wichtig, dieses Ziel zu erreichen?
  Was sind Ihre persönlichen Gründe, weshalb dieses Ziel für Sie wichtig ist? Wie verändert sich Ihr Leben zum Positiven, wenn Sie dieses Ziel erreicht haben?

- WIE werde ich es erreichen?
  Was werden Sie alles unternehmen müssen, um dieses Ziel zu erreichen? Hier sind besonders handlungsorientierte Verben wie 'koordinieren', 'entwickeln', 'planen', 'bauen', 'untersuchen' zu verwenden.

- WER ist alles involviert?
  Möchten Sie etwas nur für sich selbst oder aber auch für andere erreichen? Wer ist betroffen?

- WANN werde ich es tun?
  Machen Sie sich einen Zeitplan, wann Sie die Maßnahmen für das Ziel umsetzen können. Was können Sie wann für die Zielerreichung tun?

Damit Ihr Ziel Sie immer wieder motiviert und zu Taten anspornt, malen Sie es sich so bildhaft wie möglich aus. Erleben Sie es mit all Ihren Sinnen. Sie müssen es regelrecht sehen, hören, riechen, schmecken und fühlen können. Je spürbarer es ist, desto konkreter ist es auch.

Negativ-Beispiel: Ein vages Ziel wäre: „Ich möchte mich besser vermarkten."

Positiv-Beispiel: Ein spezifisch formuliertes Ziel sieht so aus:

- *WAS*
  Ich möchte lernen, mich besser zu vermarkten,

- *WARUM*
  um meine Karriere voranzubringen.
  Meine Chefs sollen mich für meine Leistungen wahrnehmen und mich für Projekte vorschlagen.

- *WIE*
  Dafür möchte ich meine Marke formulieren.

- *WER*
  Ich werde einen Selbstmarketing-Coach engagieren, der mir dabei hilft.

- WANN
  Ich habe eine Stunde die Woche Zeit für ein Coaching und kann jeden Tag 30 Minuten für die Umsetzung einplanen.

M = Messbar

Woran erkenne ich, dass ich mein Ziel erreicht habe?

Sie möchten Urlaub in New York machen. Sobald Sie auf dem New Yorker Flughafen gelandet sind, wissen Sie, das erste Etappenziel ist erreicht und die nächste Herausforderung kann angegangen werden. z.B. von Flughafen in die Stadt zu kommen.

Motivation erlangen Sie dadurch, Ihre Erfolge im Ganzen und in Teiletappen zu erkennen. Machen Sie Ihr Ziel dafür messbar. Das bedeutet Werte festzulegen, an denen man sich orientieren kann. Wählen Sie dafür objektive Kriterien, die mit Tatsachen messbar sind. Denn nur, wenn Sie Ihren Fortschritt messen können, wissen Sie, ob Sie sich Ihrem Ziel nähern oder vom Weg abgekommen sind.

Negativ-Beispiele – nicht messbar: Ich will sportlicher werden. Ich will mehr lesen. Ich fühle mich fit.

Positiv-Beispiele – messbar: Ich will 10 Kilometer in weniger als 45 Minuten laufen. Ich lese jeden Tag 50 Seiten. Das Belastungs-EKG beim Arzt zeigt eine positive Verbesserung, die Ergebnisse haben sich um x% verbessert.

Ziele werden oft nicht erreicht, weil Überforderung uns daran hindert. Das große Ganze zu sehen, kann bisweilen auch Angst machen. Also teilen Sie Ihr Ziel in Etappen auf. Etappenziele sind wichtig für die Erfolgskontrolle und für den regelmäßigen Erfolg. Damit vermeiden Sie Erfolgsdurststrecken und bleiben Ihrem übergeordneten Ziel treu.

A = Akzeptiert & Attraktiv

Was motiviert mich an dem Ziel?

Hier gilt der Grundsatz: Was Du wirklich willst, schaffst Du auch! Wie lange haben Sie eine Diät durchgehalten, weil Schatzi gesagt hat, dass Sie unbedingt abnehmen müssen? Wenn SIE aber wieder in Ihre Lieblingsjeans passen wollen, dann ist die Chance größer, dass Sie durchhalten. Ein Ziel ist akzeptabel und attraktiv, wenn Sie es für sich tun, wenn das Ziel Ihr eigenes ist und Ihnen wichtig ist. Das ist reine Psychologie. So verankert sich Ihr Ziel auch im Unterbewusstsein und das stärkt Sie bei der Erreichung Ihrer Ziele.

- Was motiviert SIE?
- Was treibt Sie an?

Ein Ziel erreichen Sie nur, wenn sich der Aufwand dafür lohnt!

Ich nehme ab weil: der nächste Herzinfarkt tödlich wird, ich im Sommer dieses Kleid tragen möchte.

Bitte beachten Sie dabei, dass Sie sich nicht überfordern. Der Aufwand sollte nicht höher sein, als das Ziel wert ist. Wegen Sie das vorher ab und justieren Sie Ihre Ziele ggf. neu. Sich ein Magenband anlegen zu lassen, um in die Jeans von vor 20 Jahren wieder reinzupassen, ist den Preis nicht wert.

R = Realistisch

Wozu will ich das Ziel erreichen?

Ich frage Sie, was ist ein realistisches Ziel. Das kommt auf Sie an. Ein Fallschirmsprung aus dem All, ist das realistisch? Nur für einen Menschen auf dieser Welt war das ein realistisches Ziel. Für Felix Baumgartner, der dafür 2013 einen Laureus Award gewann.

Messen Sie sich bei der Bewertung Ihrer Ziele nicht an anderen. Sondern fragen Sie sich, wozu Sie dieses Ziel erreichen wollen. Daraus leitet sich ab, ob es auch realistisch ist, das umzusetzen.

Nehmen Sie es hier wie Henry Ford:

> „Ob Du glaubst, Du kannst es oder ob Du glaubst,
> Du kannst es nicht: Du hast immer Recht".

Also setzen Sie sich ein Ziel, das Sie mit den Mitteln und Ressourcen, die Ihnen zur Verfügung stehen, auch erreichen können. Seien Sie dabei ehrlich zu sich selbst. Ergibt die Analyse Ihrer Fähigkeiten, Ihres Wissens und der nötigen Ressourcen Schwächen, die Sie beim Erreichen Ihres Ziel hindern, dann ist das nächste Ziel, diese Schwächen zu beseitigen oder Alternativen zu finden.

T = Terminiert

Wann erreiche ich mein Ziel?

Ziele ohne einen Zeitbezug zu formulieren, bringen Sie nicht weiter. Aufschieberitis wird Sie einholen. Legen Sie fest, wann genau Ihr angestrebtes Soll-Ziel erreicht wird. Es ist der Zeitpunkt an dem Sie messen können, wie weit Sie in Ihren Zielvorgaben vorangeschritten sind. Es ist sinnvoll auch die Zwischenetappen mit einem Termin zu versehen. Sie verschaffen sich somit Zeit, eventuelle Korrekturen durchzuführen. Auch hier gilt, der Zeitrahmen sollte angemessen sein und alle anderen Aufgaben in der Planung berücksichtigen.

Was Sie nun besitzen ist Ihre Schatzkarte. Sie wissen wo sich das X befindet, der Schatz, Ihr Schatz. Was auch immer das sein soll. Und am Besten – denn darum geht es in diesem Buch – Sie besitzen ein Ziel Ihre Karriere betreffend. Und können daraus jetzt den Weg ableiten. Und bei jeder Entscheidung, die Ihnen in der Zukunft bevorsteht, mit einem ruhigen Gewissen abwägen, ob dies zu tun, Sie weiterbringt oder nicht. Glauben Sie mir, das ist so unglaublich beruhigend. Ich hab die ersten Jahre meiner Selbständigkeit ohne diese Schatzkarte verbracht und ich bin an der falschen Seite der Klippen der Schatzinsel fast zerschellt.

Marke

Trotz des schlechten Bewerbungsgesprächs bekommt Marc die Stelle. Was er noch nicht weiß, man hat ihn nur genommen, weil sonst kein anderer wollte. Denn das Unternehmen geht gerade im eigenen Chaos unter und es gibt viel Unruhe im Konzern. Aktuell geht es um das Überleben dieser Niederlassung.

Marc ist kein typischer Ingenieur. Er ist nicht technikverliebt, er sieht alles aus der BWL-Brille. Bewertet aus der Perspektive eines Unternehmens eine Katastrophe, denn er ist weder Fisch noch Fleisch. Doch sein großes Können liegt darin, diese beiden Welten zu verbinden.

Das Problem seines neuen Arbeitgebers ist mangelnde Effizienz. Die Werkstatt ist ein absolutes Chaos. Suchprozesse dauern ewig. Dass Material nachbestellt werden muss, fällt erst auf, wenn es benötigt wird. Damit treten unnötige Verzögerungen auf. Mitarbeiter drehen derweil Däumchen.

Marc sieht das und überlegt, „was können wir anders machen?". Er macht eine Bedarfsanalyse, dann recherchiert er Methoden, die sich dafür eignen. In dem konkreten Fall hat er sich für die Büro-Kaizen 4-S Methode entschieden und diese auf die Werkstatt übertragen.

Ein weiteres Asset von ihm ist: er macht die Umsetzung nicht selbst. Er animiert seine Mitarbeiter und Kollegen, die Methode nach seinen Vorgaben umzusetzen. Und der Clou, sie behalten es bei. So wird seine Werkstatt innerhalb von wenigen Wochen zu einem Vorzeigebeispiel im Unternehmen. Als die Konzernführung einen Besuch in der Niederlassung durchführt, bekommt Marc persönlich die Möglichkeit, seine Erfolge zu präsentieren. Was für eine Chance!

Denken Sie bitte immer daran: Ohne Marke kein Marketing.

Sehen wir uns Marcs Geschichte diesbezüglich mal genauer an: Er war nicht in der Lage mitzuteilen, welches seine Vorzüge sind. „Ich arbeite hart", nun das erhofft sich jeder Arbeitgeber von seinen Mitarbeitern. Das sagt Nullkommanix über ihn als Person mit seinem besonderen Set an Kompetenzen aus. Das Unternehmen will wissen, was es davon hat, dass man ihn einstellt. Seine Aussagen geben keine Auskunft darüber, warum er der Richtige für den Job ist, was sein Alleinstellungsmerkmal darstellt. Kurz um, er hat sich richtig schlecht verkauft.

Dabei hätte Marc in den Bewerbungsgesprächen einfach nur erzählen müssen: „Ich inspiriere Menschen dazu, ihre Arbeitsbereiche zu optimieren." Das ist sein Alleinstellungsmerkmal. Auf den Punkt formuliert, wozu sein Set an Kompetenzen dient.

Denn Marken wecken Begehrlichkeit. So wie sich Ihre Lieblingsmarken als einzigartig und stark profilieren, können auch Sie zu einer starken Marke werden. Marc hätte damit schon viel früher ein Jobangebot bekommen.

Ein weiterer positiver Effekt einer gut positionierten Marke ist ihr Wert. Denn eine Marke hat nun mal ihren Preis, darüber wird nicht mehr diskutiert. Menschen, die einzigartig auftreten und in den Augen ihrer Zielgruppe einen USP besitzen, brauchen nicht über Preise zu verhandeln. Sie differenzieren sich bereits über die Qualität.

Für die selbständigen Leser unter Ihnen: Akquise ist auch Marketing. Viele haben Probleme mit der Akquise, weil das Problem nicht die Akquise ist, sondern die kurze prägnante Nutzenformulierung z.B. am Telefon. Die Antwort auf die Frage: was hat der andere davon, dass er mich bezahlt?

Haben Sie einen Spiegel in der Nähe? Gehen Sie mal rüber und stellen sich davor – nehmen Sie mich eben mit – und sehen Sie genau hin. Wen oder was sehen Sie? Zählen Sie alles auf, was Ihnen ein- und auffällt. Auch die Segelohren, die tollen langen Wimpern, wertschätzen Sie Ihre Geheimratsecken oder die stupsige Nase. Denken Sie an Ihren Humor oder Ihren kleinen Sprachfehler, dass Ihre Freunde sich immer 100%ig auf Sie verlassen können oder auch an Ihre Zerstreutheit, Ihre Fähigkeit sich in Details zu verlieben oder zu verzetteln. Neben der Schokoladenseite und den unlieben Punkten, sehen Sie vor allem eines: eine einzigartige Person. Diese Person, mit allen Attributen, den äußeren und inneren, gilt es richtig zu erkennen. Ihre Vorzüge zu verstehen und diese nicht nur für sich, sondern im Sinne des Marketings auch anderen zu zeigen.

Es geht dabei um Ihren Markenkern. Wir nennen es auch USP, Alleinstellungsmerkmal, unvergleichlichen oder einzigartigen Nutzen. Nennen Sie es wie Sie wollen. Es geht darum, was Sie mit Ihrem Können zum Lösen des Problems Ihrer Zielgruppe beitragen können. Ihre Marke gibt Auskunft darüber:

- Was Sie können.
- In welchem speziellen Bereich dieses Können gefragt ist.
- Wer davon profitiert.
- Was das Bedürfnis dieser Zielgruppe ist.
- Wie Sie dieses Bedürfnis mit Ihrem Können abdecken können.

Gibt es den geborenen Verkäufer? Die Frage ist Basis so unendlich vieler Bücher und Experten auf dem Markt. Der geborene Verkäufer ist der, der JA zu sich selbst sagt, das ist meine Meinung. Eine Person, die sich gefunden hat. Die ihren Sinn und Zweck im Leben gefunden und für sich definiert hat.

Ihre Marke ist die wichtigste Basis für Ihr Selbstmarketing!

Ich suchte jahrelang nach einer Definition, die beschrieb wer ich bin, was ich kann, was mich ausmacht und letztlich, was andere davon haben, dass es mich gibt. Ich war ComputerSystemAnalystin, Finanzvertrieblerin, Netzwerkspezialistin, Farb- und Stilberaterin, Imageberaterin, Diplom-Kauffrau, Speaker, Trainer, Coach, Moderatorin, Dozentin, Autorin... Doch das sind nur Facetten von mir. Nichts, was erfasste und aussagte, wer ich wirklich bin und was mein Nutzen meiner vielen Facetten ist. Was das Eine ist, was mich von anderen unterscheidet. Jeder hat das. Sie haben das!

Als ich meine Diplomarbeit über Corporate Identity schrieb, fiel es mir wie Schuppen von den Augen. In meinen Seminaren zur Optischen Kompetenz fragten mich die Teilnehmer berechtigter Weise "Woran orientiere ich mich bei der Auswahl meiner Kleidung, wenn ich viele verschiedene Kunden habe?" Pharmareferenten beispielsweise hatten am Morgen einen Besuch auf dem Land, wo der Gesprächspartner in Gummistiefeln vor ihnen stand. Am Mittag in der Stadt stand der Kunde mit Anzug und Krawatte da. Ich bin ehrlich, ich hatte keine Antwort, die zufriedenstellend war, vor allem nicht für mich!

Dann sitze ich an meiner wissenschaftlichen Recherche und finde sie. Ich orientiere mich nicht an meinem Kunden, an meiner Stimmung, an meinem freien Geist. Nein, ich orientiere mich an dem, was ich vertrete. An der Marke, die ich repräsentiere. An dem Versprechen, an dem sich der Kunde orientiert und an das seine Erwartungshaltung geknüpft ist. Bingo!

Dann kommt die unvermeidliche Frage: „Was ist eigentlich meine eigene Marke?" Ergebnis dieser Frage: Ich habe mich an die Definition meiner eigenen Marke gemacht und das Ergebnis war überwältigend. Innerhalb von eineinhalb Jahren habe ich nach einer kompletten Neupositionierung mehr erreicht, als in sechs Jahren harter Arbeit und täglichem Kampf zuvor. 1.000 Vortragsteilnehmer innerhalb einer Woche, das hatte ich in 5 Jahren zusammen nicht geschafft.

Markenformulierung ist wichtig, um sich selbst klar zu werden, wofür man steht. Was man sich wert ist. Mein Markenkern ist die Übersetzung von Marken in Verhalten. Das ist das, was ich kann, das was mich auf dem freien, deutschen Markt absolut einzigartig macht.

- Was macht Sie einzigartig?

Werte

Bevor der Marktschreier auf seinen Wagen steigt, weiß er genau, was er gleich anpreisen wird. Das 'was' ist seine Marke. Jetzt kann er den Fisch durch die Gegend werfen, dabei schreien oder singen. Er kann in einem Fischkostüm auftreten oder in einer blütenweißen Schürze. Er kann seine Performance aufnehmen und die Videos bei YouTube hochladen.

Die alles entscheidende Frage beim Selbstmarketing dreht sich um das WIE. Es gibt Millionen von Möglichkeiten, seine Leistung zu präsentieren, und das ist genau das Problem, es überfordert uns. Deswegen brauchen wir hier einen Rahmen, in dem wir uns bewegen können. Der uns vorgibt, wie wir unsere Einzigartigkeit präsentieren. Diesen Rahmen von Handlungsmöglichkeiten bieten Werte.

Der Begriff 'Werte' ist bekannt, doch können Sie ihn definieren? Wirklich sagen, was Werte sind und warum wir sie brauchen? Warum Unternehmen verschiedene Werte in ihrer Unternehmenskultur verankern und diese auch den Unterschied in Kulturkreisen bilden?

Werte sind die Prinzipien, nach denen wir unser Handeln ausrichten. Sie repräsentieren unsere Überzeugung. Sie definieren das, wofür wir stehen, wie wir zusammenarbeiten und woran wir glauben. Als ein Set von Standards bestimmen sie unsere Entscheidungen, Aktivitäten, unser Verhalten und Denken. Deshalb beschreibe ich sie auch gerne als unsere emotionale Währung.

Die Werte, nach denen wir handeln, dienen uns als Richtungsweiser und helfen bei der Bewertung von Entscheidungen im Leben. Werte sind nicht nur für Ihren Alltag wichtig, sondern stellen einen zentralen Bestandteil Ihrer eigenen Marke dar.

Wenn es darum geht, Ihr Alleinstellungsmerkmal zu vermarkten, dann stellt Ihr Wertegerüst den Handlungsrahmen dar. Jede Marketingentscheidung wird abgeglichen, ob sie Ihren Werten entspricht und somit auch für Ihr Gesamtziel förderlich ist.

Es gibt viele verschiedene Werte wie Treue, Vertrauen, Familie, die man kennt. Doch welche sind die wichtigsten in Ihrem beruflichen Tun?

Dabei hilft folgende Übung:

Wenn Sie vor einer Entscheidung in Ihrem Leben stehen, dann wägen Sie ab. Sie fragen sich: "Ist es mir das wert?" Wenn Sie sich von anderen verletzt fühlen, stellen Sie sich vielleicht die Frage: "Warum wertschätzt er mich nicht?"

Stellen Sie sich eine berufliche Situation vor, in der Sie verärgert wurden oder sogar emotional verletzt. Daraus ergibt sich, welche Werte dabei im Spiel waren, also welche Ihnen wichtig sind.

Meinen Coaching-Klienten gebe ich an dieser Stelle noch folgende Hausaufgabe an die Hand. Machen Sie sich eine handschriftliche Liste – eine Art Brainstorming – also alles an Werten aufschreiben, was Ihnen einfällt und ergänzen Sie diese eine Woche lang laufend. Die einen hängen die Liste im Büro auf, die anderen haben sie in ihrem Notizbuch. Wie Sie es machen, ist Ihre Entscheidung. Doch sollte diese Liste eine Woche lang täglich präsent sein, damit sie vervollständigt wird. Dann gehen Sie das erste Mal selektiv vor und reduzieren die Liste auf drei Werte, die für Sie die Eckpfeiler Ihrer Markenübersetzungs-Strategie werden.

Überprüfen Sie Ihre Werte immer nach Umsetzbarkeit, denn das ist der zweite wichtige Faktor. Werte müssen für Sie als Marke lebbar sein. Bei BMW heißt ein Wert z.B. "ästhetisch". Das kann sowohl im Bereich der Optik, des Verhaltens und der Kommunikation gelebt werden. TUI wählte früher den Wert: "Horizont erweitern", versuchen Sie sich mal an der Übersetzung dieses Werts alleine nur in Optik. Nicht sinnvoll!

Dann überprüfen Sie Ihre definierten Werte nach den folgenden drei Bedingungen:

1) Die Relevanz.

Die Werte, also die Art und Weise, wie Sie Ihr Verhalten auf dem Markt ausrichten, müssen relevant sein für die Unternehmen, die Sie ansprechen. Für die Kunden, die Sie begeistern wollen und für die Mitarbeiter, die Sie anziehen bzw. halten wollen. Wenn Sie nach ästhetischen Gesichtspunkten bewerten, Ihr Kunde aber nicht, wird er sich nicht angesprochen fühlen.

2) Die Differenzierung

Ihr Alleinstellungsmerkmal – den Markenkern – heben Sie mit den Werten, die sich von den Mitbewerbern unterscheiden sollten, noch zusätzlich ab. Seien Sie anders als die anderen. Nehmen Sie sich ein Beispiel an Automarken:

- BMW hat die Werte: Herausforderung, Ästhetik, Dynamik.
- Rolls Royce: Weisheit, Eleganz, Premium.

3) Authentisch

Hier schließt sich der Kreis zusammen mit den anderen zwei Bedingungen. Denn Sie können nur etwas verkörpern und damit leben, wenn es echt ist. Wenn es aus dem tiefsten Inneren kommt. Zweifeln Sie daran, dass das was Sie tun, etwas mit z.B. Ästhetik zu tun hat, werden Sie es nicht entsprechend verkaufen können. Es muss zum Kern Ihrer Marke, Ihrem Nutzen passen. Freude bei BMW wird ausgedrückt und gelebt durch Herausforderung beim Fahren, durch die Ästhetik des Designs und die Dynamik des Fahrwerks.

Marc hat für sich die Werte: Loyalität, Disziplin und Engagement erarbeitet.

Auch Ihre Kunden und Arbeitgeber haben Werte. Man nennt es auch Unternehmenskultur. Mein Tipp an Sie, wenn Sie vor der Entscheidung stehen, sich zwischen mehreren ähnlichen Angeboten zu entscheiden, wählen Sie das, dessen Werte mit Ihren korrespondieren. Sind Sie teamorientiert und Ihr Arbeitgeber steht auf Wettbewerb innerhalb des Teams, werden Sie durch diese Diskrepanz mit der Zeit unzufrieden und bringen weniger Leistung. Sie verlieren also Ihr positives Image und ein Teufelskreis setzt ein, der Sie am Ende aufs Abstellgleis oder ins Burnout katapultiert.

Als ich 2007 mit meinem Karton vor den Toren meines letzten Arbeitgebers stand, erklärte ich: „Ich komme wieder", aber als Trainerin. Ich deklarierte diese Firma zu meinem Mount Everest. Doch mit der Zeit stellte ich fest, dass ich dieses Ziel gar nicht mehr erklimmen wollte. Die Unternehmenskultur sprach gegen alles, woran ich glaube. In meinen Augen ist der Mitarbeiter das höchste Gut im Unternehmen. Ich stellte mir die Fragen, ob ich für ein Unternehmen arbeiten kann, das seine Mitarbeiter nicht dementsprechend behandelt. Werden die meinen Ansatz überhaupt verstehen? Nein. Daher habe ich mich auf andere Kunden fokussiert und mein Ziel angepasst.

Übrigens, sind Ihre Werte nicht wie Eckpfeiler eines Hauses in Beton eingegossen. Sie können sie anpassen. Nein, Sie sollten es tun! Sobald Sie feststellen, dass Sie andere Werte lenken und beschäftigen.

Die Welt auf der wir leben ist dynamisch, bleiben Sie flexibel.

Übersetzung

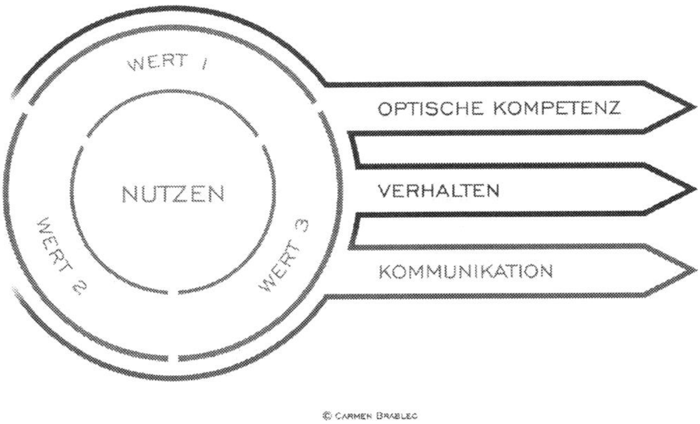

Nachdem Sie sich über Ihre Marke und das was Sie ausmacht, bewusst sind, und auch nach welchen Prinzipien Sie Ihr Handeln ausrichten wollen. Geht es jetzt an die Umsetzung, die Übersetzung Ihrer Marke. Wir richten unser Augenmerk nun auf die Wirkungsbereiche, in denen Sie Ihre Marke präsentieren werden. Und zwar in dem Rahmen, den Sie gerade für sich definiert haben.

Brand-Translation findet in den drei Wirkungsbereichen statt:

- Optik
- Verhalten
- Kommunikation

Die wichtigste Regel zuerst: diese drei Bereiche funktionieren nur zusammen! Hier verhält es sich so wie in der Botanik. Eine Pflanze braucht drei Faktoren, um zu wachsen und zu gedeihen. Wasser, Licht und Nährstoffe. Fehlt nur einer dieser Faktoren oder ist prozentual über- oder unterdosiert, dann hört die Pflanze auf zu wachsen oder geht sogar ein.

Stellen Sie sich folgendes Szenario vor, Sie haben Stefan Raab besiegt und wollen sich von dem Geld nun ein schickes Auto kaufen. Das Autohaus ist exklusiv, alles sieht fabelhaft aus, der Verkäufer entsprechend gekleidet, seine Manieren tadellos. Bisher fühlen Sie sich wohl und genau am richtigen Platz. Dann macht der Mann den Mund auf. Der flucht und spuckt dabei wie der letzte Bierkutscher. Na, fühlen Sie sich immer noch wohl? Oder denken Sie sich eher: lieber weg hier!

Ein Fehler im Puzzel macht das ganze Bild kaputt!

Nur wenn alle drei Wirkungsbereiche optimal aufeinander abgestimmt sind, nur dann betreiben Sie erfolgreiches Selbstmarketing.

Mit Brand-Translation erstellen wir ein auf Ihre Karriere-Zielsetzung abgestimmtes Selbstmarketing-Konzept. Der Maßnahmenkatalog, der hier entsteht, dient dazu, Ihr Image aufzubauen und zu festigen. Image entsteht immer im Kopf der Zielgruppe, es ist die Fremdwahrnehmung. Ihr Selbstbild haben Sie in Ihrer Marke bereits definiert. Jetzt geht es darum, die Wahrnehmung in den Köpfen Ihrer Zielgruppe anzupassen.

Fangen wir an zu sammeln, was in den einzelnen Wirkungsbereichen relevant für uns und vor allem für unsere Zielgruppe ist. Wenn sich unsere Zielgruppe nicht bei Twitter tummelt, macht es dann Sinn, darin Zeit zu investieren? Marketingmaßnahmen sind sehr vielfältig. Die Gefahr der Überforderung und Verzettelung riesig.

Nochmal, wir wirken auf drei Ebenen: Optik, Verhalten, Kommunikation. Jemand, der hart arbeitet, belastbar ist und dafür steht, den Karren aus dem Dreck zu ziehen, der ist nicht zerzaust und zuppelt ständig an seiner Kleidung rum, der ist nicht unsicher und damit auch in seiner Sprache fahrig. Das sind widersprüchliche Signale.

Man muss sich seiner Signalwirkung bewusst sein. Marc hat deshalb seinen Job verloren, weil man ihn anders wahrnahm.

Als sein Karriere-Ziel hat Marc mittlerweile Folgendes definiert: Er möchte leitender Angestellter in der Industrie sein. Mit Personalverantwortung, innerhalb der nächsten zwei Jahre.

Diese Zielsetzung ist die Basis für unsere Selbstmarketing-Maßnahmen. Denn wir wissen dadurch, welche Zielgruppe wir ansprechen wollen. Wir sind in der Lage, herauszufinden, wo sich diese Zielgruppe aufhält und wer Zielgruppenbesitzer ist.

Da Ihre Marke für Ihre Problemlösungskompetenz steht, besteht Schritt eins daraus, das Problem Ihrer Zielgruppe zu lösen. Denn Sie benötigen Referenzen, an denen Sie Ihre Fähigkeiten darstellen können.

In Marcs Fall dient die Werkstatt als Aushängeschild. Marc hat nicht einfach nur zusammen mit seinen Mitarbeitern aufgeräumt. Er hat durch die Einführung eines internen Systems, die Basis dafür geschaffen, dass Chaos in Zukunft vermieden werden kann. Dadurch dass z.B. alles seinen eigenen Platz hat und alles beschriftet ist. Prozesse wurden angepasst und vor allem dokumentiert. Und er hat die Betroffenen, seine Mitarbeiter, zu Beteiligten gemacht. Denn nur, wer mit Bewusstsein und Akzeptanz hinter einem neuen Prozess steht, wird ihn auch dauerhaft leben.

Das alles bringt uns aber wenig, wenn es außer uns keiner weiß. Daher geht es im zweiten Schritt darum, Aufmerksamkeit zu schaffen.

Die anderen Werkstattleiter im Unternehmen hat er einfach in der Kantine oder bei Meetings angesprochen und von der aktuellen Lage erzählt. Er lud sie ein, sich das Ergebnis anzusehen.

Die Herausforderung bestand nun in zwei Dingen, dass andere seine Ideen nicht als ihre eigenen verkaufen und so die Lorbeeren ernten und in der Ansprache der höheren Ebene. Die von seinem Können in Kenntnis zu setzen, die die Entscheidungsgewalt besitzen. Dazu stand ihm ein tolles Medium zur Verfügung: die internen Berichte.

Normalerweise liest die Berichte keiner. Denn Sie sind meist unübersichtlich ohne Punkt und Komma geschrieben. Ohne Absätze untergliedert und übertrieben detailliert in einer Fachsprache ver-

fasst, die Entscheider nicht mehr verstehen. Kurz um, sie sind nicht sexy genug, dass man Zeit einplanen will, um sie richtig zu lesen. Genau das haben wir bei Marcs Berichten verändert. Kurze, prägnante Sätze, eines Ingenieurs nicht würdig, doch für die Managementebene perfekt. Absätze gliederten den Bericht und Bilder visualisierten die beschriebenen Abläufe. Wir haben dafür gesorgt, dass sein Bericht optisch so ansprechend ist, dass er gelesen wurde. Sie erinnern sich, zu welchem Ergebnis das geführt hat? Er bekommt die Chance zur Präsentation seiner Arbeitsergebnisse vor höchster Ebene.

Hier schnappt gerne mal die Falle des Marktschreiers zu. Um dieser zu entgehen, hat Marc seine Mitarbeiter als Markenbotschafter eingespannt. Dass er der Verantwortliche für den Bereich und das Ergebnis war, stand schon fest. Deshalb konnte er ohne Problem das Zepter seinen Mitarbeitern übergeben. Jeder Bereich, jede Veränderung, die zum Erfolg führte, wurde jeweils von einem begeisterten Mitarbeiter präsentiert. Marc will schließlich in die Führung und da heißt es, Mitarbeiter zu motivieren.

Marcs Zielsetzung beschränkte sich nicht nur auf das Unternehmen, in dem er aktuell beschäftigt war. Wie machen wir also andere Unternehmen und deren Entscheider auf ihn aufmerksam? Tue Gutes und rede darüber, Sie kennen den Satz. Doch wie erreiche ich eine breite Masse, ohne mich anzubiedern? Wir haben für ihn das Medium des Blogs gewählt. Selbstmarketing mit dem Medium Blog, eine tolle Sache. Man muss es nur richtig machen. Gleich zu Anfang tappte er in die erste Falle.

Was ist das Ziel meines Blogs? Das zu definieren, war seine erste Hausaufgabe. Ihn als Experten für Optimierung von Arbeitsabläufen in der Industrie zu positionieren. Ok. Warum? Weil er Entscheider von seinem Können überzeugen will und bessere Jobangebote erhalten möchte. Gut. Welche Zielgruppe will er mit dem Blog ansprechen? „Karrieristen, also Menschen, die sich privat und beruflich optimieren möchten". Falsch.

Warum ist das wichtig, fragen Sie sich jetzt vielleicht. Weil die Zielgruppe entscheidend für die Wahl des Blogs ist. Für den Namen, das Layout, den Stil, die Inhalte, die Themen, die Verbreitungsmethoden.

Sie sehen, auch hier nimmt das Thema Ziele eine entscheidende Rolle ein, weshalb ich es zu Beginn so ausführlich behandelt habe.

Das ist natürlich nicht alles. Der Maßnahmenkatalog ist noch um einiges länger. Umfasst unter anderem seine Kleidung, seine E-mail Grußformel, seine Social Media Präsenz...

Warum Email Grußformel? Wie viele Emails versenden Sie, so ungefähr? Eine Menge, das steht fest. Unterschreiben Sie auch „mit freundlichen Grüßen"? Schade! Ich unterschreibe mit „charmanten Grüßen". Nicht einfach, weil es mir so eingefallen ist, nein, weil es meine Marke spiegelt. Denn einer meiner Werte lautet „persönlich". Sie bekommen mich, am Telefon, per Email, im Vortrag, im Training, und keine Ersatzperson. Und ich bin charmant, zumindest sagt man mir das nach. Also lag es für mich nahe, das einzusetzen. Und Sie glauben gar nicht, welche Reaktionen ich von meinen Kommunikationspartnern dazu bekomme. Nutzen Sie die Kleinigkeiten, um Aufmerksamkeit zu erregen und sich zu positionieren. Es bringt nicht nur was, es macht auch Spaß, endlich mal anders zu sein als andere!

Noch ein Tipp zu Social Media. Egal ob angestellt oder selbständig, wer im Netz nicht stattfindet, der wird im real-life in Zukunft nicht mehr wahrgenommen, ergo: existiert nicht. Klingt hart, ist es auch. Wenn ich XING-Profile ohne ein Foto sehe, dann weiß ich, der hat Selbstmarketing noch nicht verstanden. Auf der anderen Seite, kann man sich auch hier wieder fabelhaft verzetteln. Wenn Sie keine Ambitionen haben, international zu arbeiten oder Kontakte zu pflegen, dann bleiben Sie bei XING. Sie brauchen kein zusätzliches Profil auf LinkedIn. Das bedeutet nur doppelte Pflege, also Aufwand, ohne Mehrwert.

Jede von Marcs Maßnahmen ruht auf den Säulen Disziplin, Engagement und Loyalität. Diese Werte drücken sich in der Optik seiner Person, seines Arbeitsplatzes, seiner Arbeitsmittel aus. Er kommuniziert auf eine Weise, die diese Werte leben lässt und verhält sich entsprechend.

Sie sehen, hier kommt einiges auf Sie zu. Brainstorming ist hier gefragt. Betrachten Sie alles, was Sie tagtäglich anfassen, tragen, mit sich nehmen, anderen zeigen, andere wahrnehmen und passen Sie es Ihrer Marke entsprechend an. Als Angestellter zum Beispiel brauchen Sie kein Logo, keine Firmenschrift oder entsprechendes Werbematerial, als Selbständiger schon.

Um als eine wertvolle Marke wahrgenommen zu werden, ist es notwendig, dass Sie entsprechend markenkonform auftreten.

Verstehen Sie mich bitte richtig, bei Brand-Translation geht es um mehr, als die üblichen Erwartungen zu erfüllen! Es geht darum, zu überraschen, kongruent eine einzigartige Marke zu vertreten. Einen Mehrwert zu bieten.

In den letzten Tagen hielt ich einen Vortrag vor Unternehmern. Es ging darum, wie man aus Mitarbeitern Markenbotschafter des Unternehmens macht. Ein Teilnehmer äußerte die Sorge, vor einer unlösbaren Aufgabe zu stehen. Wie man das denn alles gleichzeitig aufbauen wolle.

Verstehen Sie es bitte als Prozess. Ja, sie müssen in allen drei Bereichen kongruent und konsistent wirken. Doch dauert es seine Zeit, bis Sie alle nötigen Maßnahmen identifiziert, angepasst und umgesetzt haben. Mit kleinen Schritten, wenn Sie viel Zeit haben, mit großen, wenn Sie es eilig haben.

Einstellung

Der wichtigste Punkt zum Schluss: Glauben Sie an sich!

Mein Mentor, der begnadete Trainer Jörg Blume, sagte immer „Einstellung erzeugt Ausstrahlung".

In seinem Buch „Beziehungs-weise Beziehungs-reich" thematisiert er den Zusammenhang von Selbst- und Fremdwahrnehmung.

Mir ist nur sehr spät bewusst geworden, dass auch ich jahrelang in dieser Falle gefangen war. Ich hielt Vorträge bei jeder Gelegenheit. Immer vor Zielpublikum. Hinterher wurde auch viel diskutiert. Also das Thema zog. Doch im Anschluss gebucht, das wurde ich nur selten. Ich schob es auf das Thema Kleidung. Die Deutschen wären noch nicht soweit zu verstehen, wie wichtig die Optik in der Karriere sei. Falsch. Ich war das Problem.

Ich habe zwei Ausbildungen und ein akademisches Studium abgeschlossen. Seit ich sechs Jahre alt war, stehe ich auf der Bühne. Habe getanzt, geschauspielert, gemodelt. Und dann stand ich auf der Bühne und referierte über Klamotten oder versuchte Firmenlenker davon zu überzeugen, dass die Mitarbeiter im Dresscode geschult werden müssten. Ich glaubte nicht an mich. Ich war immer unzufrieden, weil ich das Gefühl hatte: „Also nur Kleidung, Mensch du kannst verdammt nochmal so viel mehr." Diese Unzufriedenheit führte zu Unterforderung und Frust. Tolle Voraussetzung wenn es darum geht, andere von sich zu überzeugen.

Wenn ich an mich und meine Fähigkeiten nicht glaube oder mir dessen nicht bewusst bin, wie Marc. Wie soll es dann möglich sein, dass andere Glauben an mich entwickeln können?

Ich stand da und im tiefsten Inneren meines Herzens sagte ich mir: „Das ist nicht richtig, das ist zu wenig". Tja, und so übertrug ich Unsicherheit durch Stimme, Inhalt, Mimik und Gestik. Ich war nicht überzeugt und so überzeugte ich auch nicht. Kein Wunder. Wenn jemand nicht hinter seinem eigenen Produkt steht, wird es auch niemand kaufen.

Als Speaker bin ich ein Produkt. Sie sind Ihr eigenes Produkt, ob angestellt oder selbständig. Sie stehen für einen einzigartigen Nutzen. Und wenn Sie nicht an sich glauben, wie – und das frage ich Sie mit allem Nachdruck – wie können Sie nur im Entferntesten erwarten, dass es irgendjemand anderes tun sollte?

Heute stehe ich auf der Bühne und brenne für das was ich tue. Das ist auch das Feedback, das ich bekomme. Es gibt nicht nur gute Anschlussgespräche, sondern Anschlussbuchungen. Klar hab auch ich mal 'nen schlechten Tag. An dem ich an mir zweifle und dann zweifelt auch das Publikum.

Ich möchte Sie jetzt dazu auffordern, ab heute allerspätestens, Ihr eigener Markenbotschafter zu sein.

Sie erinnern sich an meine Einleitung? Menschen schmücken sich gerne mit dem positiven Image anderer. Seien Sie als erster stolz auf Ihre Marke und präsentieren Sie die mit einer Selbstverständlichkeit und Liebe. Ich rede nicht von Arroganz, das ist überspielte Unsicherheit! Mit dem richtigen Selbstwertgefühl werden Sie andere wie von Geisterhand dazu bekommen, Ihre Markenbotschafter werden zu wollen.

Wenn Sie bereit seid, sich mit Ihrem Image selbst zu schmücken, werden andere bereitwillig folgen, ohne aufgefordert zu werden.

Wie Sie zu Ihrem eigenen Marken-Botschafter werden, das haben Sie auf den letzten Seiten gelesen.

- Setzen Sie sich ein richtungsweisendes Ziel.
- Machen Sie sich erst klar, wer Sie sind und wohin Sie wollen.
- Setzen Sie sich einen Handlungsrahmen.
- Leben Sie das selbst vor.
- Glauben Sie an sich!

Und Sie werden andere dazu begeistern, Ihnen als Markenbotschafter zu folgen.

Marc ist diesen Weg gegangen. Mit dem Ergebnis, dass er nun seinem Karriere-Ziel viel näher gekommen ist. Innerhalb von vier Monaten nach unserem ersten Coaching bekam er die erste Beförderung. Mehr Verantwortung, mehr Möglichkeiten, mehr Geld. Seine Ergebnisse sprachen für sich. Nun hatte er einen Bereich, in dem man Ergebnisse leicht anderen präsentieren kann, der Vorher-Nachher-Effekt war großartig.

Überlegen Sie, wie in Ihrem Bereich so etwas aussehen kann: „Wie kann ich es schaffen, dass meine Leistung sichtbar und erlebbar wird?"

Jetzt liegt es an Ihnen, herauszufinden, wer Sie sind, was Sie einzigartig macht und wie Sie das so vermarkten, dass Sie Ihre Ziele erreichen können.

Ich wünsche Ihnen bei der Umsetzung viel Erfolg! Denken Sie immer daran, Sie sind nicht allein. Treten Sie mit mir in Kontakt, ich unterstütze Sie mit meinen Erfahrungen gerne bei Ihrer perfekten Markenübersetzung!

Mein Beitrag endet hier, Ihre Zukunft als Botschafter Ihrer eigenen Marke beginnt!

Mit charmanten Grüßen,
Ihre Carmen Brablec

Kommunikation – Säule 5

Kommunikation ist das fünfte und interaktivste Machtpotenzial!

Nichts kann einen Menschen mehr entwickeln als die Macht der Kommunikation. Sie liefert die Selbstreflexion und den Abgleich mit der Umwelt.

Gretchenfrage Sind Sie interaktiv?

Kommunikation ist Ihr Schlüssel zur Entwicklung: persönlich wie professionell. Wollen Sie weiterkommen, müssen Sie kommunizieren.

Kommunikation ist Ausdruck und Austausch gleichermaßen.

Kommunikation ist gnadenlos ehrlich – jeder innere Haltungsschaden zeigt sich hier (mindestens zwischen den Zeilen). Seien Sie also der|die Erste, der|die zuhört und reflektieren Sie.

Die fünfte Säule der Macht – Kommunikation – reloaded durch die Stimmende Nicola Tiggeler:

Wenn man die ganz Großen der einzelnen Branchen fragt:

Wie macht Ihr das, dass Ihr so sehr Gehör findet?

Dann bekommt man regelmäßig die Antwort: Der Trick besteht darin, sich selbst und die Umwelt auf die eigene Persönlichkeit einzustimmen.

Na, toll. Und wie mache ich das?

Wie, auf die 'eigene Persönlichkeit einstimmen', verändert die sich nicht auch? Moment, Moment, muss ich mich jetzt doch anpassen? Und werden die Anderen mir nicht was husten, wenn ich sie auf mich einstimmen will?

Die Stimmende Nicola Tiggeler stimmt Sie ein, auf einen vollkommen unabhängigen Pfad der Kommunikation.

Als Stimm-Expertin nimmt sie Sie mit zu einer Analyse Ihrer Selbst und Ihrer Stimme.

Lassen Sie sich inspirieren, wie Stimme Sie im Privaten wie im Professionellen nach vorne bringen kann.

Und erfahren Sie, wie Sie Ihre Gesprächspartner in einer gesunden Kommunikation verführerisch auf Ihre Ziele einstimmen.

Nicola Tiggeler und ich sind uns sicher, die Macht der Kommunikation bringt Sie nach vorn!

Nicola Tiggeler – die Stimmende

Ich stimme!

Sprechen kann doch jeder, denken Sie? Aber können Sie auch begeistern und überzeugen, dank Ihrer Stimme? – Überzeugende Kommunikation beginnt mit dem Gefühl: „Das stimmt!"

Nicola Tiggeler zeigt Ihnen, wie Sie Anklang finden, Resonanz erzeugen und unter Stress in gelassener und guter Stimmung bleiben. Entdecken, erweitern, genießen Sie das Potential der Stimme.

Stimme spiegelt unmittelbar die Persönlichkeit wieder, sie ist ihre akustische Visitenkarte. Wie jemand wahrgenommen wird, hängt ganz entscheidend von seiner optischen und akustischen Präsenz ab, das heißt also von seiner Körper'sprache' und Stimme. Diese wichtigsten Kommunikationsinstrumente entscheiden, ob jemand glaubwürdig und kompetent erscheint oder ängstlich und nervös, ob jemand begeistert und mitreißt oder seine Umwelt langweilt.

Professionalität

Nicola Tiggeler ist ausgebildete Schauspielerin, Opernsängerin, Sprecherin und Stimmtrainerin. Seit 25 Jahren steht sie auf der Bühne, vor der Kamera und dem Mikrofon. Neben dem Engagement an einigen bedeutenden Bühnen kann man sie immer wieder in verschiedenen Theaterproduktionen und auf dem Bildschirm erleben.

Im Fernsehen kennt man Nicola Tiggeler aus vielen Serien, vor allem ihre Rolle als Intrigantin in Europa´s erfolgreichster Telenovela 'Sturm der Liebe' hat inzwischen Kult-Status! 2010 erhielt diese Serie den deutschen Fernsehpreis.

Genauso leidenschaftlich arbeitet sie als zertifizierte Stimmtrainerin im Lehrauftrag an verschiedenen Hochschulen und gibt Seminare, interne Trainings und Einzelcoachings rund um 'ihr' Thema Stimme und Körpersprache im gesamten deutschsprachigen Raum.

Nicola Tiggeler ist Botschafterin der José Carrers Leukämie-Stiftung und des SOS-Kinderdorfes e.V.

Film & Fernsehen

Nicola Tiggeler spielte schon jetzt in unzähligen Rollen u.a. in

- 'Unser Charlie' Hauptrolle in 30 Folgen
- 'Der Fahnder' Hauptrolle in 20 Folgen
- 'Eine Frau wird gejagt' Titelrolle in 16 Folgen
- 'Sturm der Liebe' Hauptrolle in 821 Folgen
- und viele viele Episodenhautrollen ('Die Unzertrennlichen', 'SOKO 5113', 'Schimpanski'...)

Im Interview

Warum sind Sie Expertin für Erfolg?

Ich habe mit vier Jahren beschlossen, dass ich Sängerin werde. Und das habe ich dann auch mit der mir eigenen Konsequenz durchgezogen. Ich habe in Hamburg Gesang studiert und jeweils mein Diplom als Opernsängerin und als Gesangspädagogin gemacht.

Mein ganzes Berufsleben lang habe ich mich mit Stimme beschäftigt. Stimme ist mein Ding! Ich habe mit Sängern gearbeitet, die sprechen mussten, oder mit Schauspielern, die singen mussten. Und danach habe ich beschlossen, ich mache noch eine Ausbildung für die Sprechstimme. Die hat mir riesigen Spaß gemacht und nun bin ich auch Stimmtrainerin für Führungskräfte, Politiker, Moderatoren und alle, die viel sprechen und kommunizieren müssen.

Sie kennen die Werbung: „Mein Auto – mein Haus – mein Pool...". Uns interessiert: Woran messen Sie Erfolg?

Ich habe weder ein Haus, noch einen Pool, aber ich habe ein ganz wunderbares Leben. Erstens mit meiner tollen Familie und zweitens habe ich einen Beruf, der mich glücklich macht. Ehrlich gesagt, habe ich sogar zwei Berufe: Schauspielerin und Stimmtrainerin.

Und das ist für mich Erfolg, wenn ich das tue, was ich wirklich kann und was mir wirklich Spaß macht, weil es meine Berufung ist.

Wie haben Sie zu Ihrem unverwechselbaren Stil gefunden?

Also, erst einmal bin ich sehr konsequent in dem, was ich tue und dann mache ich die Dinge mit großer Leidenschaft. Und meine Leidenschaft überträgt sich. Meine Seminarteilnehmer und alle Menschen, mit denen ich arbeite und zusammenkomme, die spüren diesen Funken, der da überspringt.

Welche kleinen Dinge machen Ihren Tag zu einem erfolgreichen Tag?

Wenn ich am Ende eines Tages sagen kann, ich habe die Dinge so getan, wie ich es liebe – nämlich mit Leidenschaft. Und wenn meine Passion übergesprungen ist und wir voneinander profitiert haben, dann ist es ein toller Tag.

Wenn ein guter Beobachter Sie eine Woche lang begleitet, woran kann er erkennen, dass Sie ein Erfolgstyp sind?

Ja, wenn er wirklich ein guter Beobachter ist, dann erkennt er, dass ich alles sein kann, aber nichts sein muss. Als Schauspielerin bin ich gewohnt, mich in alle Figuren hineinzudenken, in ihre Leidenschaften, ihre Temperamente. Und genau das macht mein Wesen aus und auch meinen Erfolg. Ich bin neugierig, ich bin lebensfroh, ich bin sehr optimistisch und ich stehe auch zu meinen Ecken und Kanten – mich muss nicht jeder lieben.

Was sagen Sie den Zweiflern?

Es gibt natürlich viele, die glauben, eine Stimme – oder ihre Stimme – sei ein Geschenk und damit eine Gottesgabe oder auch nicht. Und diesen Zweiflern beizubringen, oder besser: zu beweisen, dass man ganz viel für die Stimme tun kann, dass es auch ganz viel Handwerk ist, und dass es nur das Interesse und die Wahrnehmung braucht, um die Stimme zu verbessern. Das ist toll, wenn man das erreicht.

Wie lautet Ihr ultimativer Erfolgstipp?

Bleiben Sie neugierig und offen.

Bleiben Sie bei sich, seien Sie im Moment.

Und haben Sie Mut zu Visionen.

Die 7 Säulen der Stimme (be-)stimmen

„Wer das Ohr beleidigt, dringt nicht zur Seele vor."
Quintilian

Gehören Sie zu den Menschen, die ihre eigene Stimme auf dem Anrufbeantworter lieben? Falls ja: Gratulation! Sie gehören zu einem sehr überschaubaren Kreis von Auserwählten. Falls Sie aber sicher sind, dass da ein Fremder in Ihrer Abwesenheit die Ansage aufgenommen hat und die Stimme fremd, eher hoch oder flach und so gar nicht wie Ihre eigene klingt, heiße ich Sie willkommen in der Realität, denn Ihr Anrufbeantworter hat leider Recht.

Übung

- Benennen Sie spontan mindestens fünf Begriffe, die Ihre Stimme beschreiben.
- Äußern Sie danach, wie Sie sich Ihre Stimme wünschen.

Falls Sie viele schöne Eigenschaftswörter für Ihre Stimme gefunden haben und diesbezüglich wunschlos glücklich sind, danken Sie dem Schöpfer und Ihren guten Genen und gehen Sie zum nächsten Buchkapitel über. Ansonsten lassen Sie sich von den Erfahrungen aus meinem Berufsleben und ein paar bewährten Grundübungen aus meinen Workshops anregen.

Vielleicht fragen Sie sich, was die Stimme hier in diesem Zusammenhang mit dem Thema KOMMUNIKATION zu tun hat? Jeder hat doch eine Stimme und kann reden, oder? Warum bitte sollen Sie sich nun auch noch mit Ihrer Stimme befassen? Ist es nicht genug, dass Sie sich auf Ihre Rede oder Präsentation, das nächste Meeting oder Mitarbeitergespräch vorbereitet haben? Ihre Powerpoint ist sorgfältig durchdacht und Sie haben Ihr Äußeres optimiert, sprich auf eine vorteilhafte Kleidung und Frisur geachtet, vielleicht sind Sie sogar in ein Fitnessstudio gegangen. Unzählige Kommunikations-, Rhetorik- und Präsentationsseminare liegen hinter Ihnen. Sie haben sich über Ihren Stil und vielleicht sogar über Ihre Körpersprache Gedanken gemacht. Nun muss es doch mal gut sein.

Was genau bedeutet KOMMUNIKATION? Das Lateinische 'communicare' übersetzt der Duden als 'kommunizieren' mit den Bedeutungen 'weitergeben, weiterleiten, weitersagen...'.

Die 5. Säule der Macht ist die 'Kommunikation', und das Motto dieser Säule lautet bei Suzanne Grieger-Langer: „Ich zeige, was in mir steckt". Eine Führungskraft kann sich demnach erst dann ausdrücken und anderen mitteilen, wenn sie ihre Säule der Kommunikation gut entwickelt hat. „Ist das Machtpotenzial der Kommunikation (hingegen) fehlgeleitet", so Suzanne Grieger-Langer, „sind die daraus resultierenden Probleme gut hörbar: es kommt nicht selten zu Heiserkeit, die Stimme stockt, wirkt hart oder neigt dazu, sich schnell zu erschöpfen." Meine wunderbare Lehrerin Kristin Linklater bringt das so auf den Punkt: „Vollkommene Kommunikation ist ein ausgewogenes Quartett von Intellekt und Gefühl, Körper und Stimme – ein Quartett, in dem keines der Instrumente mit seiner Stärke die Schwäche eines anderen kompensiert."

Dies hat einen enormen Einfluss auf die kommunikative Wirkung, wie wir noch im Einzelnen sehen werden. Unterschätzen Sie daher nicht die Wirkung und Macht Ihrer Akustik. Sie kennen sicher den Satz: Es gibt keine zweite Chance für den ersten Eindruck. Doch: Ihre Stimme verstärkt, unterstützt und 'verbessert' Ihre Optik – oder schwächt sie. Sobald Sie den Mund aufmachen, offenbart Ihre Stimme, wer Sie sind, was Sie denken, was Sie fühlen, wie Sie zu dem stehen, was Sie sagen, kurz: Ihre Persönlichkeit.

Exkurs

> „Sprich, damit ich Dich sehe!"
> Sokrates

Im antiken Theater trugen die (immer männlichen) Schauspieler Masken und waren dadurch ihrer Mimik beraubt. Die Schauspieler mussten daher zum einen durch diese Maske tönen (lat. personare = durchklingen, per sona = durch Klang) und auch im großen Amphitheater vernehmbar sein. Zum anderen mussten sie hörbar machen, wie sich ihre Figur, ihr Charakter fühlt, ob z.B. der Narr traurig, der König wütend oder der Bauer verzweifelt ist... Wem das gelang, der gab seiner Person (lat. Individuum, Wesen, Rolle) Persönlichkeit (lat. Charakter, Respektsperson). Dieses weitergedacht könnte bedeuten: das Äußere bleibt eine Maske, ist eventuell eine Täuschung, vielleicht nur eine Rolle. Erst der Klang vermittelt das wahre Innere, den Charakter, die Authentizität.

Ihre Zuhörer schließen ganz automatisch von Ihrem Stimmklang auf Ihren Charakter. Bestimmte Stimmqualitäten werden sogar mit bestimmten Charakterzügen assoziiert.

Klingt Ihre Stimme voll, angenehm und klar, vermitteln Sie Souveränität, Selbstsicherheit und Kompetenz. Eine enge, flache, oft zu hohe oder leise Stimme lässt Ihre Zuhörer unbewusst Unsicherheit, Angst und Anspannung bei Ihnen vermuten, auch wenn dies bei Ihnen natürlich eine unzutreffende Unterstellung ist...
Kommen dann noch als unangenehm empfundene Sprech-Verhaltensweisen wie hektischer Atem, Räuspern, endlose „Äh"s, Monotonie, Spannungsabfall oder Undeutlichkeit hinzu, lehnen Ihre Zuhörer Sie unbewusst ab. Sie schalten ab, machen innerlich die berühmte Einkaufsliste oder fallen in den Sekundenschlaf.

Schauen wir uns in der Tabelle an, was wir bei einem Redner nicht erleben wollen. Und bedenken Sie: Alle Do's und Dont's können Sie beeinflussen. Sie können sie erlernen bzw. abschaffen oder positiv verändern. Denn Ihre Stimme ist nur zum Teil 'angeboren'. Die Anatomie Ihres Stimmapparats und die spezifischen, genetisch bedingten Charakteristika können Sie tatsächlich nicht verändern. Aber zwei andere entscheidende Faktoren, die situationsbedingten Einflüsse und den erworbenen bzw. erlernten Stimmgebrauch, dagegen schon.

Zu den SITUATIONSBEDINGTEN EINFLUSSGRÖSSEN gehören

- räumliche Gegebenheiten
  Raumgröße, Luftfeuchtigkeit, Akustik, Nebengeräusche
- technische Gegebenheiten
  Beleuchtung, funktionierende Tonanlage
- Vorbereitung
  inhaltlich und emotional, Kleidung, Schuhe, Äußeres
- die eigene Stimmung und die des Publikums
- stimmhygienische Voraussetzungen
  stimmliches 'Aufwärmen', Gesundheit

Gerne!	Bitte nicht!
Atmung	
entspannt	hektisch | Schnappatmung
Lautstärke	
angemessen	zu leise | zu laut
Tonlage	
angenehm | 'stimmig'	zu hoch | zu tief
Stimmklang	
angenehm | warm | voll	piepsig | schrill | gequetscht
Tempo	
angemessen	zu schnell | zu langsam keine | zu viele Pausen
Rhythmus	
dynamisch | belebend	abgehackt | monoton
Artikulation	
präzise | deutlich | natürlich	undeutlich | 'gekünstelt'
Stand | Haltung	
locker | souverän	unruhig | starr
Körpersprache | Mimik	
ausdrucksstark	verklemmt | stereotyp | starr
Blickkontakt	
gezielt | persönlich	fehlt | Blick zu Boden | Beamer

Uns interessiert hier der STIMMGEBRAUCH. Er ist durch Nachahmung und ständige Wiederholung erlernt und damit auch wieder veränderbar. Jeder, der ein Baby erlebt hat, weiß, was für eine unglaubliche Klangpalette diese kleinen Wesen haben. Dann erlernt das Kind seine 'Mutter'-Sprache durch Nachahmung. Silben, Worte, Sätze entstehen, bis der selbstständige Gebrauch der Sprache und der Grammatik sich ungefähr bis zum Schuleintritt entwickelt hat. Und leider werden auf dem Weg dorthin viele der angeborenen Qualitäten kultiviert, domestiziert und zivilisiert („Nicht in diesem Ton!", „Nicht so laut!", „Warte, bis die Erwachsenen ausgeredet haben!", „Große Jungen weinen nicht!", „Liebe Mädchen schreien nicht!", „Hör´ mit diesem Gebrüll auf, sonst gibt es... kein...!", „Mach´ den Mund zu, es zieht...! Die Liste lässt sich leider beliebig fortsetzen).

Unsere primären Impulse werden damit unterdrückt, Spontaneität wird verhindert und Gewohnheiten entstehen. Außer bei extremen Gefühlen wie Schmerz, Angst oder Ekstase erlauben wir uns nur noch selten spontane, instinktive Äußerungen. Sie glauben gar nicht, wie vielen Menschen es schwer fällt, spontan und 'lauthals' zu lachen, weinen, rufen oder zu schreien!

Natürlich ist es sinnvoll, wenn wir nicht alle ungeniert unsere Bedürfnisse hinausbrüllen und unsere Emotionen ungehemmt zeigen. Aber durch das ständige Verhindern dieser ursprünglichen 'Äußerungen' im Laufe des Erwachsenwerdens entstehen vielfältige körperliche und seelische (Ver-)Spannungen, Selbstzensuren und Ängste. Wenn wir emotional und körperlich nicht frei sind, ist unser Atem nicht frei. Und wenn unser Atem nicht frei ist, kann es unsere Stimme auch nicht sein. Kristin Linklater bringt es wunderbar auf den Punkt: „Jeder Mensch wird mit einer gesunden und belastbaren Stimme geboren. Das Recht auf eine freie Stimme ist ein Menschenrecht."

Die 7 Säulen der Macht von Suzanne Grieger-Langer basieren auf den 7 Hauptchakren. Sie haben mich zu den '7 Säulen der Stimme' inspiriert, denn es gibt eine erstaunliche Verbindung und Parallelität sowohl in der physischen wie auch psychologischen Herangehensweise und im konkreten Tun. In sieben Kapiteln werde ich wesentliche Wirkmechanismen und einige konkrete Stimmübungen behandeln:

	Stimme	Macht	Chakra
I.	Haltung – Ihr Standpunkt	Standfestigkeit – in der Welt sein	Wurzelchakra Erdung, Instinkte, Stabilität, Durchsetzungsfähigkeit
II.	Atem – Ihr verlässlichster Partner	Leidenschaft – in Bewegung sein	Sakralchakra Begeisterung, Kreativität, Sexualität, Erotik
III.	Zentrum – Kontrolle und Loslassen	Selbstkontrolle – die Bewegung kontrollieren	Solarplexuschakra Selbstkontrolle, Verarbeitung von Erlebnissen
IV.	Klang entsteht – von innen nach außen	Liebe – sich anderen zuwenden	Herzchakra Beziehung, Liebe, Herzenswärme, Toleranz
V.	Stimmkanal – Arbeitswege, Kiefer, Gaumen Zunge, freihalten	Kommunikation – interaktiv sein	Kehlchakra Ausdruck, Kommunikation, Offenheit
VI.	gesprochenes Wort – sich 'äußern'	Wissen – seinen eigenen Weg gehen	Stirnchakra Weisheit, Intuition, Willens- & Vorstellungskraft
VII.	das grosse Ganze – innere und äußere Stimme im Einklang	Ethik – Vorbild sein	Kronenchakra Bewusstheit, Spiritualität, Erkenntnis, Achtsamkeit

Meine Darstellungen und Übungen ersetzen keinen Stimmtrainer. Ich möchte Ihnen aber zeigen, dass Sie Ihr wichtigstes Kommunikationsmittel Stimme trainieren und wesentlich verbessern können. Denn das harmonische Zusammenspiel von Stimmklang und Stimmlebendigkeit, von Haltung, Bewegung, Mimik und direkter persönlicher Zuwendung bestimmen den Erfolg Ihrer Kommunikation.

Und ich möchte Ihnen in diesem Zusammenhang mein Credo näher bringen:

STIMMTRAINING IST MÖGLICH, LOHNT SICH UND MACHT SPASS!

I. Säule der Stimme – gut geerdet

Eine gute körperliche HALTUNG und eine 'STIMMIGE' Körperaufrichtung ist die Grundvoraussetzung für einen frei fließenden Atem und damit für Ihr Kommunikationsinstrument Stimme. Je bewusster Sie entspannt (!) und damit ökonomisch und aufgerichtet sitzen, stehen oder gehen, umso überzeugender kommunizieren Sie, optisch und akustisch. Wie stehen oder sitzen Sie denn in diesem Moment? Wie verHALTEN Sie sich? Wie TRETEN Sie auf, bei Ihrem AufTRITT?

Sind Sie unterspannt und lasch, wird auch Ihre Stimme und Ihre Außenwirkung unsicher, ängstlich oder gelangweilt sein. Und umgekehrt wird eine verspannte, überstreckte Haltung auch Ihre Stimme gepresst und gequetscht und alles andere als souverän klingen lassen.

Männer neigen dazu, das berühmte „Brust raus, Bauch rein" zu übertreiben. Und auch die schlanksten Frauen ziehen den Bauch ein, um ja keinen tatsächlichen oder eingebildeten Röllchen eine Chance zu geben. Und schon wirkt die Haltung behauptet und die Atmung und damit leider auch die Stimme wird fest und rutscht hoch. Und noch einmal meine Lehrerin Kristin Linklater: „Man muss sich entscheiden: Entweder für einen flachen Bauch oder für eine schöne Stimme."

Ich habe mir 'Haltung' angewöhnt. Sobald ich beim Drehen das Kommando „Und bitte!" höre, richte ich mich blitzschnell auf: Füße verankern, Knie loslassen, Wirbelsäule von innen aufrichten, Bauchdecke loslassen... Das ist ein Automatismus, der funktioniert. Egal, was dann für eine Szene kommt. Ich bin bereit! Das können Sie genauso im Alltag integrieren, z.B. beim Griff zum Hörer, zur Türklinke, bei der Nennung Ihres Namens.

VerTRETEN Sie Ihren 'STANDPUNKT', nehmen Sie 'HALTUNG' ein, ohne zu erstarren, seien Sie gut geerdet und trotzdem frei, flexibel und beweglich. Es geht nicht nur um Ihre Außenwirkung, sondern immer auch um Ihre INNERE HALTUNG. Wenn die körperliche und geistige Haltung sich entsprechen, sind sie 'STIMMIG'. In einem verkrampften, angespannten Körper können nur sehr schwer freie, lebendige Gedanken entstehen, der Atem kann nicht fließen und damit Ihre Stimme nicht frei und unbelastet sein. Eine optimal ökonomische körperliche und geistige Haltung hingegen erzeugt dynamisches Gleichgewicht und Ausstrahlung: ist Ihr Körper aufrecht, sind Sie aufrichtig. Sind Sie flexibel und vital in Ihren Bewegungen, folgt dem Ihre innere Haltung. Und Ihre Stimme wird dann gerne genau das sein: natürlich, persönlich und frei.

Dies lässt sich an einigen Stellen des Körpers besonders gut beobachten und üben: Selbstbewusstsein, Selbstsicherheit beginnt immer mit einem guten, ungefähr hüftbreiten Stand und damit bei den FÜSSEN (im Stehen wie im Sitzen). Die Füße sorgen für Erdung, Bodenkontakt und Urvertrauen: ich bin mir meiner selbst bewusst, ich weiß, wo(für) ich stehe, der Boden trägt mich.

Auch Ihre KNIE verraten eine Menge. Sind sie durchgedrückt, transportieren sie auch nach außen eine steife, unflexible Haltung. Lassen Sie stattdessen 'Durchlässigkeit' zu und seien Sie bereit, den nächsten Schritt zu tun oder auch bewusst den eigenen Standpunkt zu behalten. Zudem blockieren 'Beton-Knie' den Atem, weil sie den Beckenboden und damit eine wichtige korrespondierende Atem-Muskulatur behindern.

Sie erraten es sicher: Ihr BECKEN sollte beweglich sein. Das Becken ist unser Körperschwerpunkt, verbindet unten und oben. Es ist das Fundament unserer Wirbelsäule und unser 'Zentrum', auch für die Stabilisierung und Kraft der Stimme. Verrutschen Sie also bitte nicht das Fundament durch einen Rundrücken oder Hohlkreuz.

Ihre Präsenz, Ihre Ausstrahlung, eben Ihr 'Rückgrat' hängen ganz unmittelbar von Ihrer WIRBELSÄULE und Ihrer Aufrichtung ab. Und die Aufrichtung der Wirbelsäule sollte von innen heraus geschehen – das ist das ganze Geheimnis. Weder Zusammensinken noch Überstreckung des Oberkörpers führen zum Erfolg, und es ist nicht der Job Ihrer großen Bauchmuskulatur, die Wirbelsäule und den Brustkorb aufzurichten.

Ihr KOPF 'schwebt' königlich und der Nacken ist lang. Das ist die Grundvoraussetzung, dass die Muskulatur rund um Ihren Kehlkopf entspannt ist.

Übung

Stehen Sie hüftbreit, gut 'geerdet' und recken Sie Ihre Arme gen Himmel. Dehnen, strecken Sie sich, gähnen Sie genüsslich und gerne mit Ton, dann lassen Sie die Arme sinken, rollen Sie langsam die Wirbelsäule nach vorne abwärts, bis Sie kopfüber hängen. Nehmen Sie ein paar entspannte tiefe Atemzüge, dann richten Sie sich Wirbel für Wirbel komplett wieder auf. Stellen Sie sich vor, dass sich Luftpolster zwischen jedem Wirbel befinden, so dass die Wirbelsäule von innen heraus, ohne äußere Muskulatur aufgerichtet wird. Die Bauchdecke ist entspannt, der Atem fließt. Ihr Kopf schwebt, als wäre er der letzte Wirbel und so leicht wie ein Ballon. Entspannen Sie Ihre Kiefergelenke, atmen Sie durch den Mund. Schütteln Sie alles aus, dehnen und gähnen Sie wieder herzhaft und mit Ton.

Was bedeutet die 1. Säule der Stimme für Ihre Kommunikation?

- Ein bewusster körperlicher Stand verschafft Ihnen Sicherheit.
- Sie stehen ökonomisch, d.h. ohne zu ermüden.
- Durch Ihre 'Haltung' wirken Sie überzeugend und souverän.
- Sie strahlen eine natürliche Autorität aus.
- Ihr Atem und damit Ihre Stimme haben eine solide Grundlage.
- Ihr Atem und damit Ihre Stimme werden nicht behindert.

2. Säule der Stimme – mit langem Atem

„Jedes Leben beginnt und endet mit einer Ausatmung."
Carl Stough

Atmen – das Erste, das Sie in Ihrem Leben tun, und das Letzte ist atmen. Sie atmen, lebenserhaltend und immer. Meistens ohne darüber nachzudenken. Und das ist gut so. Trotzdem lohnt es sich, sich immer wieder bewusst mit dem eigenen Atem zu beschäftigen und ihn wahrzunehmen. Vielleicht wundern Sie sich, dass die zweite Säule der Stimme der Atem ist. So weit unten? Atmen wir denn nicht mit und in die Lungen? Selbstverständlich. Aber: Ihre wichtigste Atemmuskulatur, das Zwerchfell und der korrespondierende Beckenboden, führt uns 'eine Etage tiefer' zur tiefen Bauchatmung.

Übung

„Brust raus, Bauch rein!" – ziehen Sie Ihren Bauch richtig fest ein und versuchen Sie tief ein- und auszuatmen. Schätzen Sie einmal: wie viel Prozent Ihrer Lungenkapazität nutzen Sie? Wenn es ein Drittel ist, ist es viel. Sie kommen damit in die Hochatmung (= Stressatmung), doch dazu später mehr.

Nun sinken Sie im Oberkörper richtig zusammen. Abgesehen davon, dass das nicht gerade vorteilhaft aussieht und Sie sich vermutlich nicht besonders dynamisch fühlen, quetschen Sie jetzt Ihre Rippen, Ihre Lungen und Ihr Zwerchfell ein. Wieder ist die Atmung behindert. Ein Grund mehr, die Wirbelsäule von innen heraus aufzurichten: Sie sehen besser aus, Sie fühlen sich besser und der Atem kann frei fließen. Damit erfahren Sie spürbar, dass Sie für eine freie Atmung nicht nur die Lungen benötigen, sondern auch das Zwerchfell und den Beckenboden.

Das ZWERCHFELL ist unsere wichtigste Atemmuskulatur. Es verbindet den Brust- und den Bauchraum, es ist der 'Fußboden' für Ihre Lungen und das Herz und die 'Zimmerdecke' für alle anderen Organe wie Magen, Leber, Milz, Niere oder Darm.

Wir fühlen das Zwerchfell aber nicht direkt und können die (unbewusste) Bewegung auch nicht direkt beeinflussen, es sei denn durch bewusstes Atmen. Ganz verkürzt dargestellt, passiert bei der Ein- und Ausatmung Folgendes: das Zwerchfell senkt sich ab – die Lungen füllen sich mit Sauerstoff, die darunter liegenden Organe müssen Platz machen und deswegen dehnt sich die Bauchdecke nach außen aus. Beim Ausatmen dehnt sich das Zwerchfell nach oben aus, transportiert dadurch die Luft aus den Lungen, die Organe dürfen an ihren gewohnten Platz zurück und der Bauch bewegt sich wieder nach innen.

Circa 20.000 Mal passiert das am Tag, circa 14 Mal pro Minute. Und Ihr Zwerchfell legt dabei je nach Atemtiefe eine Strecke von mehreren hundert bis zu zweitausend (!) Metern zurück. Sie können also nichts Gesünderes tun, als tief in den Bauch zu atmen: Ihr Herz und Ihre Organe werden bewegt, 'massiert' und mit Sauerstoff versorgt. Allein Ihre Niere legt dabei bis zu 300 Metern zurück – mehr als manche von uns.

ATEM IST STIMME UND STIMME IST ATEM. STIMME IST HÖRBARER AUSATEM. Damit der Atem Ihr verlässlichster Partner wird, sollten Sie ihn auch wirklich wie Ihren Partner behandeln: seine Existenz nicht als selbstverständlich voraussetzen, sondern ihn immer wieder bewusst wahrnehmen und schätzen.

Übung

Stehen oder sitzen Sie entspannt, richten Sie Ihre Wirbelsäule von innen heraus auf und legen Sie Ihre Hand auf Ihre Atemgegend, dort, wo Ihr Zwerchfell mit der Bauchdecke verbunden ist (zwischen Brustbein und Bauchnabel). Ihr Unterkiefer ist entspannt und leicht geöffnet. Denken Sie an ein leichtes Gähnen und lassen Sie Ihren Atem durch den Mund ein- und ausgehen. Nehmen Sie nun, ohne etwas hinzuzufügen oder zu erzwingen, Ihren Atem und die damit verbundene Bewegung wahr.

Eine meiner Lehrerinnen nannte es „die Zauberformel des Lebens": „ATEM REIN, BAUCH RAUS; ATEM RAUS, BAUCH REIN". So einfach und so wahr. Der Dreiklang des Lebens ist EINATMEN – AUSATMEN – PAUSE. Das ist auch Ihr ganz persönlicher, natürlicher Atemrhythmus.

Ein Schauspielkollege mit sehr viel Kameraerfahrung bekam eine Theaterrolle angeboten. Also wünschte er sich mehr Volumen in seiner Stimme. Allerdings war er extrem stolz auf seinen 'Sixpack'. Männliche Haltung und eine entspannte Bauchdecke waren für ihn zunächst ein Widerspruch in sich. Es war ein längerer Weg, aber inzwischen steht er durchaus männlich, weiterhin gut trainiert, aber entspannt und mit großer Stimme auf der Bühne. Und auch seine Kamerapräsenz hat von der neuen Durchlässigkeit profitiert.

Übung

Atmen Sie aufmerksam und ungezwungen ein und aus. Denken Sie an 'Erleichterung', wenn Sie den Atem loslassen. Spüren Sie in der kleinen Atempause die Notwendigkeit entstehen, dass der Atem sich erneuern möchte, den sogenannten Lufthunger. Sie müssen nicht aktiv einatmen, der Atem kommt zu Ihnen, Sie 'werden geatmet'. Ihre Schultern und Ihr Brustkorb sind dabei aufgerichtet, aber locker und an der Atembewegung unbeteiligt.

Spielen Sie jetzt mit unterschiedlichen Atemimpulsen | Situationen, denken Sie z.B. an: einen heftigen Streit | extreme Wut, an eine äußerst komische Situation, an Ihre erste ernstgemeinte Liebeserklärung, an ehrliche Trauer, an den Beginn einer für Sie wichtigen Rede... Wie reagiert Ihr Atem?

Ihr Atem reagiert ganz unmittelbar auf Impulse und Gefühle, wenn er frei fließen darf und nicht muskulär oder emotional behindert wird.

Was bedeutet die 2. Säule der Stimme für Ihre Kommunikation?

- Eine natürliche, gute Aufrichtung ist die Voraussetzung für Ihren freien Atem.
- Ein frei fließender Atem ist die Voraussetzung für eine freie Stimme.
- Atem ist Stimme und Stimme ist Atem.
- Stimme ist hörbarer Ausatem.
- Ihr freier Atem spiegelt unmittelbar Ihre Emotionen.

3. Säule der Stimme – aus der Mitte heraus

Kontrolle und Loslassen – ja was denn nun? Beides, und das sowohl muskulär als auch emotional! Wie in den beiden ersten Säulen der Stimme beschrieben, ist es nicht die Aufgabe der großen Bauchmuskulatur, Ihren Brustkorb aufzurichten. Diese sollte vielmehr auf Ihre Atembewegungen weitestgehend entspannt reagieren dürfen.

Exkurs

Entspannung ist ein ziemlich strapazierter Begriff. Es geht hier nicht um Entspannung um der Entspannung willen, sondern um das Gegenteil von VERspannung = aus der Entspannung heraus etwas TUN. ENTSPANNT IST NICHT LASCH!

Erinnern Sie sich an den Dreiklang des Lebens? EINATMEN – AUSATMEN – PAUSE. Betrachten wir ihn nochmals unter dem Aspekt der KONTROLLE und des LOSLASSEN.

Schon das 'richtige' EINATMEN ist entscheidend für die Freiheit und Klangqualität Ihrer Stimme. Das Wunderbare ist: Sie müssen nicht aktiv oder gar hektisch einatmen, Sie müssen nur LOSLASSEN, und zwar Ihre Bauchdecke. Und das passiert mit einer anfänglichen SELBST-KONTROLLE und einer gewissen Übung dann von allein.

Übung

Stützen Sie Ihre Hände in die Taille, stellen Sie sich Ihre Geburtstagstorte vor und pusten Sie mit vielen kurzen, knackigen „fffh-fffh-fffh..." die Kerzen aus. Das können Sie ziemlich lange machen, denn Sie bekommen automatisch so viel Luft wieder, wie Sie verbraucht haben (im Fachjargon nennt man das 'Abspannen' oder 'reflektorisches Atemerneuern'). Und der Atem erneuert sich durch den Mund. Denn: KOMMUNIKATIONSATMUNG IST MUNDATMUNG. Halten Sie Ihren Kiefer während des Sprechens immer leicht geöffnet, so kann sich Ihr Atem rasch erneuern. Die Nasenatmung dauert definitiv zu lange.
Haben Sie die Bewegung beim „fffh" unter Ihren Händen bemerkt? Die Bauchdecke wird kräftig nach innen gezogen und die

Flanken weiten sich, durch die Zwerchfellbewegung. Danach haben Sie vermutlich jedes Mal ganz automatisch die Bauchdecke losgelassen, der Kiefer hat sich leicht entspannt, während der Atem ganz von selbst (!) einfiel. Und idealerweise ist dieser einfallende Atem nicht zu hören (denken Sie wieder an ein leichtes Gähnen).

Jetzt probieren Sie das Gleiche mal mit eingezogener Bauchdecke oder schließen nach jedem „fffh" den Mund. Sie werden das vermutlich nicht wirklich als organisch empfinden.

Elisabeth, Managerin eines Energiekonzerns, hat sich 'getraut' und bei der Moderation der letzten Pressekonferenz zum ersten Mal in ihrem Leben bewusst die Bauchdecke immer wieder losgelassen. Ihre Rückmeldung im Stimmcoaching an mich: sie war ruhiger, die Stimme kräftiger und tiefer und sie wurde 'gehört'.

Wie Sie im vorigen Kapitel bereits ausprobieren konnten, geraten Sie automatisch in die Hochatmung, wenn die Bauchdecke fest ist oder gewohnheitsmäßig eingezogen wird. Sie nutzen nur einen Teil Ihrer Lungenkapazität, geraten in Atemnot, atmen immer mehr ein, so dass der Druck immer größer wird und Ihre Stimme immer höher rutscht, der Stresspegel steigt, der Kopf droht zu platzen, Sie Ihren Text vergessen... bis hin zum berühmten Black-Out.

Da hilft nur: AUSATMEN! Eine der wichtigsten Regeln für alle Menschen, die überzeugend kommunizieren wollen ist: AUSATMEN! Damit sind wir beim wichtigen Thema LAMPENFIEBER. Auch hier lautet die goldene Regel: AUSATMEN!

Bei Stress, Lampenfieber, Unsicherheit und Angst blockieren die Knie. Die Bauch-, die Gesäßmuskeln und die Muskulatur des Beckenbodens werden fest, und Ihr Ein-Atem landet im Brustkorb. Der AUS-ATEM – und STIMME ist ja hörbarer AUS-ATEM – wird gepresst und flach. Vor lauter Verzweiflung atmen Sie noch mehr ein, versuchen lauter zu werden, was die Stimme noch enger und höher werden lässt. Oder Sie werden vor lauter Unsicherheit ob des Klangergebnisses immer leiser, das wiederum verstärkt den Stress – ein Teufelskreis.

„Das Podium ist eine merkwürdige Sache,
da steht der Mensch nackter als im Sonnenbad."
Kurt Tucholsky

Bedenken Sie: Lampenfieber bringt Sie nicht um, und der Boden wird sich nicht auftun und Sie verschlingen. Lampenfieber per se ist nichts Schlimmes, so lange es Sie nicht behindert. Lampenfieber erhöht Ihren Adrenalinspiegel und damit Ihre Konzentration. Und es vergeht. Meistens verlässlich nach den ersten Sätzen oder Minuten. Lampenfieber kann man mit guter Vorbereitung (natürlich inhaltlich, aber auch, in dem Sie sich ganz konkret Ihre Rede-Situation vorstellen und laut üben) auf ein gesundes Maß reduzieren. Und: Lampenfieber empfinden Sie selbst viel stärker als Ihre Zuhörer!

Übung

Wie ist es für Sie in diesem Moment:

- sind Sie 'selbstbewusst in des Wortes Sinne (= Ihrer selbst bewusst, in diesem Moment)?
- sind Sie 'aufrichtig' (gute Aufrichtung der Wirbelsäule von innen, Knie gelöst)?
- ist der Kiefer leicht geöffnet (Kommunikationsöffnung)?
- atmen Sie aus und lassen dann die Bauchdecke los!
- nehmen Sie Ihr Gegenüber, Ihr Publikum wohlwollend wahr!
- strecken Sie beide Arme nach oben in eine Siegerpose und atmen Sie tief ein und aus!
- und nun freuen Sie sich auf Ihren Auftritt, Ihre Show!

Was bedeutet die 3. Säule der Stimme für Ihre Kommunikation?

- Sie sind sich Ihrer 'selbst bewusst'.
- Sie üben Kontrolle aus, indem Sie loslassen.
- Das Zauberwort heißt Ausatmen.
- Lampenfieber ist kein unbezwingbarer Feind.

4. Säule der Stimme – im Brustton der Überzeugung

Nun stehen Sie also wunderbar aufgerichtet, und Ihr Atem fließt... Sie wollen aber nicht nur stehen und atmen, sondern sprechen. Erinnern Sie sich? SPRECHEN IST HÖRBARER AUSATEM. Also müssen Sie Ihren Atem in Klang verwandeln. Damit ein Ton oder ein gesprochenes Wort Ihre Kehle verlässt, leistet Ihr Körper Schwerstarbeit.

Wie Stimme funktioniert

Am Anfang war... der Impuls! Wenn Sie ruhig atmen, ist Ihre Stimmritze geöffnet. Wenn nun ein Ton entstehen soll, muss als Allererstes ein Impuls Ihre Stimmlippen (umgangssprachlich: Stimmbänder) dazu bringen, sich zu schließen – sei es eine Idee, ein Gedanke, eine Frage, eine Situation oder eine Emotion.

Der ausgehende Atem versetzt die Stimmlippen in Schwingung und der noch nicht sehr beeindruckende Primärton entsteht. Diese Schallwellen gelangen nun in Ihre Resonanzräume und werden dort verstärkt. Ihre Resonanzräume sind Brust-, Rachen-, Mund- und Nasenraum und alle wunderbaren Höhlen Ihres Schädels (wie z.B. die Neben-, Kiefer-, und Stirnhöhle).

Ihre Stimme ist einzigartig, es gibt sie nur einmal auf der Welt!

Damit Ihr Klangstrom zu Sprache wird, muss er mit Hilfe Ihrer Lippen, der Zunge und verschiedener Artikulationsflächen zu Vokalen und Konsonanten geformt werden.

Ihr individueller Stimmklang ist einerseits anatomisch bedingt, die Größe des Kehlkopfes und die Länge und Spannung der Stimmbänder entscheiden über Tonhöhe und Lautstärke. Andererseits leuchtet es ein, dass Resonanz (re-sonare = wider-, zurück-klingen) sich am besten in klar definierten Hohlräumen, Knochen und wohlgespannten Muskeln entwickeln kann. Je mehr Sie durch Training Ihre Resonanzräume erweitern und optimal nutzen, desto klangvoller und voluminöser wird Ihre Stimme (Klangoptimierung). Je präziser und entspannter (!) die Muskulaturen Ihrer 'Sprechwerkzeuge' koordiniert zusammenarbeiten, umso ökonomischer und deutlicher sprechen Sie (Lautoptimierung).

Jetzt haben Sie eine Idee, wie wunderbar die Natur es eingerichtet hat, dass unsere Stimm- und Sprechorgane wie Kehle, Rachen, Lippen, Zunge und Mundraum nicht nur der Nahrungsaufnahme dienen, sondern auch unmittelbar für das, was uns Menschen (hoffentlich) auszeichnet: die ZWISCHENMENSCHLICHE, VERBALE KOMMUNIKATION. Aber leider gelingt das nicht immer.

Warum Stimme (manchmal) nicht funktioniert:

- angeborene, anatomisch bedingte Fehlfunktionen, eher selten.
- Krankheit, akut und | oder chronisch.
- funktionale Störungen.

Letztere sind oft erworben und werden zu Angewohnheiten durch:

- ÄUSSERE Umstände, wie z.B. körperliche Fehlhaltungen (siehe 1. Säule der Stimme)
- Dauerbelastung der Stimme durch den Beruf (Erzieher, Lehrer, Angestellte in Callcenter, Verkäufer, Politiker, Pfarrer, Moderatoren, Redner, Sänger, Schauspieler... die Liste ließe sich beliebig erweitern und nicht nur die Letztgenannten sollten es eigentlich gelernt haben! Und fragen Sie mich bitte nicht, warum das nicht ein Schulfach von Anfang an für Alle ist)
- akustische Situation (ständiger Geräuschpegel)
- lokale Situation (z.B. trockene Luft, Klimaanlage)

Und:

- INNERE Umstände, wie z. B. Stress, Nervosität (Lampenfieber, Prüfungsangst)
- psychische Belastungen (Traumata, die sich auch körperlich manifestieren: „Das sitzt mir in den Knochen!")
- Erziehung („Nicht in diesem Ton!", „Liebe Mädchen schreien nicht!", „Warte, bis die Erwachsenen ausgeredet haben!"...)
- soziales Umfeld (Status, Abhängigkeiten, bis hin zu: „Halt´ die Klappe!")

Falls Sie den Wunsch haben, Ihren Stimmklang zu optimieren, können Sie zweierlei tun:

I. eine (ehrliche) Bestandsaufnahme.
Ihre eigene Stimme immer mal wieder aufnehmen und anhören: was gefällt Ihnen, was weniger?
Beschreiben Sie Ihre eigene Stimme: wie ist sie, was möchten Sie ändern?
Überlegen Sie, in welchen Situationen Sie sich stimmlich wohlfühlen, wann dagegen nicht.
Bekommen Sie auf Ihre Stimme manchmal Feedback?

II. wenn Sie wirklich das Bedürfnis nach Veränderung haben, suchen Sie sich eine|n gute|n Stimmtrainer|in. Ob in einem Einzelcoaching oder Seminar: die Begleitung und das Feedback durch einen erfahrenen Stimmtrainer bringt Sie sehr viel schneller an das Ziel als ein Selbststudium.

Was macht einen 'angenehmen' Stimmklang aus?

Auf diese Frage herrscht in meinen Seminaren meistens Einigkeit: eher tief, voll und warm, entspannt und trotzdem aktivierend und motivierend. Und das ist – wie wir bereits gesehen haben – nicht nur ein Geschenk der Natur oder Hexerei, sondern in großem Maße auch erlernbar.

Das führt uns zu einem wichtigen Thema und einem Klassiker des Stimmtrainings: Ihr 'EIGENTON'. Jeder Mensch hat seinen ganz individuellen Eigenton, die 'Indifferenzlage' oder 'Wohlfühllage'.

Wenn Sie eine Stimme als besonders angenehm empfinden und denken: „dem|der könnte ich stundenlang zuhören", können Sie sicher sein, dass dieser Mensch Sie immer wieder seinen Eigenton hören lässt und in seiner Wohlfühllage spricht. In dieser Lage fühlt sich sowohl der Redner wohl, weil seine Stimmlippen am entspanntesten und ökonomischsten schwingen, als auch der Zuhörer, weil es einfach 'stimmt'.

Ernst, Manager, ein kräftiger, großer Mann, kam mit belasteter, fast heiserer Stimme zu mir. Wir stellten fest, dass er sich eine zu tiefe Stimmlage angewöhnt hatte. Die verhauchte Stimme war nicht unangenehm, machte ihn aber 'nicht greifbar'. Als er seinen etwas höheren, sehr viel resonanzreicheren Eigenton gefunden hatte, war er einerseits begeistert, weil das Reden nun viel mühe-

loser war. Andererseits hatte er Bedenken, 'aufdringlich' zu wirken. Erst die Frage seines Abteilungsleiters, ob er das Rauchen aufgehört habe, seine Stimme klänge so klar, hat ihn überzeugt. Das Rauchen hat er dann irgendwann später tatsächlich aufgegeben.

Ihren Eigenton finden Sie am zuverlässigsten und effektivsten mit Ihrem Stimmtrainer, aber probieren Sie es doch mal selbst aus.

Übung

Wichtig ist, dass Ihre Stimme dabei 'indifferent' ist, also relativ emotionslos, ohne Ehrgeiz oder Absicht, fast gelangweilt. Summen Sie entspannt: „mmmmmh". Nun öffnen und schließen Sie Ihre Lippen und tönen dabei: „mmmamamamammm". Nun ein eher nachdenkliches Zustimmen, im Sinne von: „Da haben Sie Recht", oder am Telefon: „Ich bin noch dran, ich höre zu: mmmh".

Nun ein verbales Zustimmen, immer noch entspannt: „jajaja". Jetzt zählen Sie ganz gemütlich von 1 bis 5: „eins, zwei, drei, vier, fünf".

Kommt Ihnen das ungewohnt tief vor? Das ist Ihre 'Wohlfühllage', im unteren Drittel Ihrer Sprechstimme und ungefähr eine Terz umfassend.

Nun heißt das nicht, dass Sie Ihre Stimme künstlich runterdrücken oder nur auf einem Ton sprechen, da schlafen Sie und Ihre Zuhörer ein. Aber nehmen Sie diesen Ton beim Sprechen immer wieder als Referenz.

Nochmals: „mmmmh, mmmamamamammm, mmmmh, jajaja, eins, zwei..." usw. Jetzt gähnen Sie herzhaft, aber entspannt, mit Ton: „haaaaaaa". Und nun sprechen Sie mit Ihrem Eigenton, nicht gelangweilt, aber entspannt einen Übungstext oder Folgendes, dafür wunderbar geeignetes Gedicht:

Schläft ein Lied in allen Dingen,
die da träumen fort und fort,
und die Welt hebt an zu singen,
triffst Du nur das Zauberwort.

Joseph von Eichendorff

Was bedeutet die 4. Säule der Stimme für Ihre Kommunikation?

- Sie spüren: Ihr Körper ist Ihr Instrument.
- Sie lernen Ihren Eigenton, Ihre Wohlfühllage kennen.
- Ihre Stimme fängt langsam an, Ihnen Spaß zu machen.

5. Säule der Stimme – ein lockeres Mundwerk

„In der Ökonomie, mit der Worte geformt werden,
liegt die Genauigkeit, mit der sie Gedanken verwirklichen."
Kristin Linklater

Gehen wir davon aus, dass Sie die möglichen Fallen, die sich in den vier ersten Säulen auftun, glorios umschifft haben:

- Sie stehen locker und souverän aufgerichtet.
- Ihr Atem ist Ihnen bestens vertraut und fließt frei.
- Ihre wichtigste Atemmuskulatur, das Zwerchfell arbeitet unverkrampft, das Lampenfieber ist kein Feind mehr.
- Ihr Stimmklang entwickelt sich in Ihren Resonanzräumen optimal, Sie kennen Ihren Eigenton und Ihre Stimme klingt voll und angenehm.

Dann ist doch alles gut, oder? Ja, Sie haben bis hierher schon eine Menge Gutes für sich und Ihre Stimmpersönlichkeit getan.

Aber: es gibt noch ein paar Stolpersteine, die Sie zumindest kennen sollten.

Wenn Ihre Stimme und Sprache trotz der oben genannten guten Voraussetzungen eng, fest, undeutlich, knödelig oder nasal ist, kurz: immer noch nicht frei und angenehm klingt, dann gibt es Probleme im 'Stimmkanal'. Damit bezeichnen wir die Passage, durch die Ihr Klang 'passiert', also hindurchgeht und zu Worten geformt wird: KIEFER – ZUNGE – WEICHER GAUMEN.

Wenn Verspannungen in einem dieser drei Bereiche bestehen, wirkt sich das leider negativ auf die anderen aus:

- wenn der Kiefer klemmt und Sie 'die Zähne nicht auseinander kriegen', wird Ihr Klang fest und die Sprache undeutlich.
- wenn die Zunge ver-spannt oder umgekehrt unter-spannt ist, haben Sie den berühmten 'Knoten in der Zunge' oder nuscheln.
- wenn Ihr weicher Gaumen untrainiert wie ein schwerer Vorhang auf Ihrem Klangstrom hängt, besteht die Gefahr, dass der Klang in die Nase wandert. Eine nasale Stimme ist nicht wirklich schön, und bei vermehrtem Druck wird daraus eine Quäkstimme, gut zu hören, aber enervierend.

Für die meisten meiner Klienten sind die Übungen für den Stimmkanal, also Kiefer, Zunge und weicher Gaumen ein „Aha!"-Erlebnis und bringen den gewünschten Erfolg.

Wie geht es IHREM KIEFER?

Gehören Sie zu den Menschen, die 'Ärger herunterschlucken'? Glauben Sie, sich 'durchbeißen' oder 'die Zähne zusammenbeißen' zu müssen? Knirschen Sie nachts und wachen morgens mit verspanntem Kiefer auf?

Wenn ja: trösten Sie sich, Sie sind nicht allein. Mindestens 80% meiner Klienten bezeichnen ihren Kiefer als verspannt. Und bedenken Sie: Ihr Kiefer macht das nicht um Sie zu ärgern, sondern um Sie zu 'schützen'. Wenn Sie wie beschrieben Ihre Emotionen nicht zulassen oder zeigen, sind Sie auch (scheinbar) weniger verletzlich. Tatsächlich 'riskieren' Sie mit einem entspannten Stimmkanal, dass Ihre Stimme frei und Ihre Emotionen hörbar werden, Sie also als authentisch wahrgenommen werden.

Doch wenn Sie gelernt haben, Ihre Kiefergelenke zu entspannen und auch beim Sprechen entspannt zu lassen, wollen Sie dieses Gefühl nicht mehr hergeben. Ich behaupte sogar, dass ein entspannter Kiefer die Lebensqualität ganz drastisch erhöht!

Christine, eine Architektin, hat nach einiger Zeit täglicher Kieferwahrnehmung und -übung beschlossen, ihre nächtliche Beißschiene nicht mehr zu verwenden. Ihr Zahnarzt und ihr Zahnschmelz danken es ihr. Sie selbst ist deutlich entspannter und ihr Klang und Artikulation sind es auch.

Allein der sensible Kieferbereich lohnt den Weg zu einem|einer guten Stimmtrainer|in. Im Folgenden aber wenigstens eine Übung, damit Sie beim Sprechen 'die Zähne auseinander bekommen'.

Übung

Sitzen oder stehen Sie mit aufgerichteter Wirbelsäule. Achten Sie auf einen langen, nicht überstreckten Nacken. Dehnen Sie diesen behutsam zu jeder Seite, nach hinten, nach vorne und lassen Sie Ihre Schultern kreisen. Gähnen Sie herzhaft.

Massieren Sie jetzt mit Ihren Daumenballen oder Fingerspitzen in kleinen kreisenden Bewegungen Ihre Kaumuskulatur und streichen Sie diese dann nach unten aus. Stellen Sie sich vor, Sie hätten Ihre Kiefermuskulatur 'weg massiert': Ihr Kiefer sollte nun hängen und mindestens der kleine Finger zwischen Ihre Zähne passen. Das ist zugegebenermaßen für Viele am Anfang gewöhnungsbedürftig. Ein Kind hat den Mund oft 'vor Staunen offen stehen', uns Großen hat man das abtrainiert: „Mach den Mund zu, es zieht!"

Schieben Sie nun den hängenden Unterkiefer mit der Oberseite Ihrer Finger 'zu', nach oben also. Dann lassen Sie Ihre Hand fallen: Ihr Kiefer fällt hoffentlich in die Schwerkraft (Sie haben ja keine Kiefermuskeln mehr). Passt Ihr Finger noch dazwischen? Wiederholen Sie das ein paar Mal, vielleicht fällt es Ihnen mit der Zeit leichter?

Nun bringen Sie wieder den kleinen Finger seitlich zwischen die Backenzähne und sprechen Sie ein paar Zeilen Text. Sprechen Sie klangvoll, 'investieren' Sie in Ihren Atem. Nehmen Sie den Finger während des Sprechens heraus, sprechen Sie genauso weiter, verändern Sie nichts.

Haben Sie Ihr Handy griffbereit? Dann nehmen Sie den Text wie eben beschrieben auf. Sie werden den Unterschied hören.

Wie geht es IHRER ZUNGE?

„Keine Ahnung", „blöde Frage"... egal, was Sie jetzt vielleicht denken: Sie kennen vermutlich trotzdem das Gefühl, dass Ihnen 'die Zunge am Gaumen klebt' oder Sie 'einen Knoten in der Zunge' haben. Und wenn Sie den berühmten 'Kloß im Hals' haben, ist vermutlich gerade der hintere Teil Ihrer Zunge verspannt. Wenn wir sprechen, ist unsere Zunge extrem beansprucht. Wir tun gut daran, sie zu entspannen, wann immer das möglich ist, auch beim (!) Sprechen, und sie nur dort gespannt einzusetzen, wo wir sie gerade für die Artikulation brauchen.

Dummerweise ist die Zunge bei uns ein Tabu-Thema. Kinder sind da noch völlig ungeniert: sie schneiden Grimassen, strecken die Zunge raus, schmatzen, schlürfen, schlecken, machen die ungewöhnlichsten Geräusche und finden es schön. Das alles wurde uns ab-erzogen. Zu Trainingszwecken sollten Sie das vergessen und 'scham-los' sein – im Wortsinn ohne Scham und ungeniert.

Übung

Lassen Sie Ihrer kindlichen Phantasie freien Lauf: machen Sie oft einen Kussmund, grinsen Sie breit, machen Sie eine beleidigte Schnute, reißen Sie den Mund weit auf, lassen Sie die Lippen 'flattern', die Zunge im Mund 'wandern', die Wangen 'ausbeulen', die Zunge raushängen, schmatzen Sie, 'schütteln' Sie Ihr Gesicht aus, kauen Sie genüsslich bei geschlossenen Lippen und mit Ton (!). Nehmen Sie einen Spiegel und beobachten Sie: wenn Sie den Mund etwas mehr als sonst öffnen, können Sie Ihren Rachen sehen und kann Ihre Zunge dabei entspannt liegen bleiben? Und wenn Sie jetzt auf „haaaaa" tönen: bleibt Ihre Zunge entspannt?

Vielleicht fühlen Sie sich albern, zumindest ist es ungewohnt, aber alles, was Ihre Zunge dehnt, kräftigt und bewusst entspannt, ist gut für Ihren freien Stimmklang und Ihre Artikulation.

Und wie geht es IHREM (WEICHEN) GAUMEN?

„O Gott, dass auch noch...." Keine Sorge, damit werde ich Sie nicht weiter belästigen. Das Beste, das Sie für ihn tun können, ist immer wieder herzhaft und ungeniert zu gähnen. Und tun Sie das mal vor dem Spiegel: sehen Sie, wie sich der weiche Gaumen hebt? Gähnen Sie ein und aus, und lassen Sie beim 'Aus-Gähnen' Klang entstehen: „haaaaa". Behalten Sie dieses Raumgefühl und sprechen Sie folgenden Zungenbrecher: „Wenn mancher Mann wüsste, wer mancher Mann wär'. Tät' mancher Mann manchem Mann manchmal mehr Ehr!"

Was bedeutet die 5. Säule der Stimme für Ihre Kommunikation?

- Ihre Stimme klingt frei und kann sich voll entfalten.
- Ihre Sprechwerkzeuge arbeiten ökonomisch und entspannt.
- Ihre Artikulation ist deutlich und natürlich.

6. Säule der Stimme – mehr Eindruck durch Ausdruck

In dieser Säule möchte ich Sie ermutigen, sich dem gesprochenen Wort auf offene, neue und unkonventionelle Weise zuzuwenden. Sobald ein Text erlernt ist, besteht immer die Gefahr, dass er nicht mehr lebendig klingt. Die große Kunst eines Schauspielers – aber auch eines Redners, der die gleiche Rede immer wieder hält, eines Verkäufers, der das gleiche Produkt immer wieder an den Mann bringt, eines Lehrers, der den gleichen Lernstoff immer wieder vermittelt, einer Führungskraft, die die bestehende Firmenphilosophie immer wieder verkauft – besteht darin, den Text in dem Moment, in dem er gesprochen wird, neu entstehen zu lassen, ihn in dem Moment 'zu erfinden'. Das geht überall, selbst dort wo es unmöglich erscheint.

Oliver, Professor, war überzeugt, dass die Emotionalität, die ich mir von ihm in seiner Vorlesung (Laborstatistiken!) wünschte, für ihn unmöglich sei. Oder er müsste sich das nächste Mal Mut antrinken. Nach einigen Anläufen und seiner Meinung nach grauenvollen Übertreibungen hat er ganz ohne Alkohol erstens richtig Spaß entwickelt und zweitens von seinen Studenten eine tolle Bewertung für seine Vorlesung bekommen.

Auf meiner Textmappe, in der das aktuelle Drehbuch liegt, prangt ein großes Logo: „DENKEN BEIM SPRECHEN ERLAUBT!" Bei der

Kommunikation geht es immer um die Vermittlung von Inhalten UND Emotionen. Ich gehe davon aus, dass Sie Ihre Rede oder Präsentation inhaltlich strukturieren, ihr eine (hoffentlich) spannende Dramaturgie verpassen, mit Einleitung, Hauptteil und Schluss. Und so sollte auch Ihr stimmlicher und körpersprachlicher Ausdruck dieser Dramaturgie folgen und sie befördern, ja, vielleicht sogar erst ermöglichen. Es geht um die Spannung und Energie zwischen 'Sender und Empfänger'. Einer der Klassiker unter den Coaching-Leitsätzen lautet: „MEHR EINDRUCK DURCH AUSDRUCK". Man könnte sagen: „DER TON MACHT DIE MUSIK".

Sie können stimmlich Spannung erzeugen und im Text Strukturen schaffen durch:

- BETONUNGEN, um einen Gedanken oder ein Wort hervorzuheben. Nicht alles Gesagte ist gleich wichtig. Seien Sie eindeutig! Es gibt viele Möglichkeiten, ein Wort hervorzuheben, allein schon durch Tonhöhe und Lautstärke. So wechseln Sie zwischen Beiläufigem und Fettgedrucktem.

- DYNAMISCHES SPRECHEN, um das Gesagte lebendig klingen zu lassen. Verhindern Sie (b)leiernde Langeweile! Sie erschaffen sich Ihre eigene 'Partitur', indem Sie mit musikalischen Gegensätzen, wie Lautstärke (laut|leise), Modulation (hoch|tief) und Tempo (langsam|schnell) spielen. Sie sprechen melodiös und dynamisch, verhindern Monotonie und erhöhen die Intensität.

- PAUSEN, um Spannung und Entspannung zu erzeugen. Mut zur Pause! Besser noch: Lust an der Pause! Es gibt die unterschiedlichsten Pausen, z.B.: kleine 'Abspann-Pausen', 'inspiratorische Pausen', 'Spannungspausen'... Ihre Zuhörer und Sie als Sprechender werden es danken! Sie vermeiden ein zu hohes Sprechtempo und peinliche "Äh"s, die akustische Lückenbüßer sind. Sie werden gedanklich klarer und die Zuhörer können Ihnen besser folgen.

- ARTIKULATION, um deutlich und trotzdem natürlich 'verstanden' zu werden. Articulare (lat.) heißt gliedern. Sie formen Ihren Klangstrom in Worte. Natürlich, und deutlich!

- EMOTIONALE (KLANG-)FARBEN erlauben, um einen Text lebendig werden zu lassen. Keine Angst vor Emotionen, keine Angst vor Übertreibungen. Emotionen bewegen Menschen.

Übung

Erforschen Sie die unterschiedlichsten emotionalen Haltungen und Farben für einzelne Worte, Satzteile, Sätze, Abschnitte. Schon grundlegende Emotionen wie Glück, Trauer, Freude, Ärger, Angst sind als 'Grundidee' hilfreich. Oder Sie erlauben es sich in 'Rollen' zu schlüpfen. Probieren Sie aus, was passiert, wenn Sie Ihren Text sprechen wie der Fernsehpfarrer beim 'Wort zum Sonntag', die Wahrsagerin auf dem Jahrmarkt beim Blick in ihre Kugel, der Politiker bei seiner alles entscheidenden Wahlkampfrede, der General beim Appell vor seiner Truppe, die Bardame beim Flirt über den Tresen, der Weihnachtsmann... Ihrer Phantasie sind keine Grenzen gesetzt, seien Sie mutig!

Abgesehen vom Spaßfaktor erfahren Sie ganz nebenbei, was Ihre Stimme alles kann. Vermutlich hat sich auch Ihre Körpersprache automatisch mit den verschiedenen Typen verändert. Wenn Sie dann zur 'Normalität' zurückkehren, profitieren Sie stimmlich und körpersprachlich von der Erfahrung und trauen sich vermutlich in jeder Beziehung viel mehr (zu).

Was bedeutet die 6. Säule der Stimme für Ihre Kommunikation?

- Sie sprechen lebendig, gut verständlich und persönlich.
- Sie sind sich Ihrer Mittel bewusst, ohne äußerlich zu agieren.
- Sie überzeugen.

7. Säule der Stimme – Anklang durch Einklang

Vielleicht klingt der Begriff Ethik für Sie zu sehr nach Moral, nach universellem Bewusstsein und zu esoterisch? Spiritualität gehört für Sie eher in die Kirche und das Wort Achtsamkeit wird Ihnen inzwischen zu inflationär verwendet?

Ich möchte die Begriffe Ethik, Bewusstheit, Achtsamkeit und universelles Bewusstsein aus dem Blickwinkel 'meines' Themas 'Kommunikation – Stimme' aufgreifen, um den Kreis zu schließen.

Und damit möchte ich den ganzheitlichen Aspekt und Gewinn (!) der Beschäftigung mit der eigenen Stimme (und Körpersprache) betonen.

ETHIK – Das bedeutet für mich ein Bewusstsein für allgemein gültige Werte des menschlichen Zusammenlebens. Auf die Kommunikation bezogen heißt das: ich bin mir bewusst und verantwortlich für das, was und wie ich kommuniziere. Ich bin mir der Macht der Worte und der Stimme bewusst. Ich kann und möchte durchaus überzeugen, gerne begeistern, keinesfalls langweilen und erst recht nicht manipulieren!

Die sogenannte Sprechwirkung entsteht auf drei Ebenen: das Verbale (Inhalt), Extraverbale (optische Signale wie Mimik, Körpersprache, Gestik) und Paraverbale (akustische Signale wie Stimme und Sprechweise). Manche meiner Kollegen zitieren und verehren Albert Mehrabian, der 1972 in einer Studie belegte, dass für die persönliche Ausstrahlung und Kommunikation 57 Prozent Optik, 38 Prozent Akustik und nur 7 Prozent Inhalt verantwortlich seien. Was für ein wunderbares Argument für Stimm- und Körpersprachtrainer! Ich denke nicht, dass es fast egal ist, was Sie sagen. Ich sehe es eher als eine Bestätigung für die Bedeutung der beiden anderen Faktoren an, die oft vernachlässigt werden, eben wie Sie etwas sagen.

BEWUSSTHEIT – Ich bin mir meiner selbst bewusst und ich habe meinen Standpunkt. Ich stehe mit beiden Beinen in der Welt, ich bin verankert mit Körper und Geist. Ich bin offen und HELLHÖRIG, d.h. ich folge meiner Intuition, meinem Bauchgefühl und meinem Verstand. Die Fähigkeit der Hellhörigkeit bedeutet, dass ich Wort|Inhalt und Stimmung|Emotion erfasse. Ich respektiere mein Gegenüber und HÖRE zu.

„Das Wort gehört zur Hälfte dem, welcher spricht,
und zur Hälfte dem, der zuhört."
Montaigne

ACHTSAMKEIT – Ich achte auf mich, meinen Körper, meinen Atem und meine Stimme. Ich behandle sie nicht als angeborene Tatsachen, die gefälligst zu funktionieren haben, sondern ich schenke ihnen Aufmerksamkeit, freue mich über ihre unglaublichen Möglichkeiten und nutze diese! Und da sie mir wichtig sind, pflege ich sie, gehe gut mit ihnen um und entwickele mich mit ihnen.

UNIVERSELLES BEWUSSTSEIN – AM ANFANG WAR DAS WORT. Also war der Anfang hörbar. Der erste Sinn, den der kleine Mensch im Mutterleib entwickelt, ist der Gehörsinn. Und der letzte Sinn, der uns verlässt, ist es auch (das Wort 'auf-hören' hat mich schon immer interessiert).

„Das Auge bringt den Menschen in die Welt.
Das Ohr bringt die Welt in den Menschen."
Lorenz Oken

Auf der ganzen Welt werden Mantren gesungen, im Buddhismus „Om" oder "Aum", bei uns im christlichen Umfeld ist es das „Amen". Töne, Silben, Klänge sind Universalsprache. Schon die Sprache der Babys ist eine Universalsprache. Man hat herausgefunden, dass alle Babys auf der Welt ihren ersten 'Urschrei' auf der Höhe des Kammertons 'a' loslassen, 440 Hertz, d.h. die Stimmlippen des Babys schwingen 440 Mal pro Sekunde (und das ist auch der Ton, nach dem ein Orchester sich einstimmt). Die ersten menschlichen Laute sind gleich, und ob die Sprache des Babys dann finnisch oder chinesisch wird, hängt nur davon ab, was es im Laufe des Heranwachsens hört und nachmacht.

Atem ist Stimme, und Stimme ist Klang.

Ich habe eine ganz wunderbare und sehr bekannte Kollegin, die regelmäßig zum Stimmtraining kommt. Zunächst war ich fast aufgeregt, weil sie eigentlich doch alles 'kann'. Was soll ich ihr beibringen? Sie sagt: „Allein das Bewusstmachen von Atem und Klang, das Anerkennen der eigenen Möglichkeiten, aber auch die Freude, immer wieder Neues auszuprobieren ist ein Geschenk. Besser als eine Massage oder neue Schuhe." Wer wollte da widersprechen...

Was bedeutet die 7. Säule der Stimme für Ihre Kommunikation?

- Die Beschäftigung mit und die 'Arbeit' an Ihrer Stimme bedeutet immer auch eine Entwicklung Ihrer Persönlichkeit.
- Sie können Stimme und Persönlichkeit nicht trennen und Sie profitieren immer.
- Wenn Sie Ihren persönlichen Klang (wieder-)finden, sind Sie im Einklang mit sich selbst und finden Anklang.

Die 7 Säulen der Stimme (be)stimmen!

Neulich erreichte mich der Notruf eines Kunden, völlig verzweifelt, überlastet und unüberhörbar heiser. Ein professioneller Redner, der wunderbar redet und viel Geld damit verdient. Und der ohne sein Instrument Stimme völlig aufgeschmissen ist. Es stellte sich heraus, dass er fast alles außer Acht gelassen hatte, was einem der gesunde Menschenverstand und der Stimmtrainer, in dem Fall ich, sagt. Er hatte den entscheidenden Fehler gemacht, seine Stimme als selbstverständlich anzusehen.

Ich bin immer wieder erstaunt, wie wenig Bewusstsein für die eigene Stimme bei den meisten Menschen verankert ist, selbst bei denen, die auf sie angewiesen sind. Fast alle von uns müssen viel reden, sei es am Telefon, in Meetings, Konferenzen, in Verkaufs-, Mitarbeiter- oder Kundengesprächen, auf der Bühne oder bei Präsentationen. Und viele kümmern sich erst dann um ihre Stimme, wenn sie nicht mehr funktioniert. Kein Fußballspieler dieser Welt geht auf den Platz und bolzt einfach los, kein Pianist klappt als Vorbereitung für das Konzert nur den Flügeldeckel auf. Jeder Tänzer wärmt sich auf, jeder Sänger singt sich ein. Nur beim Sprechen soll es einfach so funktionieren?!

So wie Sie sich morgens vermutlich räkeln, gähnen und strecken, können Sie sich angewöhnen, auch Ihre Stimme aufzuwecken. So wie alle Muskeln, die länger nicht bewegt werden, verkürzen sich auch die an der Stimmgebung beteiligten Muskeln über Nacht und sondern Schlacken ab.

Also dehnen und gähnen Sie sich am besten gleich MIT Stimme, aktivieren Sie Ihren Körper MIT Stimme, summen sie unter der Dusche, machen Sie ein paar Übungen auf dem Weg zur Arbeit im Auto und singen Sie gerne lauthals Ihren Lieblingssong mit. Auch wenn es nur ein paar Minuten am Morgen sind: alles ist besser als nichts. Und es sollte für Sie so selbstverständlich wie Zähneputzen werden. Sie müssen deswegen nicht unbedingt früher aufstehen.

Stimmliches Aufwärmen ist wohltuend und nach meiner Meinung unverzichtbar, ersetzt aber natürlich nicht ein fundiertes Stimmtraining. Und selbst das macht nicht automatisch einen besseren Redner aus Ihnen, sondern nur das tägliche Tun. Wie bei allen Dingen, die wir (wieder) erlernen, sei es Sprachen, Musik, Sport oder Wissenschaft gilt: ganz ohne Üben geht es nicht. Aber: es dauert längst nicht so lange wie Klavierspielen zu lernen und im Gegensatz zum Klavier haben Sie Ihr Instrument Stimme immer dabei. Sie können es immer und überall tun.

Stimmtraining ist möglich, es lohnt sich und es macht Spaß! Denn:

DIE 7 SÄULEN DER STIMME BESTIMMEN!

WISSEN – SÄULE 6

Wissen ist das sechste und erhellende Machtpotenzial!

Nichts kann einem Menschen mehr Erkenntnis verschaffen, als die Macht des Wissens. Sie liefert Ihnen bei allem Fachwissen auch die nötige Intuition und Weisheit, um Ihre Vision erreichen zu können.

GRETCHENFRAGE WISSEN SIE UM IHREN PERSÖNLICHEN WEG?

Wissen ist Ihr Schlüssel zum Erfolg. Es erhellt Ihren Weg und steckt Grenzen ab. Wissen ist Ihr Navigationssystem in der Zuvilisation des 21. Jahrhunderts.

Wissen ist beruhigend, weil Sie wissen, wo es lang geht. Wissen ist elektrisierend, weil Sie wissen, wo Sie hinwollen. Wissen ist schützend, weil Sie wissen, was mit Ihnen nicht zu machen ist.

Wissen ist Macht – Wissen ist die sicherste Währung der Welt!

Die sechste Säule der Macht – Wissen – reloaded durch die Zukunftsentwicklerin Silvia Ziolkowski:

Wenn man die ganz Großen der einzelnen Branchen fragt:

Wie macht Ihr das, dass Ihr immer vor der Zeit seid, immer schon wisst und produziert, was als nächstes kommt?

Dann bekommt man regelmäßig die Antwort: Der Trick besteht darin, die Zukunft jetzt schon zu sehen und zu leben.

Na, toll. Und wie mache ich das?

Ich denke, ich soll im Hier und Jetzt leben? Und wer weiß schon, was die Zukunft bringt? Woher weiß ich, wann und wie sich Zeitgeist ankündigt?

Die Zukunftsentwicklerin Silvia Ziolkowski zoomt Ihnen Ihre Zukunft heran, so dass Sie ein leichtes Auge darauf werfen können.

Als Entwicklungsexpertin nimmt sie Sie mit zu einer neuen Sicht auf das Jetzt, um das Morgen zu bestimmen.

Lassen Sie sich inspirieren, wie Wissen unternehmerischen Gehalt als auch Erhalt bietet.

Und erfahren Sie, warum in einem gesunden Unternehmen die Zukunftsausrichtung der Schlüssel ist.

Silvia Ziolkowski und ich sind uns sicher, die Macht des Wissens wird Ihnen so manchen Zusatzerfolg einbringen!

Silvia Ziolkowski – die Zukunftsentwicklerin

Wissen, wo's lang geht!

Mit Silvia Ziolkowski geht es in die Zukunft – und das leidenschaftlich, denn ohne Bewusstsein und Leidenschaft, können Ziele nicht erreicht werden.

Silvia Ziolkowski, das sind Impulse und Inspiration über die wesentlichen Wissens-Stellschrauben und das ist praktische Methodik zur Entwicklung und Umsetzung wirksamer Visionen im Unternehmensalltag.

Sollten Sie zweifeln, so kommen Sie mit Silvia Ziolkowski ins Tun. Sie ist Auf- und Ausbau von Eigenmacht, Handlungsfähigkeit und innerer Unabhängigkeit.

So lassen sich Grenzen überwinden und Werte leben.

Professionalität

Silvia Ziolkowski ist die Zukunftsentwicklerin. Sie ist also nicht Coach, sondern Zukunfts-Coach. Als Unternehmerin und ehemaliger Vorstand eines international tätigen IT-Unternehmens, weiß sie worauf es ankommt.

Die Expertin für Visionsentwicklung und nachhaltige Zukunftsgestaltung schuf mit ihrem Future Zooming®-Ansatz ein Werkzeug, dass die eigenen Wünsche und beruflichen Visionen klärt.

Mit ihrer Arbeit leistet sie einen wertvollen Beitrag für die Zukunftsfähigkeit der Unternehmen, so dass sie 2013 in den Senat der Wirtschaft berufen wurde.

Zudem ist sie Dozentin u.a. an der Bayerischen Akademie für Werbung und Marketing.

Sie ist Herausgeberin der Podcastserie 'Visionäre inspirieren', des Impulsbuches und der Impuls-Postkartenserie.

Bücher | PodCasts | Kolumnen

Ziolkowski, S. 2008. Impulsbuch 1 Jakobsweg. Erding: ArtVia.

Ziolkowski, S. 2014. Wie Sie mit Ihrer Vision ein Hochleistungsteam formen und beseelen. In L. Seiwert (Ed.), Die besten Ideen für erfolgreiche Führung: Erfolgreiche Speaker verraten ihre besten Konzepte und geben Impulse für die Praxis. Offenbach: Gabal.

Heinrich, S., & Ziolkowski, S. 2013. Sales-up-Call: Vision verkauft. Trier: Heinrich Management Consulting.

Kolumnen in Genders Dialog Society: Artikelserie zum Thema Visionen, http://gendersdialogsociety.com

Im Interview

Warum sind Sie Expertin für Erfolg?

Als Zukunftsentwicklerin folge ich stets dem Credo meines Schaffens: Wer andere erfolgreich macht, ist erfolgreich! Mein Erfolgsgarant dabei ist die kontinuierliche Auseinandersetzung mit der Gestaltung der eigenen Zukunft – wie man sich selbst in Zukunft erleben möchte. Dazu vermittle ich die passenden Methoden und ermögliche Menschen wie Unternehmen, mehr Erfüllung und Freude zu erleben – im Leben und in der Arbeit.

Sie kennen die Werbung: „Mein Auto – mein Haus – mein Pool...". Uns interessiert: Woran messen Sie Erfolg?

Erfolg bedeutet für mich, beseelt zu leben und zu tun, was mich emotional berührt. Erfolgreich sein, heißt auch, den Blick lenken zu können und vor allem die positiven und schönen Dinge im Leben wahrzunehmen. Ein erfolgreicher Tag war es, wenn ich am Abend mit meinem Tag zufrieden bin. Wenn wir diese Vorgaben erreichen, uns dazu noch treu sind und nicht von unserem Weg abweichen, sollte sich letztlich der in Ihrem Zitat genannte materielle Erfolg von selbst einstellen.

Wie haben Sie zu Ihrem unverwechselbaren Stil gefunden?

Ich bin die Summe der Erfahrungen, die ich auf meinem Lebensweg gesammelt habe, welcher übrigens alles andere als linear verlief. Rückblickend hatten jedoch all meine Kurswechsel ein gemeinsames Motiv: Die Entwicklung und anschließende, konsequente Verfolgung einer Vision. Ob nun mein Entschluss mit zarten 20 Jahren, als 'Mädl vom Land' eine Au Pair Stelle in den USA anzutreten, oder der Aufbau eines international erfolgreichen IT-Unternehmens in späteren Jahren – die Kraft, die diese Visionen auslösten, hat mich unglaubliche Hürden nehmen lassen, mich beseelt und vorwärts zum Erfolg getrieben. Seitdem weiß ich, dass eine Vision, die ins Herz trifft, uns fast alles erreichen lässt.

Welche kleinen Dinge machen Ihren Tag zu einem erfolgreichen Tag?

Eine schöne Metapher für diese Empfindung ist die 'gute Müdigkeit': Am Abend leicht erschöpft, aber zufrieden mit dem Geleisteten zu sein. Dankbarkeit zu empfinden für das, was ich habe, und dies auch bewusst wahrzunehmen. Meine Fortschritte, Erfolge, positiven Erlebnisse und Ideen in meinen 'Smile-Collector' einzutragen und dabei zu registrieren, dass jeden Tag etwas passiert und das Leben entlang meiner Vision voranschreitet.

Wenn ein guter Beobachter Sie eine Woche lang begleitet, woran kann er erkennen, dass Sie ein Erfolgstyp sind?

Kürzlich sagte eine Kollegin zu mir, sie würde es faszinieren, wie ich mein Thema in die Welt trage. Das Funkeln in meinen Augen und die Leidenschaft, mit der ich meine Vision verfolge, würde die Menschen anstecken. Und genau das ist es, ich möchte dieses Funkeln in die Augen meiner Kunden zaubern. Entsprechend beseelt es mich zu erleben, wie Menschen in meiner Gegenwart ihre eigene Größe spüren und das lästige, oftmals langjährige Hadern ihrer neuen, positiven Selbstüberzeugung Platz macht.

Was sagen Sie den Zweiflern?

Betrachten Sie Ihr Leben rückwärts – nach einem erfüllten Leben sitzen Sie im Schaukelstuhl und blicken zurück: Sind Sie froh darüber, Ihren Zweifeln den Vorzug gegenüber Ihren Ideen gegeben zu haben? Oder bedauern Sie es, Chancen ungenutzt gelassen und Gelegenheiten verstreichen lassen zu haben?

Denken Sie darüber nach, wann und wofür es sich tatsächlich lohnt, ausgiebig zu zweifeln anstatt zu handeln.

Wie lautet Ihr ultimativer Erfolgstipp?

Vertrauen Sie sich! Hören Sie auf zu vergleichen und folgen Sie Ihrer Vision – ohne wenn und aber! Der richtige Zeitpunkt um Träume und Visionen anzupacken ist immer JETZT.

Wissen wo´s langgeht!

Werden Sie zum Future Zoomer für Ihre erfolgreiche Zukunft.

Wissen alleine reicht nicht...

„Wenn ein Manager sich nicht selbst führen kann, werden ihn keine Fähigkeit, Fertigkeit, Erfahrung und kein Wissen zu einem leistungsfähigen Manager machen."
Peter F. Drucker

14 Jahre gehörte ich dem Führungskreis eines international agierenden IT-Unternehmens an und war zuletzt einer von drei Vorständen. Die Ausbildungen, die ich hatte, waren fachlich alle hervorragend und ich wusste, welche Stellschraube welches Ergebnis bringt. Theoretisch! Was ich nicht wusste, war, dass die fachliche Seite alleine nicht reicht, sogar mehr als unzureichend ist, wenn man nicht kapiert, dass zu einem Führungsalltag vor allem der Mensch gehört. Nun hatte ich Glück, dass ich selbst sehr menschlich bin und mich gut auf Andere einlassen kann, das hat Vieles erleichtert. Dennoch habe ich noch jede Menge Fehler gemacht. Mir war nicht genügend bewusst, was ich mit der Kraft meiner Gedanken anrichte und welche Wirkung meine Interpretationen haben.

Das änderte sich für mich 1998, nachdem mir ein Geschäftspartner ein Buch in die Hand gedrückt hat. Ich war der Meinung, dass es sich um ein Fachbuch handelt. Beim Lesen habe ich dann erkannt, weswegen er mir dieses Buch geschenkt hat. Hier ging es nicht um Fachwissen, sondern um uraltes Wissen, dass wir alle kennen sollten: Mit unserem Denken können wir mehr erschaffen und ermöglichen als wir wissen.

Dieses Buch hat mir die Augen geöffnet und so habe ich mich immer mehr und intensiver mit diesem Thema beschäftigt, das vor allem eine wirkungsvolle Selbstentwicklung zum Ziel hatte. Dazu gehörten unter anderem NLP, 'The Work' von Byron Kati, 'Reteaming' von Ben Furman und Tapani Ahola bis hin zur positiven Psychologie, die ich für einen Quantensprung halte, wenn es um Glück und Zufriedenheit im eigenen Leben geht.

Und heute weiß ich: Wahres Wissen kommt von innen und hat sehr viel mit Vorstellungskraft, Einstellung, Haltung und Liebe zu mir selbst und zu den Menschen zu tun. Wenn Sie diese Grundvoraussetzungen haben, werden Sie sehr viel schneller und leichter erfolgreich sein, als zu versuchen alleine über Fachwissen zu punkten.

Damit sind wir bei dem oben genannte Zitat von Peter F. Drucker. Es gilt als wichtigste Stellschraube für den Führungsalltag, sich selbst zu führen. Ich hätte mir damals gewünscht, dass ich schon viel früher über diese Erkenntnis verfügt hätte. Es hätte mir viel Frust, Missverständnisse, Kraftakte, Gedankenschleifen und schlaflose Nächte erspart.

Heute wende ich die erlernten Dinge in meiner Arbeit an. Ich weiß, dass es diese Stellschrauben sind, die aus einer durchschnittlichen Führungskraft eine charismatische Leitfigur machen können.

Mein Steckenpferd und meine Expertise gehören deshalb der Zukunftsentwicklung und dem, was ich heute tun kann, damit meine Träume morgen Wirklichkeit werden. Ich vereine dabei sehr viel von den Dingen, die ich oben beschrieben habe. Tauchen Sie mit mir ein in Ihr wahres Wissen und gönnen Sie sich einen Blick ins Möglichkeitenland. Werden Sie zum Future Zoomer und erkennen Sie dadurch wie Sie von der Kraft der Vision profitieren.

Um welches Wissen geht es überhaupt?

„Es gibt nichts Neues unter der Sonne,
aber es gibt eine Menge alter Sachen,
die wir nicht wissen."
Ambrose Bierce

Um welches Wissen geht es in Zukunft? Das ist eine Frage, die mich sehr interessiert und mit der ich mich schon seit 1998 beschäftige. Was ist Ursache und was Wirkung? Mit was können wir in den Unternehmen Angesicht des steigenden Fachkräftemangels, der stetig zunehmenden Globalisierung und einer gehetzten und von Burn-Out gefährdeten Gesellschaft nachhaltig punkten?

Klar ist: Es ist nicht das reine Fachwissen. Wir sind alle ausgebildet bis an die Zähne. Wir kennen die meisten Prozesse, die uns effizienter machen. Wir haben Prozessoptimierungen vorgenommen, die bestmögliche EDV installiert, die uns lästige Kleinarbeit abnimmt, und Think Tanks eingerichtet, die über zukünftige Produkt-Innovationen nachdenken. Wir sind unternehmerisch Vorbilder für viele Länder und doch am Ende unserer Kraft. Manchmal glaube ich, dass wir von unserer selbstgemachten Schnelligkeit überrollt werden. "Trotz aller Entwicklung bleibt die Seele Fußgänger." Dieser Satz von Jens Wiesner hat mich berührt und ich finde ihn sehr wahr. Ich glaube, wenn wir das verstanden haben, wissen wir auch, dass wir immer wieder bremsen müssen, um uns nicht zu verlieren.

Wir können die Zeit weder zurückdrehen, noch langsamer machen, aber wir können die nächste Stufe des Bewusstseins erklimmen, vor der wir meiner Meinung nach kurz davorstehen. Und das heißt tatsächlich, den Menschen in den Mittelpunkt zu stellen. Nicht umsonst sind Corporate Social Responsibility (CSR), Betriebliches Gesundheits Management (BGM) und Coaching Themen, die Unternehmen zunehmend für sich entdecken. Das ist gut und hilft viel. Dennoch liegt die Verantwortung noch zu sehr im System, statt beim Einzelnen. Mensch im Mittelpunkt heißt auch für mich, meine Selbstentwicklung und mein Tun in den Mittelpunkt zu stellen. Das hat nichts mit Egoismus zu tun, sondern mit der Übernahme von Verantwortung und der Erkenntnis, dass wenn es mir gut geht, es meinem Umfeld (mit mir) auch gut geht.

Im Einzelnen meine ich damit:

- Ich weiß, was ich will und übernehme Verantwortung für das, was ich lebe und erlebe.
- Ich weiß um meinen Einfluss und übernehme Verantwortung für mein Umfeld.
- Ich weiß, dass ich Schöpfer meines Lebens und damit meiner Zukunft bin.

Ich bin überzeugt: Wenn wir das verinnerlichen, dann gibt es sehr viel weniger Orientierungslosigkeit, viel mehr Lust auf Leistung, mehr Heiterkeit und innere Zufriedenheit.

Und nun bin ich wieder bei dem Wissen, das wir in Zukunft brauchen. Es ist kein neues Wissen. Es mangelt uns eher an Bewusstsein. Wir wissen alle viel, aber ist uns auch bewusst, was das bedeutet? Es geht um das Umsetzen von uraltem Wissen. Wissen, das in uns steckt, das wir wieder entdecken können. Als erstes als Einzelperson und dann als Gemeinschaft.

Die Jahr für Jahr erscheinende Gallup-Studie macht in erschreckender Form offensichtlich, wie es um die Zukunftsfähigkeit in unseren Unternehmen steht: nur 15% der deutschen Angestellten haben Freude an der Arbeit, 24% haben bereits innerlich gekündigt und 61% machen Dienst nach Vorschrift. Der Schaden, der dadurch entsteht, geht nach Angaben der Studie in die Milliarden. Für mich ist das sehr erschreckend.

Ein Grund mehr, sich mit sich und seinen Wünschen und Träumen auseinander zu setzten. Mir bewusst zu machen, wie ich mein Leben auf mein Ziel hin ausrichten kann und damit dann sehr viel mehr Zufriedenheit und Glück erlange.

Wissen, was zu mir passt

"Wer ein WARUM zum Leben hat, erträgt fast jedes WIE!"
Friedrich Nietzsche

Kennen Sie Ihr 'Warum'?

Dieses 'Warum' ist oft gut versteckt. Zugedeckt vom Alltag blitzt es zwar immer mal wieder durch, ist aber schneller weggeschoben als wahrgenommen. Die Sehnsucht und das Verlangen danach bleiben dennoch. Wir spüren, dass etwas fehlt in unserem beschäftigten Leben. Etwas, was uns erfüllt und uns antreibt. Zum Ausdruck bringen wir das oft so: „Ich weiß nicht, wo ich anfangen soll...", „Ich bin gerade ratlos und orientierungslos...", „Ich habe keine Idee, was ich jetzt machen soll...". „In der Mitte des Lebens ist mir der Sinn verloren gegangen...", „Ich kriege die PS nicht auf die Straße...", „Ich sollte nochmal was Neues anfangen, bevor es zu spät ist...".

Sind Ihnen solche oder ähnliche Aussagen bekannt? Ja! Dann sind Sie einem Phänomen unserer Zeit auf der Spur. Vielleicht fragen

Sie sich auch, wieso es so schwer ist, dem eigenen Warum auf die Spur zu kommen?

Haben wir alle zu viel auf dem Schreibtisch? Sind es die vielfältigen Möglichkeiten, die uns die Entscheidung schwer machen? Beschäftigen wir uns überhaupt noch mit den richtigen Dingen?

Eins ist sicher, die scheinbar täglich schneller werdende Welt macht uns zu schaffen. Wir nehmen uns nicht mehr genügend Zeit hinzuspüren, was wir WIRKLICH wollen, sondern versuchen Schritt zu halten mit all den Notwendigkeiten und Einflüssen. Und so kommt es, dass wir die Richtung aus den Augen verloren haben. Ebenso häufig spüren wir den 'Beat' in uns drin nicht mehr.

Dabei ist es gerade für die eigene Persönlichkeit wichtig, sich mit seinem Inneren zu verbinden und sich nicht von äußeren Umständen zu sehr beeinflussen zu lassen. Erfolg braucht ein hohes Maß an Disziplin, Durchhaltevermögen und Glauben an sich selbst. Dies ist sehr einfach, wenn alles läuft. Wenn wichtige Entscheidungen getroffen sind und man selbst genügend Sicherheit gewonnen hat in seinem Beruf, seiner Beziehung oder bezüglich seiner nächsten Schritte.

Doch am Start oder bei Absagen, Enttäuschungen oder immer wieder auftretenden Hindernissen braucht es schon viel Disziplin, um dran zu bleiben. Weiterhin an sich zu glauben und mit Zuversicht in die Welt zu schauen ist Arbeit. Was uns dabei hilft, ist, wenn wir unser WARUM kennen, wenn wir wissen, weshalb wir uns neu aufstellen wollen, durchhalten sollten und es sich lohnt, auch bei Durststrecken dran zu bleiben. Das heißt, wenn wir unser 'Big Picture', unsere Vision, kennen, ist es sehr viel einfacher, den eigenen Erfolgsweg zu gehen.

Doch das alleine reicht nicht. Wir brauchen eine Strategie bzw. Instrumente, die uns helfen, Entscheidungen zu treffen, Motivation aufzubauen und hinderliche Blockaden abzubauen.

Future Zooming ist so eine Strategie. Wenn man die Werkzeuge kennt, kann man immer wieder darauf zurückgreifen und sich selbst sehr gut unterstützen.

Ich bin davon überzeugt, dass jeder von uns – besonders auch als Führungskraft – anderen zum Vorbild gereicht und auch den stärksten Hebel für ein erfülltes Leben hat, wenn er seine Vision verfolgt.

Die Instrumente des Future Zoomers

Future Zoomer sind Real-Träumer, die sich an ihrer Vision ausrichten. Sie wissen, wie wichtig es ist, immer wieder zu bremsen, zu reflektieren und den Fokus auf die große Idee, die eigenen Wünsche und Ziele zu lenken. Der Lohn ist ein erfülltes Leben, das sie von innen strahlen lässt. Sie wissen auch, dass die kleinste Keimzelle für Erfolg sie selbst sind und es einzig und alleine ihre Glücksverantwortung ist, ein selbstbestimmtes Leben zu leben. Und das heißt auch, die eigenen Potenziale zu erkennen und freudig und mutig den eigenen Weg zu gehen.

Drei entscheidende Schritte begleiten den Future Zoomer dabei:

I. Starten
Erkennen Sie wie wichtig Ihr 'Big Picture' ist und wie schnell und einfach Sie es entwickeln können.

II. Durchhalten
Kleine, gehbare Schritte, gepaart mit Kontinuität, sind das Erfolgsrezept der Gewinner. Was es dazu braucht, auf was es zu achten gilt und wie Sie ihren 'inneren Schweinehund' austricksen, um dranzubleiben, das ist die Umsetzungsstrategie dahinter.

III. Siegen
Das Wichtigste am Siegen ist der Siegeswille!
Dieses unabdingbare JA in uns. JA, auch zu den Umwegen, dem Hinfallen, dem immer wieder Aufstehen und der unbedingte Glaube an den Sieg.

Gerade in Umbruchsituationen oder Veränderungen tut uns die Fokussierung auf das Wesentliche gut. Die größte Gefahr heute ist nicht, dass uns nichts einfällt, sondern eher, dass es zu viele Chancen, Möglichkeiten und Ideen gibt, die alle interessant erscheinen. Die Zauberformel für dauerhafte Zufriedenheit und Erfolg heißt deshalb: „Fokus und Überzeugung bringt mich zum Handeln". Werden Sie zum Future Zoomer und gönnen Sie Ihren Träumen, Zielen und tiefen Wünschen den Weg in Ihr Bewusstsein.

Schritt 1 : Starten – Visionserstellung

„Nicht materielle Knappheit, noch fehlender Rationalisierungs-
wille, wohl aber die Unfähigkeit zu träumen,
ist die wirkliche Armut des heutigen Menschen.
Manager, die nicht mehr träumen können
und denen der Mut zur Vision fehlt,
verspielen die Zukunft ihres Unternehmens."
Peter F. Drucker

„Big Picture" – Mut zur eigenen Vision

Jeder trägt den Traum eines gelungenen Lebens in sich. Davon bin ich überzeugt. Je näher wir diesem Traum sind, desto mehr leben wir ein Leben, das uns begeistert.

Ein gelungenes Leben besteht für die meisten von uns aus verschiedenen Facetten. Da gehört der Wunsch nach einem stabilen privaten Umfeld ebenso, wie etwas Bleibendes zu hinterlassen. Und ganz in uns drin, geht es darum, den eigenen Weg zu gehen, sich zu trauen es 'my way' zu tun: Wünsche zu haben, die unrealistisch erscheinen, sich Dinge ausdenken, etwas zu ersinnen, das noch nicht existiert. Möglicherweise wird man deswegen belächelt. Träumer müssen auch Spott hinnehmen. Doch Visionen zu haben, bedeutet Vorsprung zu haben. Einer meiner Interviewpartner sagte mir dazu folgenden Satz: „Meinen Traum zu verwirklichen, war ein Prozess, der sich in die vier Phasen unterteilt hat, wie er sich auch bei erfolgreichen Unternehmen unterteilt:

- Phase 1 – Man wird nicht zur Kenntnis genommen.
- Phase 2 – Man wird belächelt.
- Phase 3 – Man wird bekämpft von denen, die neidisch feststellen, dass die Idee funktioniert.
- Phase 4 – Jeder will dazu gehören."

Der deutsche Philosoph Adorno sagte auch: „Eine Vision ist eine realistische Utopie." Nur wer den formellen Beweis erbringt, dass seine Utopie realistisch ist, wird bewundert.

Träumen heißt, Wegbereiter sein für Dinge, die noch nicht Wirklichkeit geworden sind. Und das heißt groß zu denken. Sich trauen, Dinge zu denken, die momentan noch sehr weit, weit weg erscheinen. Doch das Wichtigste am 'Big Picture' ist, dass es etwas mit Ihnen zu tun hat. Mit dem, was Sie berührt und für Sie Bedeutung hat. Greifen Sie nach den Sternen und trauen Sie sich verrückt zu sein. Wie wollen Sie in idealer Weise leben und arbeiten? Was wollen Sie erleben?

Starten Sie einfach, egal wie unperfekt es am Anfang ist. Alles scheint schwer, bevor es leicht wird. Als Future Zoomer wissen Sie, dass es wichtig ist, den 'Zukunftsmuskel' permanent zu trainieren, um ein Bild entstehen zu lassen und sich dann einzulassen, den nächsten großen Schritt zu denken.

Eine gute Möglichkeit, das zu tun, ist, sich auf eine Zeitreise in die eigene gute Zukunft zu begeben: Schreiben Sie eine Woche lang jeden Tag Ihr ideales Leben auf. Spielen Sie dabei mit den Zeiträumen. Was wollen Sie in zwei, fünf, zehn Jahren erleben? Auf was wollen Sie zurückschauen, wenn Sie 80 sind?

Um vom Kopf ins Herz zu kommen, schreiben Sie Ihre Zukunftsvisionen als Brief an einen guten Freund. Erzählen Sie einfach was 'jetzt' (also in zwei, fünf... Jahren) ist, wie sich alles in ihrem Leben – beruflich wie privat – bestens weiterentwickelt hat. Wichtig dabei: Nur 'good news' und keine Bescheidenheit. Formulieren Sie keck und mutig. Am besten gelingt das, wenn Ihre innere Haltung dabei positiv, stolz und dankbar gestimmt ist. Lassen Sie Ihrer Fantasie freien Lauf und gönnen Sie Ihrer Vision genügend 'Spinnerqualität'. Denken Sie vom Ende her, als ob Sie dort schon sind, das hilft, die Fantasie anzuregen und Selbstvertrauen aufzubauen.

Verbinden Sie sich immer wieder mit Ihrer guten Zukunft und nutzen Sie Auszeiten, darüber nachzudenken. Das ist der erste Schritt, um sich mit Mut und Vertrauen auf den eigenen Lebensweg zu machen. Psychologen haben herausgefunden, dass dies eine der wertvollsten Übungen ist, um sich langfristig glücklicher zu fühlen und das Gefühl der Machbarkeit aufzubauen. Entscheidend dabei: Das Prinzip der Schriftlichkeit.

Vielleicht fragen Sie sich, wenn es doch so einfach ist, wieso machen dass dann nicht alle. Martin Seligman, Begründer der positiven Psychologie hat herausgefunden, dass 80% der Menschen glauben, an ihrer Situation nichts ändern zu können, dass sie ohnmächtig sind gegenüber den Dingen die um sie herum geschehen. Er nennt es auch 'erlernte Hilflosigkeit'.

Für mich gibt es noch zwei Gründe, warum wir so selten mit unserer Vision verbunden sind:

I. Wir nehmen uns zu wenig und zu selten Zeit um das, was uns wirklich wichtig ist, zu erforschen (jeder Urlaub kriegt mehr Planungszeit).

II. Wir nehmen uns nicht ernst genug.
Haben Angst vor der eigenen Courage und bleiben lieber in der bekannten 'Katastrophe', statt uns aus der Komfortzone zu bewegen und ein Risiko einzugehen.

Angst und Selbstzweifel halten uns mehr als alles andere davon ab, große Träume zu haben und Großes zu leisten.

Als Future Zoomer wissen Sie, dass der erste Schritt aus der Angst der unbedingte Wille ist, die eigenen Vision lebendig werden zu lassen.

„Es muss Musik machen" – lassen Sie ihre Augen leuchten

Spüren Sie Ihre Vision! Visionen kommen immer aus unserem Inneren und haben sehr viel mit Emotion und unseren Werten und Motiven zu tun.

Sind Sie ein Abenteurer? Ein Querdenker? Jemand, der mehr besonnen ist? Egal! All das sind Inspirationsquellen für Visionen. Auch wenn Sie Trends nutzen, um Ihrer Vision näher zu kommen, muss es Sie im Inneren 'erwischen'. Die Resonanz, die Sie spüren und die Gänsehaut, die es erzeugt, sind entscheidend. Sonst nützt es nichts. Sonst bleibt es eine vernünftige Vorstellung von einer guten Zukunft. Allerdings sind aus reinen Vernunftsgründen nur wenige Menschen bereit, sich freiwillig für eine Sache oder ein

Vorhaben zu engagieren. Eine Vision ist wie eine leidenschaftliche Liebe, die wir unbedingt erobern wollen. Sie verleiht Flügel und 'macht Musik in uns drin'.

Die Orientierungsgrößen dabei sind:

- Was kann ich?
- Was macht mir Spaß?
- Was ist meine Leidenschaft?
- Was ist mir wirklich wichtig?

Wenn ich etwas finde, was meine Leidenschaft nährt, dann geht vieles von alleine. Wenn ich tue, was ich liebe, verteidige ich es auch anderen gegenüber, dann bringt mich keiner so leicht von meinem Kurs ab.

Konrad Z, Mitte 40, ist Führungskraft in einem internationalen Konzern. Er plagt sich schon seit 10 Jahren mit der Frage herum, ob er nun endlich kündigen soll oder nicht. Der Job macht ihm seit Jahren keinen Spaß mehr. Die ständige Reiserei nervte ihn kolossal. Und die Kollegen findet er allesamt bescheuert. „Ich würde sofort gehen, wenn ich nur wüsste, was ich dann tun soll. Ich habe einfach Sorge, dass ich nichts finde, was mich erfüllt.", beschreibt er seine Situation.

Ich habe mit Konrad entlang der oben vorgestellten Fragen gearbeitet. Herausgekommen ist ein Potpourri hochspannender Talente und Leidenschaften. Er setzt sich sehr mit interkulturellen Themen auseinander, ist begeisterter Musiker und interessiert sich brennend für die Geschichte Asiens. Je mehr er erzählte, umso mehr leuchteten seine Augen. Ja, das könne er sich vorstellen, sich noch mehr zu engagieren. Und als Marketingexperte könne er dann Unternehmen helfen die asiatischen Märkte besser zu verstehen. Einen Studiengang für asiatische Geschichte zu belegen, das würde ihm total Spaß machen und die Sache abrunden.

Beim nächsten Coachingtermin hat er schon die möglichen Studiengänge sondiert. Gemeinsam haben wir an dem Thema weitergearbeitet. Für und Wider abgewogen und ein Szenario für seine gute Zukunft entwickelt. Er hat gefunden, was sein Herz berührt und was ihn im besten Sinne unruhig macht. Ein paar Tage nach dem Termin erhalte ich eine Mail mit den Worten: „...übrigens, habe ich gestern gekündigt. Danke dafür, dass ich mich jetzt wieder spüre." Darum geht´s: Sich selbst wieder zu spüren, sich zu trauen die Komfortzone zu verlassen und ein Risiko einzugehen.

Erinnern Sie sich daran, wie es war, als Sie unbedingt etwas wollten. Meist mussten wir dabei unsere Komfortzone verlassen. Denken Sie dabei ruhig an Ihre erste Liebe. Wie viel Umwege haben Sie in Kauf genommen? Wie viel Ausdauer haben Sie aufgebracht und wie viel Fantasie, um den anderen für sich zu begeistern? Dieses Gefühl ist es, dass eine große Vision auslöst. Es lässt Sie Berge versetzen und unglaubliche Hürden nehmen. Es zaubert ein Funkeln in Ihre Augen.

Und damit sind wir bei einem weiteren Geheimnis großer Visionen – sie dienen nicht nur uns selbst sondern auch anderen. Wenn die Vision größer ist, als ich selbst bin, dann hat sie Langzeitwirkung und begeistert auch andere. Denken Sie nur an Steve Jobs, der mit seinen iPods, iPads, iPhones... die Welt revolutioniert hat. Sie müssen die Welt nicht gleich revolutionieren. Oder doch?

Als Future Zoomer wissen Sie, um die Macht Ihrer Vorstellungskraft und der Verknüpfung mit Ihren inneren Gefühlen.

Schritt 2: Durchhalten – Visionsverfolgung

„Ich habe 30 Jahre gebraucht,
um über Nacht berühmt zu werden."
Harry Belafonte

Was wir am meisten unterschätzen, ist die Zeit, die es braucht, um eine Vision – einen Lebenstraum – Wirklichkeit werden zu lassen. Eine alte Marketingregel besagt, dass man drei bis fünf Jahre braucht, um am Markt sichtbar zu sein. Nicht anders ist es mit unseren persönlichen Visionen. Wir überschätzen, was wir in einem Jahr erreichen und unterschätzen kolossal, was wir in sieben bis zehn Jahren erreichen können. Damit wir diese Zeitspanne überwinden und so lange am Ball bleiben können, braucht es eine Strategie und die entsprechenden Werkzeuge.

Als Future Zoomer verfügen Sie über einen ganzen Werkzeugkasten, der Sie bei Ihrer Visionsverfolgung unterstützt.

Nutzen Sie die Strahlkraft Ihrer Vision

„Glaubt ein Redner mit ganzem Herzen an eine Sache
und trägt sie in vollem Ernst vor,
so wird er Anhänger für seinen Fall gewinnen."
Dale Carnegie

Als erstes müssen Sie wissen, was es Ihnen bringt, wenn Sie Ihre Vision verfolgen. Lohnt es sich wirklich, die Energie zu investieren? Ist die Vision sexy genug? Kickt es Sie genügend? Das sind essentielle Fragen. Passiert das alles nicht, dann ist die Vision zu klein. Sie hat nicht genügend Strahlkraft oder sie erwischt Sie noch nicht voll im Herzen. Die Energie reicht dann nicht, um langfristig am Ball zu bleiben.

Also: Was haben Sie davon, wenn Sie sich auf den Weg machen, um Ihre Vision zu verwirklichen? Wofür tun Sie das alles?

Die meisten Menschen wissen recht schnell weswegen sie sich auf den Weg machen wollen. Gründe sind häufig:

- „Ich bin glücklicher und erfüllter..."
- „Ich spüre mich wieder..."
- „Weil die Zeit reif ist..."
- „Weil ich den Sinn für mich dahinter erkenne..."

... und vieles mehr.

Im Workshop platzte es einmal aus einem Teilnehmer heraus: „Das weiß ich genau, warum ich das will. Ich habe einfach keine Lust mehr auf mein Gejammere. Mein Gott, bis jetzt war mir das noch gar nicht so bewusst".

Übrigens habe ich noch nie erlebt, dass sich jemand auf den Weg macht, damit er reich(er) wird. Das ist die Folge. Die Gründe sind immer tiefe Gefühle und Bedürfnisse. Es geht darum, sich selbst näher zu kommen und seinen Lebenstraum zu verwirklichen. Die amerikanische Wissenschaftlerin Sonja Lyubomirsky bestätigt das. Sie hat herausgefunden, dass wir unsere Ziele und Visionen dann mit besonderer Freude verfolgen, wenn wir daran wachsen können, wenn sie uns erlauben emotional zu reifen und | oder wir damit einen gesellschaftlichen Beitrag leisten.

Wenn Sie sich Ihre Vision glaubhaft verkauft haben, dann geht es jetzt darum, ihr Umfeld zu überzeugen. Keiner gewinnt alleine und wenn Sie Ihre Vision Ihrem Partner, Ihrem Team oder Ihrem Chef nicht verkaufen können, dann ist sie oft genug zum Scheitern verurteilt.

Was hat also Ihr Umfeld davon, wenn Sie sich auf den Weg machen? Wenn Sie von Ihrer Vision überzeugt sind, hat Sie auch genügend Strahlkraft und Sie werden mühelos Gründe finden, die Sie auch ausdrücken können und die auch andere inspirieren.

Wenn Ihre Vision diese Hürde nicht nimmt, dann verabschieden Sie sich davon. Es war dann noch nicht das richtige Thema oder der richtige Zeitpunkt. Ein weiterer Grund könnte sein, dass gar nicht Sie das wollen, sondern andere (Vater, Mutter, Partner...). Seien Sie konsequent und streichen Sie das Ziel. Es wird Sie nicht glücklich machen.

Sie finden das ist hart? Nur im ersten Augenblick. Wenn Sie die Entscheidung treffen, unpassende Ziele loszulassen, stellt sich schnell heraus wie entlastend das ist. Die alte inneren Zweifel verschwinden und ans Licht kommt die eigentliche Vision.

Als Future Zoomer nutzen Sie diesen Check als Hilfsmittel für ihre Entscheidungen.

Wo denken Sie hin?

„Unser Leben ist das, wozu unser Denken es macht."
Marc Aurel

Erinnern Sie sich, am Anfang habe ich von altem Wissen gesprochen. Gerade bei dem Punkt geht es um Wissen, das zwar schon lange bekannt ist, dem wir aber erst in der jüngsten Vergangenheit wirklich Beachtung schenken.

Arthur Schopenhauer wusste, was das bedeutet: „Unsere Gedanken sind unser Schicksal. Geist wird zu Geld." Mit welchen unterstützenden oder hinderlichen Gedanken sind Sie unterwegs? Ist eher eine „Ja-aber" – oder eine „Ich-habe-noch-alles-geschafft"-Stimme in Ihnen drin?

Wenn wir uns bewusst sind, was wir mit der Kraft der Gedanken für unsere Vision tun können, dann schalten wir automatisch den Turbo ein. Die Kaskade des Denkens, wie es Horst Buchholz nennt, läuft immer ab: Unsere Gedanken lösen Gefühle aus, unsere Gefühle lösen Handlungen aus, und unsere Handlungen letztendlich Ergebnisse.

Also: Was denken Sie über Ihre Vision? Was denken Sie über sich? Was über Ihre Firma? Ihre Familie? Ihren Partner? ... Wohin lenken Sie Ihren Blick? Auf die vermeintlich unüberwindbaren Hürden oder auf Möglichkeiten. Ein altes Sprichwort sagt: "Wer will, findet Wege, wer nicht will, findet Gründe." Finden Sie Wege, um sich auf Ihrem Weg gut begleiten zu lassen.

Eine Möglichkeit das zu üben ist aus Problemen korrespondierende Ziele zu machen, aus Grüblergedanken Inspriationssätze.

Bei Unternehmensworkshops mache ich gerne eine Gruppenübung zu diesem Punkt. Die Teilnehmer sammeln, was sie in ihrer Firma alles stört, über was sie sich aufregen, was sie für ungünstig halten, etc.

Bei einem Maschinenbauer in Norddeutschland war das besonders ausgeprägt. Die Gruppe schrieb vier Flipchartbögen voll und hätte wohl noch mehr gefunden, wenn die Zeit nicht abgelaufen wäre. Wir fingen dann an die Sätze umzudrehen und haben viele wertvolle Slogans und Inspirationssätze gefunden. Zum Beispiel wurde aus, „unsere Leute sind oft so gleichgültig" „Auf mich kommt's an". Dieser Satz hat alle so begeistert, dass er als Slogan auf die Arbeitskleidung der Produktionsmitarbeiter gedruckt wurde.

Nach anfänglicher Skepsis, was dass denn jetzt wieder solle, spürte man den kulturverändernden Effekt. Besonders wenn einer wieder mal meinte: „ist doch egal", hat ihn ein Kollege daran erinnert, dass es sehr wohl auf ihn ankommt. Die Stimmung und die Verantwortungsübernahme haben sich über die Zeit sehr verbessert. Der Geschäftsführer berichtete mir auch, dass sie immer noch mit den Inspirationssätzen arbeiten und das Plakat mit den gefunden Sätzen von Abteilung zu Abteilung wandert, um sich an die Ziele zu erinnern.

Nutzen Sie dieses Werkzeug vor allem dazu, sich bewusst zu machen, was Sie so 'unbewusst vor sich hindenken' und aussenden.

Die Umformulierung hilft Ihnen zu erkennen, was Sie wirklich wollen und auch erwarten! Ich empfehle Ihnen jeweils einen Ihrer Inspirationssätze als Monats- oder gar Wochenmotto sichtbar zu machen. Überlegen Sie sich, was dazu beitragen kann, dass dieser unterstützende Gedanke Wirklichkeit wird. Am besten wiederholen Sie den ausgewählten Satz mehrmals am Tag! Sie wissen ja, Wiederholung ist die Mutter des Könnens. Und das gilt auch für unsere Gedanken.

Als Future Zoomer wissen Sie um die Kraft der Gedanken und um die tägliche Arbeit mit den Inspirationssätzen, um sich von innen heraus zu stärken. Future Zoomer wissen, dass sie der 'Boss ihrer Gedanken' sind.

Den Preis bezahlen – Ballast abwerfen

„Man entdeckt keine neuen Erdteile, ohne den Mut zu haben, alte Küsten aus den Augen zu verlieren."
André Gide

Wenn Sie Ihre Vision wirklich erreichen wollen, geht das selten, indem Sie so weitermachen wie bisher. Es geht darum, Ballast abzuwerfen und loszulassen. Dieses Loslassen hat mehrere Dimensionen und gehört wohl zu den schwersten Aufgaben. Es geht darum, Dinge wegzulassen, sich von liebgewordenen Gewohnheiten zu trennen und letztendlich ist es entscheidend, wenn auch am schwersten und schmerzhaftesten, sich von den Menschen zu verabschieden, die Ihnen nicht mehr gut tun.

Als Future Zoomer wissen Sie um die Wirksamkeit dieses Prozesses und welche Schubkraft es Ihrer Vision gibt.

Was können Sie weglassen?

Eins der größten Probleme unserer heutigen Zeit ist: KEINE ZEIT oder für alles zu wenig Zeit zu haben. Wir leben in einer 'Zuvielisation'. Alles ist zu viel – zu viel Optionen, zu viel Ablenkung, zu viele E-Mails, zu viel ...

Bestimmt fallen Ihnen auch noch Dinge ein, die Ihnen ZU VIEL sind. Wenn das so ist, was sehr wahrscheinlich ist, dann ist jetzt die Frage welche Dinge müssen Sie weglassen, um vorwärts zu kommen? Wo kriegen Sie die Zeit her, die es braucht, um die Ziele zu verfolgen, die Ihre Vision nähren?

Fangen Sie mit einfachen Dingen an, wie Newsletter oder Zeitungs-Abos abzubestellen. Ich hatte jahrelang ein Abo der Süddeutschen Zeitung und immer hat mir der ungelesene Stapel ein schlechtes Gewissen gemacht. An den Wochenenden habe ich dann versucht die für mich wichtigsten Teile zu lesen, um wieder up to date zu sein. Wirklich hinterhergekommen bin ich allerdings nie. Irgendwann habe ich mich dann schweren Herzens entschieden das Abo zu kündigen. Aber als ich es dann getan hatte, war das wie ein Befreiungsschlag. Kein Zeitungsstapel mehr, der mich bedroht. Und immer wenn ich Lust auf die SZ habe, dann hole ich mir eben eine, die ich dann auch mit viel Genuss lese.

Was sind ihre Zeitungsstapel? Prüfen Sie welche 'Verführer' auf Ihrem Weg liegen, die Ihnen so manches Mal wertvolle Zeit stehlen. Machen Sie eine To-Don´t–Liste um Freiraum zu erhalten.

Oder um es mit Kurt Tucholsky auszudrücken: „Die Basis einer gesunden Ordnung ist ein großer Papierkorb."

Als Future Zoomer ist Ihnen bewusst, dass es immer mal wieder darum geht, Ordnung im Außen zu schaffen, weil sich dann auch ein Gefühl der inneren Ordnung herstellt.

Von was müssen Sie sich trennen?

Gewohnheiten sind der stärkste Klebstoff, sagt der Volksmund. Das ist die schlechte Nachricht daran. Die Gute Nachricht ist: Was wir uns angewöhnt haben, können wir uns auch wieder abgewöhnen, beziehungsweise wir können neue Gewohnheiten installieren. Mittlerweile ist allerdings nachgewiesen, dass es mindestens 30 Tage braucht, bis ein neues Verhalten in uns hineingekrochen ist und dann langsam zum Selbstverständnis wird.

Fragen Sie sich bei Ihren liebgewordenen Gewohnheiten, welche Ihrem Ziel dienen. Jeden Tag länger als gewollt im Internet surfen, Facebook bearbeiten, ausgiebig Zeitung lesen, ... Welche Gewohnheiten unterstützen Ihre Vision? Und dann fragen Sie sich, welche neuen Routinen Sie brauchen, um die Energie oben zu halten. Hier einige Anregungen: Jeden Morgen 30 Minuten lesen, an dem geplanten Buch schreiben, täglich kleine Fitnesseinheiten einbauen, ...

Oft braucht es nicht sehr viel, aber die Konsequenz und den Willen es wirklich zu tun, braucht es schon. Schaffen Sie sich ein Ritual, bei dem Sie sich ungestört um Ihr Zukunftsprojekt kümmern können. Bei mir sind es die ersten 30 Minuten am Morgen, die ich dafür fest reserviert habe. Und was passt zu Ihnen?

Von wem müssen Sie sich verabschieden?

Puhh, mögen Sie jetzt denken. Was hat das denn mit meiner Vision, meinem Ziel, zu tun? Jede Menge, kann ich Ihnen sagen. Nicht nur, weil ich es selbst erlebt habe, sondern weil ich es auch in meinen Seminaren und Coachings erlebe. Wenn wir uns trauen, eine Verbindung, die uns schon lange nicht mehr gut tut, zu lösen, fühlt sich das oft an, als ob eine Last von unseren Schultern fällt. Spüren Sie mal in sich hinein: Welche Ihrer Beziehungen ist anstrengend für Sie? Bei wem denken Sie vielleicht, „Ach der |die schon wieder"? Bei wem fühlen Sie sich nach einem Treffen | Gespräch wie ausgewrungen? Ein Teilnehmer im Seminar sagte mal: „Ja, genau. Ich denke oft, das ist wie wenn mir der den Stecker zieht und ich keine Energie mehr habe." Wer zieht Ihren Stecker?

Wenn das schon lange so ist, wird es Zeit sich, vor allem emotional von diesem Menschen zu verabschieden. Lassen Sie ihn in Frieden ziehen. Wenn Sie sich trauen, was ich Ihnen empfehle, dann drücken Sie Ihre Gefühle aus. Bleiben Sie dabei ganz bei sich. Kein Fingerpointing: „Weil Du immer....", sondern. „Ich spüre, mir tut Deine Lebenseinstellung nicht mehr gut. Ich möchte das nicht mehr."

Anna K., Salesmanagerin in einem Konzern, habe ich genau das empfohlen. Sie hat sehr unter den Schimpftiraden eines Kollegen gelitten, den sie an sich sehr schätzte. Beim gemeinsamen Mittagessen ist es dann passiert. Der Kollege beschwerte sich mal wieder über die andere Abteilung und hat kein gutes Haar an der Führung gelassen. Am liebsten wollte Anna gehen. Sie hat dann all ihren Mut zusammengenommen und endlich gesagt, was sie schon lange dachte: „Diesmal gehe ich zum letzten Mal mit dir zum Essen. Ich fühle mich in deiner Umgebung zunehmend unwohl und mag deine Jammersätze nicht mehr hören." Jetzt war's raus. Der Kollege war so perplex, dass er erstmal beleidigt abzog. Doch nach zwei Tagen tauchte er in ihrem Büro auf und hat sich bei ihr mit den Worten bedankt: „Meine Frau hat mir das auch schon öfter gesagt, aber ich habe es ehrlich gesagt nicht ernst genommen. Aber deine klare Ansage hat mich so erschreckt, dass ich lange darüber nachgedacht habe. Ich möchte dich bitten mir zu helfen. Kannst du mich erinnern, wenn ich mal wieder anfange über die Firma und das Leben zu lamentieren?" Sie war völlig sprachlos, denn eigentlich hatte sie ein schlechtes Gewissen, weil sie ihn so direkt angesprochen hatte und auch grad nicht sehr charmant zu ihm war.

Als sie mir die Geschichte im Coaching erzählte, strahlte sie über das ganze Gesicht und meinte. „Das werde ich jetzt öfter anwenden. Ich habe da noch so ein paar Kandidaten. Es tut richtig gut, sich zu trauen Position zu beziehen."

Wer weiß, vielleicht gewinnen Sie auch alte Freunde in einer neuen Qualität zurück. Wenn nicht, so stehen Sie zu sich und Ihrem Gefühl. Es trügt Sie nicht.

Sich von alten Beziehungen zu trennen, gehört bestimmt zu den emotionalsten und berührendsten Herausforderungen. Wer will schon zugeben, dass es Menschen im eigenen Umfeld gibt, die einem nicht mehr gut tun. Dennoch ist es einer der befreiendsten Punkte, wenn man sich traut hinzuschauen. Alles hat seine Zeit. Vielleicht ist die Zeit mit dem Menschen, mit dem uns einmal sehr viel verbunden hat, abgelaufen. Alles hat seinen Preis, und wenn Sie den nicht zahlen wollen, dann könnte es sein, dass Sie das davon abhält richtig durchzustarten. Nehmen Sie es dann als bewusste Entscheidung. Es war Ihnen dann eben wichtiger, mit dieser Person verbunden zu bleiben, als Ihre Vision zu verfolgen. Ich finde das völlig in Ordnung. Wichtig ist nur, dass Sie sich dessen bewusst sind und dann diesen Traum von Ihrer Liste streichen.

Als Future Zoomer wissen Sie, wer Sie wachsen lässt und vom wem Sie sich verabschieden müssen, weil er Sie klein hält oder zu viel Kraft raubt.

Das Wissen der Anderen – suchen Sie sich Unterstützer

„Mit einem Freund an der Seite ist kein Weg zu lang."
jap. Sprichwort

Es gibt keinen schnelleren Turbo für eine Vision, als die richtigen Verbündeten. Immer wieder bin ich erstaunt, wenn ich höre, dass Menschen ihre Kontakte oder das Expertenwissen von Anderen nicht nutzen, um ihre Vision voranzubringen. Eine einfache Frage, die ich gerne stelle, lautet: „Was machen Sie, wenn Sie jemand um einen Austausch zu ihrer Expertise bittet?"

Würden Sie ablehnen oder sich auf einen Austausch einlassen? Meine Erfahrung: Sie würden sich auf einen Austausch einlassen. Die meisten von uns fühlen sich geehrt, wenn wir zu unserer Expertise befragt werden. Damit meine ich natürlich nicht, dass Sie Ihr komplettes Fachwissen kostenfrei hergeben sollen, sondern einen ersten Austausch zulassen.

Und warum macht es dann fast keiner? Für mich ist das eines der Geheimnisse, ob Sie vorwärts kommen oder nicht. Ob Sie sich trauen aus Ihrer Komfortzone zu gehen, und das 'Weltwissen' anzuzapfen. Mehr als ein Nein können Sie nicht bekommen.

Es ist eine Geheimwaffe, die unserer Vision den Turbo verleiht. Dazu gehören neben wertvollen Kontakten noch weitere Verbündete. Diese Personen kommen aus verschiedenen Bereichen und haben verschiedene Rollen. Nutzen Sie die, die Ihnen liegen und gut tun:

- Die MOTIVATOREN
  Sie gehören zu unserem engsten Umfeld. Sie glauben an uns und ermuntern uns bei 'Durchhängern'. Außerdem sind das die, die Fortschritte oft besser und schneller erkennen als wir selbst.

- Die MENTOREN
  Sie stehen uns mit Rat und Tat zur Seite. Stehen uns als Sparringpartner zur Verfügung und haben Know-how auf dem Gebiet das wir anstreben. Oft sind das 'alte Hasen' mit viel Lebenserfahrung.

- Die EXPERTEN
  Das sind die Menschen, die uns aufgrund ihrer Expertise nützlich sein können. Sie haben schon das ein oder andere ausprobiert, haben die nötigen Kontakte oder sind vielleicht schon da, wo wir hinwollen.

- Das VISIONSTEAM
  Eine Gruppe Gleichgesinnter, die auf einem ähnlichen Stand sind und sich über mindestens ein Jahr regelmäßig treffen und gegenseitig begleiten. Die helfen vor allem unser Commitment

uns selbst gegenüber einzuhalten, weil sie auch eine Art Controller-Funktion ausüben.

Überlegen Sie genau, wer Sie bei Ihrem Vorhaben unterstützen kann und welche Rolle Sie der Person zugedacht haben.

Das Wichtigste:
Wenn Sie Ihre Entscheidung über Ihren Unterstützerkreis getroffen haben, dann nehmen Sie sobald wie möglich Kontakt mit diesen Personen auf.

Nutzen Sie das 'Momentum', also die Energie, die Sie durch Ihre Überlegungen aufgebaut haben.

Neben all den aktiven Unterstützern, die Sie sich suchen können, macht es auch sehr viel Sinn, sich selbst zu engagieren. Vielleicht gibt es einen Verband, eine Organisation, eine Initiative ..., die Ihr Thema streift und bei der Sie ehrenamtlich tätig sein können. Nutzen Sie diese Chance und bringen Sie sich ein. Auch so kommen Sie zu interessanten, wertvollen Kontakten und tun gleichzeitig noch etwas für Ihre Seele.

Als Future Zoomer nutzen Sie die Kraft des Miteinanders. Für Sie ist Geben und Nehmen ein natürliches Bedürfnis.

Erfolgreich scheitern – lernen Sie Rückschläge zu meistern

„Lache nicht über jemanden, der einen Rückschritt macht, er könnte Anlauf nehmen."
unbekannt

Vielleicht fragen Sie sich gerade, wie man erfolgreich scheitern kann? Gescheitert ist gescheitert, oder? Nein, ist es nicht. Denn der allergrößte Unterschied ist, wie Sie sich darauf vorbereitet haben, beziehungsweise wie Sie mit Hindernissen und Rückschlägen umgehen.

Deshalb beschäftigen Sie sich am Anfang bereits mit den Punkten die Sie auf Ihrem Weg behindern könnten. Hilfreich sind hier folgende Fragen:

- Was müsste ich tun | unterlassen, um mit meinem Vorhaben zu scheitern? Was könnte mein Ziel erfolgreich sabotieren?

Sammeln Sie Gründe und schauen Sie genau hin. Vor allem bei den Punkten die Sie selbst beeinflussen können, also die 'Schweinehund-Punkte'.

- Welches Bein könnten Sie sich selbst stellen?

Zum Beispiel könnten Sie sich mit Routinearbeit blockieren, so dass gar keine Zeit bleibt, Ihr Ziel zu verfolgen. Oder Sie sind andauernd für Andere da und reden sich ein, dass dies absolut nicht anders möglich gewesen wäre, weil.... Wirklich?

Wenn Sie diese Sabotage-Liste haben, dann überlegen Sie, wie Sie gegensteuern könnten und welcher Gewinn vielleicht sogar in einem Rückschritt für Sie liegt. Neigen Sie evtl. dazu, sich zu viel aufzuladen und der Gewinn wäre, zu erkennen, dass alles seine Zeit braucht und es in Ordnung ist kleine Schritte zu gehen?

Nutzen Sie die Botschaften und Informationen, die Sie erkennen, um sie auf Ihrem Weg zu berücksichtigen und einzubauen. Das hält Sie vorbereitet und hilft die Frustrationstoleranz zu erhöhen.

Dennoch wird es Rückschläge geben und Sie werden Sie verarbeiten müssen. Rückschläge kann man als Hindernisse, verlorene Zeit, vergeudete Energie ansehen. Oder man kann Rückschläge als wertvolle Botschaften ansehen und Sie in eine Set-Back-Strategie einbauen.

Dazu gibt es noch zwei 'Zauberfragen', die ich von Brian Tracy, dem Autor des Buches 'Thinking Big' übernommen habe. Sie gefallen mir deshalb so gut, weil sie beide das Gute betonen:

I. Was habe ich richtig gemacht?

II. Was würde ich anders machen?

Nutzen Sie diese Fragen, um für zukünftige Situation bereits eine Strategie zu haben. Sie helfen Ihnen auch konstruktiv auf Fehler und Rückschläge zu schauen. Oder um es mit Reinhold Messner, dem Extrembergsteiger zu sagen: „Wir lernen weniger aus dem Gelingen, sondern aus Fehlern und aus dem Scheitern."

Wenn wir Rückschritte als hilfreiche Wegweiser betrachten, wie es nicht geht, was unbedingt noch zu beachten ist und auf welche aktuellen Ereignisse Bezug zu nehmen ist, dann gewinnen wir gleichzeitig Informationen darüber, wie es gehen kann. Es hilft uns zu sehen, welche Strategien erfolgreich sein können und welche Wege sich sonst noch anbieten.

Als Future Zoomer nutzen Sie die Set-back-Strategie um auch in schwierigen Situationen handlungsfähig zu bleiben.

Schritt 3: Siegen – Visionsumsetzung

„Fang heute an, kühn zu handeln!
In dem Moment, wo du dich einer Sache wirklich verschreibst,
rückt der Himmel in deine Reichweite."
Johann Wolfgang von Goethe

Holen Sie sich Ihre persönliche Goldmedaille!

Siegen hat etwas mit Leidenschaft, dem unbedingten Glauben an sich selbst und dem Ziel zu tun. Brennen Sie für Ihren Traum? Spüren Sie den Beat, die Lust, Ihre Vision auch umzusetzen.

Viele Prüfungen hat Ihre Vision jetzt schon überstanden. Jetzt geht es darum Ihr 'Baby' zum Fliegen zu bringen. Dem Lichtstreif am Horizont zu glauben. Jeder Sportler kennt das Gefühl des Siegers und die Lust auf den Sieg. Erster sein. Ankommen. Gefeiert werden. Das ist der Lohn des Siegers. Was es dazu braucht ist der leidenschaftliche Wunsch es zu schaffen kombiniert mit den konkreten Schritten dorthin.

Als Future Zoomer sind Sie leidenschaftlich mit Ihrer Vision verbunden und haben einen konkreten Handlungsplan der Sie ins TUN bringt.

Mit Babysteps zum Ziel - Etappenziele festlegen

„Der Unterschied zwischen einem Traum
und einem Ziel ist die Tat."
unbekannt

Viel wichtiger als einmal einen Gewaltschritt zu machen, um richtig vorwärts zu kommen, ist die tägliche Arbeit an Ihrer Vision. Zu Viele haben auf dem Weg schon aufgegeben, weil es Ihnen zu schwer wurde, sie es nicht mehr unterbrachten, ...

Ein Beispiel mag dies verdeutlichen. 1999 haben ein guter Freund und ich gleichzeitig begonnen, uns um unsere Musikalität zu kümmern. Er wollte Klavierspielen lernen und ich besser singen. Beide haben wir beschlossen Unterricht zu nehmen. Ich: Alle 14 Tage eine Gesangsstunde. Er: 2x die Woche eine Klavierstunde. Ich war beeindruckt und habe mich gefragt, wie er das als Inhaber eines wachsenden Unternehmens und Vater von zwei kleinen Kindern unterbringt. Seine Antwort: „Ich will ja vorwärts kommen. Wenn, dann richtig, sonst macht es ja keinen Sinn." Ich fühlte mich Anfangs fast ein wenig schlecht mit meinem Miniprogramm und sah ihn schon virtuos Klavierspielen und mich immer noch bescheiden singen.

Die Realität war dann anders. Er hat nach nur sechs Monaten entnervt aufgegeben. Die Freude ist dem Druck gewichen und die vorgenommenen Klavierstunden sind Opfer des vollen Terminkalenders geworden. Ich habe mit meinen Baby-Steps munter weitergemacht, viel Spaß dabei gehabt und meine Stimme kontinuierlich verbessert. Der Unterschied: Mein Anspruch und meine Erwartung waren angepasst an meinen Alltag. Ich wusste, dass ich nicht mehr Zeit erübrigen kann.

Weiter oben habe ich bereits von dem Phänomen berichtet, dass wir überschätzen, was wir in einem Jahr schaffen und unterschätzen was in sieben bis 10 Jahren möglich ist. Uwe Böning, Coach und Trainer, drückt das so aus: „Ein wichtiger Aspekt ist es, kleine Schritte zu machen. Den Nahbereich, den man mit seiner Kompetenz bedienen kann, zu bearbeiten, da etwas Neues zu machen – und dann weiterzugehen".

Erobern Sie also Schritt für Schritt Neuland.

Gelegentlich ein großer Sprung, etwas Wagemut zwischendurch ist wichtig, aber als Dauervorgehensweise nicht zu empfehlen.

Als Future Zoomer nutzen Sie das Geheimnis der Babysteps und ihre motivierende Wirkung.

Visionslogbuch schreiben – erhöhen Sie die Wahrnehmung

Um Ihre erreichten Ziele auch genügend wahrzunehmen und zu würdigen, empfehle ich Ihnen ein Visionslogbuch zu schreiben. Es stärkt Sie vor allem dann, wenn Sie das Gefühl haben, nicht vorwärts zu kommen oder wenn Sie Rückschläge verarbeiten müssen. Es hilft Ihnen den Blick auf die Dinge zu lenken, die bereits gelungen sind.

Der Nutzen und die Wirkung eines solchen Instrumentes, also das schriftliche Festhalten der Erfolge, sind mehr als einmal nachgewiesen. Ich möchte Sie deshalb ermuntern, dieses Tool von Anfang an mit einzubauen. Es wird Sie begleiten, stützen und stolz machen, wenn Sie nachlesen können, was Sie schon alles geschafft haben. Nutzen Sie es auch, um Ihre Inspirationssätze festzuhalten.

Besorgen Sie sich ein schönes Buch, das Sie anspricht, in das Sie gerne reinschreiben, das erhöht die Lust. Wenn Sie mehr der virtuelle Typ sind, dann machen Sie sich einen privaten Blog oder nutzen Sie den Smile-Collector – beides können Sie Ihren wichtigsten Unterstützern zugänglich machen. So ermöglichen Sie gleich Interaktion und innere Verpflichtung. Wenn wir unsere Ziele mitteilen und dann von den Erfolgen berichten, ist das ein Beschleuniger und eine Möglichkeit, unseren inneren Schweinehund auszutricksen, weil wir ja andere teilhaben lassen.

Sich täglich mit dem zu beschäftigen, was gelungen ist, für was andere uns schätzen und für was sie uns wertschätzen, dient unserem Selbstwert ungemein. Und je regelmäßiger und öfter Sie das tun, umso mehr werden Sie erkennen, wie sehr Sie das stärkt und über so manche Hürde trägt.

Als Future Zoomer nehmen Sie sich täglich Zeit Ihre kleinen Erfolge, positiven Erlebnisse und Wertschätzungen wahrzunehmen und aufzuschreiben. Sie stärken so Ihr Selbstbewusstsein.

Erinnern Sie sich – Optimismus verankern

Wenn wir eine Reise planen, erinnern wir uns gerne an vergangene Reisen und gemachte Erfahrungen. Wir spüren förmlich das Meer, die Entspannung und die schönen Augenblicke. Und verankern so, dass Reisen Spaß macht. Genau so können wir es mit unseren Erfolgen tun:

- Was ist bereits gelungen?
- Mit welchen unserer Talente haben wir schon in der Vergangenheit gepunktet?

Notieren Sie mindestens 10 Punkte auf die Sie stolz sind. Erinnern Sie:

- Welche Hürden haben Sie genommen?
- Wo haben Sie sich aus Ihrer Komfortzone getraut und sind danach froh gewesen?
- Welche anderen stolzen Momente und Augenblicke gab es bereits in Ihrem Leben?

Hören Sie hin, wenn Kollegen, Freunde und andere, Ihnen nahestehenden Personen, davon sprechen, was sie an Ihnen toll finden und für was sie Sie bewundern und schätzen.

Finden Sie Beweise für Ihr jetziges Vorhaben! Wenn Sie das damals geschafft haben, dann können Sie das jetzt auch... Einer meiner stärksten Beweise ist, dass ich mit 20 in die USA gegangen bin und dort einige ziemlich aufregende Herausforderungen gemeistert habe. Und immer denke ich: „Wenn ich das damals mit all meiner Unwissenheit gepackt habe, dann packe ich das jetzt allemal."

Mit diesem Erinnerungstool können Sie sich innerlich aufladen und auch erinnern, zu was Sie alles fähig sind. Nutzen Sie es ausgiebig, um Energie für Ihre Vision zu sammeln. Fragen Sie ganz bewusst auch Ihre Unterstützer, wieso diese glauben, dass Sie Ihr Ziel umsetzen werden. Sie werden erstaunt sein, was Sie hören.

Wichtig dabei: Beschwichtigen Sie nicht. Nehmen Sie ernst, was der andere zu sagen hat, er meint das auch so.

Als Future Zoomer verbinden Sie sich immer wieder mit Ihren vergangenen Erfolgen und nutzen die Einschätzung Ihrer Unterstützer.

Geniessen Sie Ihre Erfolge – Feiern und würdigen

Zum Siegen gehört auch das Feiern! Das Bild, das sich dabei in meinem inneren Auge aufbaut ist die Siegerehrung bei der Formel Eins. Der Sieger begießt seinen Erfolg nach jedem Rennen mit Champagner-Fontänen und wird von allen ordentlich gefeiert. Jawohl, das macht Spaß!

Übertragen heißt das, dass nicht nur der Endsieg gefeiert wird sondern auch die Etappenziele.

Überlegen Sie sich im Vorfeld, nach welchen Stepps Sie innehalten wollen, um sich zu belohnen. Zum Beispiel könnte das der fertige Projektplan sein wo Sie alle Meilensteine und Etappenziele festgelegt haben. Vielleicht belohnen Sie sich danach mit einem freien Nachmittag, den Sie im Cafe mit einem Freund | einer Freundin verbringen.

Wenn Sie das im Vorfeld als Entschluss festlegen, wird Sie das ziehen und Vorfreude auslösen. Manches Mal hilft es auch, noch eine Hürde zu nehmen, weil wir wissen, dass die Belohnung wartet.

In Unternehmen hat der Punkt des Feierns und Würdigens etwas mit der gelebten Unternehmenskultur zu tun. Die meisten erfolgreichen Unternehmen haben diese Kultur etabliert. Sie würdigen verdiente Mitarbeiter und feiern ihre Erfolge.

Machen Sie es genauso und etablieren Sie dieses Instrument als wertvolles Ritual um Ihre Erfolge bewusst zu genießen und wahrzunehmen.

Als Future Zoomer gehört es für Sie dazu, sich auch bei sich selbst zu bedanken und sich für erreichte Ziele zu belohnen.

100%iges Commitment zu meinem Traum

Last but not least:
Bei allen Zielen und Visionen, die wir haben, ist die hundertprozentige Verpflichtung zum Ziel, der alles entscheidende Unterschied, ob mein Ziel gelingt oder doch nur ein Traum bleibt.

Das Wichtigste bei diesem Punkt ist, zu verstehen, dass er sehr viel mit der eigenen Verlässlichkeit zu tun hat.

- Kann ich mich auf mich verlassen?
- Bin ich bereit die Opfer zu bringen, die mein Ziel von mir erfordert?

Wenn Sie hier ein großes innerliches „JA!" haben, dann empfehle ich Ihnen einen Vertrag mit sich selbst zu machen (Beispiel siehe unten). Das hilft, sich nochmal bewusst zu werden, was es genau bedeutet und außerdem unterstreicht dieser, dass Sie sich ernst nehmen.

Nichts macht uns Menschen mehr stolz und verleiht uns mehr Selbstvertrauen, als uns treu zu sein und unsere Vorhaben auch umzusetzen. Deshalb sind die Babysteps so bedeutend, weil sie schaffbar sind und uns dadurch bestätigen, dass wir dran bleiben können.

Vertrag mit mir selbst

Ich, ...,
verpflichte mich, alles daranzusetzen, um meine Vision zu verwirklichen.

Meine Vision lautet: ....

Meine Vision ist mir so viel wert, dass ich meine Prioritäten so ausrichte, dass ich täglich an den Zielen für meine Vision arbeite.

Dabei ist jeder Schritt, egal ob groß oder klein, wertvoll und zählt.

Ort | Datum:...........................

Unterschrift: ....

Future Zoomer wissen, dass ein starkes Commitment, also die Entschlossenheit an der eigenen Vision zu arbeiten, uns zum Handeln und Dranbleiben bringt.

Werden Sie zum Future Zoomer – es lohnt sich!

Lassen Sie mich mit einem Zitat von Ralph Walso Emerson enden:

„Viel zu lachen, die Liebe von Kindern zu gewinnen, den Verrat falscher Freunde zu ertragen, die Welt zu einem ein klein wenig besseren Ort zu machen, als es war, bevor wir in sie hineingeboren wurden, die gesellschaftlichen Verhältnisse in irgendeiner Beziehung verbessern oder einem Menschen helfen, gesünder zu werden, zu wissen, dass ein Leben leichter atmet, seit du lebst, das ist Erfolg!"

...nach diesem Bild eines gelungenen Lebens streben Future Zoomer! Gönnen Sie sich die Magie, den Zauber und die Faszination für die Vision Ihres Lebens. Werden Sie zum Future Zoomer, der um die Kraft der Vision auf der einen Seite und um die Gestaltungsmöglichkeiten des Hier und Jetzt auf der anderen Seite weiß.

Future Zoomer wissen, wo es lang geht!

ETHIK – SÄULE 7

Ethik ist das siebte und vorbildliche Machtpotenzial!

Nichts kann einen Menschen so charismatisch werden lassen, wie die Macht der Ethik. Sie liefert die Ausrichtung und die Achtsamkeit für ein erfülltes Leben und Arbeiten.

GRETCHENFRAGE WIE STEHT ES UM IHRE WERTE?

Ethik ist Ihr Schlüssel zu Ihrer Unabhängigkeit wie auch Ihrer Unbeugsamkeit und damit zu Ihrer Aufrichtigkeit.

Ethik ist Ihr Maßstab zur Vermessung der Welt mit all Ihren persönlichen Wünschen und Werten.

Ethik ist Ihr Schutzschild gegen Manipulation und Frustration durch eine von sich entfremdete Welt!

Die siebte Säule der Macht – Ethik – reloaded durch die Biologin der Kommunikation Angela Dietz:

Wenn man die ganz Großen der einzelnen Branchen fragt:

Wie macht Ihr das, dass bei Euch nichts anbrennt und alle Menschen so committed sind?

Dann bekommt man regelmäßig die Antwort: Der Trick besteht darin, sich ein für alle Mal auf den Menschen zu beziehen und Macht ohne Machtspiel vorzuleben.

Na, toll. Und wie mache ich das?

Ist nicht gerade der Mensch die größte Schwachstelle im System? Sind Werte nicht nur was für Leute, die es sich leisten können? Und wenn ich immer nett bin, dringe ich dann überhaupt zu jedem durch?

Die Biologin der Kommunikation Angela Dietz hat verblüffend echte statt nette Antworten auf genau diese Herausforderung (und viele weitere).

Als Kommunikationsexpertin nimmt sie Sie mit zu einer Wertekommunikation der besonderen Art.

Erfahren Sie, warum in einer ethischen Ausrichtung der wahre Wert liegt. Und lassen Sie sich inspirieren, wie Menschlichkeit in blanke Münze gewandelt werden kann.

Angela Dietz und ich sind uns sicher, die Macht der Ethik wird Sie beflügeln!

Angela Dietz – die Biologin der Kommunikation

Gesundes Kommunizieren & Führen – kraftvoll & lebendig wie die Natur

Wenn laut Gallup zunehmend viele Mitarbeiter unmotiviert und unzufrieden sind, wenn mehr als 50 Prozent der Projekte in Unternehmen an zwischenmenschlichen Problemen scheitern und wenn ebenso viele Ehen geschieden werden – was braucht es, um Menschen wieder zu gewinnen, zu motivieren und zu binden?

Es braucht die Biologie der Kommunikation – ganz natürlich – nicht nett, sondern echt. Klarheit, Prägnanz und Kooperation ermöglichen kreatives Wachstum. Verstaubte Vorstellungen von Dominanzhierarchien haben ausgedient. Lernen Sie von Angela Dietz, welche Potenziale mit Empathie freigesetzt werden!

Professionalität

Angela Dietz beschäftigt seit über 25 Jahren die Frage, wie Verständigung besser gelingen kann. Viele wichtige Erfahrungen und solide Ausbildungen verknüpft die Biologin der Kommunikation zu ihrem Konzept der Gesunden Kommunikation.

Angela Dietz ist Unternehmensberaterin, Business-Coach und zertifizierte Trainerin. Die studierte Naturwissenschaftlerin und pädagogische Psychologin setzt als Beraterin ihren analytischen Verstand ein, um zwischenmenschliche Kommunikation besonders nachhaltig zu gestalten. Über sieben Jahre lang lernte sie von Marshall Rosenberg persönlich die Gewaltfreie Kommunikation.

Sie weiß: Neue Kommunikationswege und Möglichkeiten der Konfliktlösung ermöglichen Kooperation und kreatives Wachstum, aus denen zukunftsfähige Unternehmenskulturen entstehen.

Seit über 10 Jahren trainiert sie Führungskräfte und Mitarbeiter von mittelständischen bis DAX-dotierten Unternehmen wie auch Privatpersonen – Persönlichkeiten, die in achtsamer Kommunikation die Quelle eines erfüllten und von Verständnis geprägten Lebens suchen und sehen.

Ihre Kunden schätzen ihre Fähigkeit, mit unterschiedlichsten Menschen und Situationen hoch einfühlsam und wirksam zu arbeiten. Angela Dietz, das ist Person gewordene Klärungshilfe zur Weiterentwicklung. Sie bringt die Dinge auf den Punkt. Ihre Kunden sieht sie als Veränderungsmanager, denen sie mit professioneller Begleitung beisteht.

Angela Dietz ist international tätige Speakerin. Die Finalistin des GSA Newcomer Casting 'Nachwuchsspeaker' 2011, ist heute Mentorin der GSA University und Dozentin weiterer Hochschulen.

Bücher

Dietz, A. 2013. Gesundes Kommunizieren. Göttingen: Business Village.

Dietz, A. 2013. Generation X,Y,Z... wie sich Führung heute buchstabiert. In A. Eckstein, & A. Liebetrau (Eds.), Insurance & Innovation 2013. Karlsruhe: Verlag Versicherungswirtschaft.

Im Interview

Warum sind Sie Expertin für Erfolg?

Expertin für etwas zu sein, das denke ich, schreiben andere einem zu. Ich bin jemand mit mehr als 25 Jahren Erfahrung im Bereich Kommunikation, Konfliktlösung, Beziehungsmanagment – im Unternehmen, mit Privatpersonen und Organisationen. Und genau das tägliche Üben und kontinuierliche Fortbildungen machen mich mittlerweile zur Expertin.

Sie kennen die Werbung: „Mein Auto – mein Haus – mein Pool...". Uns interessiert: Woran messen Sie Erfolg?

Mein Maß für Erfolg ist meine innere Zufriedenheit. Und die ist hoch, wenn ich es schaffe, meine beruflichen Aufgaben, meine Familie, meine Freunde und die Zeit für mich möglichst in Balance zu halten.

Innere Zufriedenheit, das ist das Maß für Erfolg für mich.

Wie haben Sie zu Ihrem unverwechselbaren Stil gefunden?

Im Laufe vieler Jahre, wenn ich mich wohlgefühlt habe, wenn ich so sein durfte, wie ich wirklich bin, ging es mir gut. Wenn ich nicht versucht habe, perfekt zu sein oder jemand anderes zu sein, denn dann habe ich mich nicht wohlgefühlt.

Es ist also mein inneres Gefühl, das mir geholfen hat, meinen Stil zu finden.

Welche kleinen Dinge machen Ihren Tag zu einem erfolgreichen Tag?

Oh, da gibt es ganz viele kleine Dinge: grüne Eindrücke in der Natur, Tiere, Blumen, ein Stück Himmel, der Blick meines Hundes, ein Kuss, eine WhatsApp-Nachricht, ein tiefes Gespräch... Da gibt es ganz ganz viel, was mich auftankt. Wenn ich bei mir bin. Bewusst sein, Momente der Ruhe...

Ich schätze die kleinen Momente bewusst bei mir zu sein.

Wenn ein guter Beobachter Sie eine Woche lang begleitet, woran kann er erkennen, dass Sie ein Erfolgstyp sind?

Ich denke, dass dieser Beobachter erleben würde, dass ich sehr glücklich bin, weil ich mittlerweile ein sehr vielfältiges und abwechslungsreiches und selbstbestimmtes Leben habe, was ich schätze. Ein Leben mit Beruf, Familie, Sport und sehr tiefen lebendigen Beziehungen und Gesprächen – das ist das, was mich ausmacht.

Was sagen Sie den Zweiflern?

Zweiflern, naja ... kritisches offenes Hinterfragen, das ist mir per se erst Mal sehr nahe und das finde ich auch sehr wünschenswert. Mir ist das lieber, als heutzutage alles sofort zu glauben. Und als Biologin schätze ich ein Hinterfragen von Dingen ebenfalls.

Gleichzeitig gibt es da Zweifler, die vielleicht eher Bremser sind. Und da würde ich gern wissen, was ist das Bedürfnis, was noch nicht erfüllt ist. Also: Was braucht Ihr um „Ja!" sagen zu können?

Denn der Grund für Zweifeln ist immer ein nicht erfülltes Bedürfnis – mindestens eins.

Wie lautet Ihr ultimativer Erfolgstipp?

Schaffen Sie sich jeden Tag wundervolle Oasen zum Auftanken. Das ist für mich ein Zeichen von Selbstwert und Selbstliebe.

Macht ohne Machtwort

Wie gesundes Kommunizieren und Führen Unternehmen zukunftsfähig macht

„Willst du den Charakter eines Menschen erkennen,
so gib ihm Macht."
Abraham Lincoln

Was meinte der 16. Präsident der Vereinigten Staaten, als er das sagte?

Wir zollen Menschen Respekt, die ihre Macht sinnvoll zum Wohle aller einsetzen. Wer dagegen mit Personen, die Macht verkörpern, unschöne Erfahrungen gemacht hat, dem flößt Macht eher Angst ein. Er wird mächtigen Menschen eher mit Skepsis denn mit Vertrauen begegnen.

Macht ist also nicht per se negativ. Wie wir sie bewerten, hängt davon ab, wie verantwortlich jemand mit den ihm zur Verfügung stehenden Handlungsmöglichkeiten umgeht.

MACHT scheint also etwas zu sein, das wir Personen zuschreiben wie eine Eigenschaft.

Menschen, die aufgrund ihrer Position, ihres Geldes oder qua eines Amtes andere bestrafen oder belohnen können oder Entscheidungen treffen, die Auswirkungen auf andere haben, sind Machthaber, Führende oder Chefs.

Erleben auch Sie Gespräche, in denen sich Menschen über Missstände in Politik und Wirtschaft beschweren und dabei von 'den Mächtigen' sprechen.

Der Ausspruch von Abraham Lincoln lässt darauf schließen, dass ein Mensch, ab dem Moment der ERMÄCHTIGUNG sein wahres Gesicht zeigt.

Er offenbart seine Überzeugungen, seine Ziele – welcher Art auch immer sie sein mögen.
Wer Macht hat, hat zunächst die Möglichkeit das zu forcieren, was er für bedeutsam hält. Sie verhilft Menschen also dazu, die

eigenen Bedürfnisse zu erfüllen – und zu erreichen, was ihnen wichtig ist.

Das Gleiche gilt für die Macht einer Gruppe von Menschen, die gemeinsame Ziele verfolgen. Es ist also durchaus verständlich, dass Macht für viele als erstrebenswert gilt.

Umso erstaunlicher ist es, dass Unternehmen nicht schon länger daran interessiert sind, ihre Mitarbeiter stärker zu ermächtigen. Möglicherweise steht dahinter die Sorge, dass diese Menschen nicht verantwortlich mit ihrer Macht umgehen werden.

Gesundes Führen trifft eine Unterscheidung zwischen zwei grundsätzlichen Strategien des Umgangs mit Macht:

'Macht über andere' und 'Macht miteinander'.

'Macht über andere' oder 'Macht miteinander'

Mehr Menschen als mir lieb sind werden täglich Opfer von 'Macht über'-Entscheidungen in Familien, Schulen, Politik oder beruflichen Kontexten.

Sie leiden unter Macht, die ohne Verantwortung oder ohne Einbezug der Betroffenen genutzt wird, um sich durchzusetzen. Macht, die Verlierer und Gewinner produziert, während einige wenige ihre Interessen auf Kosten anderer realisieren. Diese Wenigen tragen Einstellungen, Überzeugungen und Denkweisen in sich, die ihren Umgang mit anderen prägen: dass Menschen Druck und Kontrolle brauchen, da sie freiwillig nichts, zu wenig oder mindere Qualität liefern; dass man ihnen nicht zu viele Informationen geben darf, weil sie damit nicht umzugehen verstehen; dass der Machthaber schon am besten weiß, was gut für andere ist; und dass Menschen sich umso leichter lenken lassen, je unwissender, unmündiger und weniger selbstbewusst sie sind.

'Macht über'-Verhaltensweisen resultieren meist aus dem Erleben von ROLE MODELS eines Führungsstils, der als erfolgreich wahrgenommen wurde.

Nicht wenig erfahrene Führungskräfte ziehen daraus den Schluss – oftmals aus Druck, Angst, Misstrauen oder Unsicherheit bezüglich der eigenen Fähigkeiten – am besten damit zu fahren, ihren Vorbildern nach zu eifern.
Es ist verlockend, sich keine eigenen Gedanken über neue Denk- und Verhaltensmuster zu machen, selbst wenn die dem eigenen Potenzial und den heutigen Ansprüchen mehr entsprechen würden, siegt schließlich die Bequemlichkeit über die nötige Reflexionsarbeit.

Darüberhinaus führt ein ungesunder, zu niedriger Selbstwert häufig dazu, dass jemand mit 'Macht über'-Verhaltensweisen reagiert, um sich andere auf Abstand zu halten. Dadurch erfüllt sich das Bedürfnis nach Schutz und Sicherheit.

Jene, die ihre Macht teilen, zeichnen sich dagegen durch einen gesunden Selbstwert aus. Sie sind zuversichtlich gegenüber anderen, sind mit sich zufriedener, schöpfen aus der Fülle der Handlungsmöglichkeiten und haben vor allem Vertrauen zu anderen. Dass Vertrauen und Offenheit andere Ergebnisse zeitigen als Angst und Verschlossenheit, liegt auf der Hand.

Macht zu teilen heißt: die Menschen, die von Entscheidungen betroffen sein werden und einbezogen sein möchten, bei der Suche nach bestmöglichen Lösungen innerhalb eines definierten Zeitrahmens zu beteiligen. Das bedeutet den Geführten mehr Verantwortung zu geben und dennoch als Führender am Ende die Gesamtverantwortung zu übernehmen – es sein denn, die Gruppe hat gemeinsam etwas anderes beschlossen.

Diese Art des Machteinsatzes beruht auf der Überzeugung, dass Menschen dann ihr Bestes geben, wenn sie es freiwillig tun und einen Sinn in ihrem Tun erkennen. Dann leisten sie gern einen Beitrag zum Ganzen und für Andere, denn sie erfüllen sich damit auch gleichzeitig eigene Bedürfnisse.

Immer noch haben Führungskräfte Vorbehalte gegenüber dieser kraftvollen und zukunftsfähigen Art der Führung, weil ihnen jahrzehntelang eine andere Form von „Stärke“ vorgelebt worden ist, die doch schließlich beachtliche Erfolge erzielt hat. Gelten heute andere Verhaltensweisen als gestern?

'Macht miteinander' hat nichts mit Soft Solutions zu tun!

Sie ist vielmehr darum bemüht, nach dem Wohl aller zu schauen, anstatt sich als Goliath gegen David schnell und wirkungsvoll durchzusetzen. Sie agiert mit Weitblick, Menschenkenntnis und der klugen Orientierung an knallharten und unaufhaltsamen Megatrends, die aktuell die Gesellschaft umformen.

Wir erleben derzeit einen tiefgreifenden Gesellschafts- und Bewusstseinswandel.

Signifikante Veränderungen wie beispielsweise Individualisierung, Gesundheitsbewusstsein, Konnektivität, Globalisierung, Kooperation und Vernetzung stellen unsere Bildungs-, Unternehmens- und Führungskultur unerbittlich vor neue Aufgaben. Darauf zu reagieren ist nicht soft, sondern überlebenswichtig[1].

Die heutigen Mitarbeiter sagen längst nicht mehr zu allem Ja.

Auf die Ausübung von 'Macht über' reagieren sie nicht mit Gehorsam, sondern indem sie Anweisungen und Entscheidungen hinterfragen.

Die jungen Generationen sind aufgeklärter und kritischer. Sie sind in einer Welt aufgewachsen, in der jeder mit jedem vernetzt und Wissen immer nur ein paar Klicks entfernt ist. Sie sind es gewöhnt, ihre Fragen, Interessen und Bedürfnisse transparent zu machen (etwa in den sozialen Netzwerken). Von ihrem Umfeld – Arbeitgeber eingeschlossen – erwarten sie ebenfalls, dass es seine Absichten offenlegt, sich für sie interessiert und offen für Kritik und neue Ideen ist.

Die demografische Entwicklung und der daraus resultierende Fachkräftemangel geben dieser anstehenden Veränderungsarbeit in den Unternehmen zusätzliche Brisanz, wenn diese im Markt weiterhin vorn dabei sein wollen. Mancher Unternehmer hat dies

---

1 vgl. die Publikationen von M. Horx, Zukunftsinstitut Frankfurt/Main

längst erkannt und seine Hausaufgaben gemacht. Vor großen Herausforderung stehen auch staatliche Institutionen, die bis heute streng dominanz-hierarchisch funktionieren.

Bedürfnisbewusstsein – Die Macht menschlicher Bedürfnisse

Die Kraft gesunder und verantwortungsbewusster Macht kann sich erst voll entfalten, wenn Menschen ein Bedürfnisbewusstsein entwickelt haben.

Spätestens wenn jemand Führungsverantwortung übernimmt, wäre es für alle Beteiligten dienlich, dass er oder sie sich professionell mit sich, den eigenen Überzeugungen, typischen Kommunikations- und Reaktionsweisen, den Bedingungen für Leistung und der Entstehung von Gefühlen bewusst auseinandersetzt. Eine Führungskraft ist ein Vorbild – und das ist erst überzeugend, wenn man authentisch lebt, was einem wichtig ist. Ständig und überall wird ihr Verhalten sehr genau beobachtet und von den Mitarbeitern als Maßstab herangezogen: „Der macht das doch auch so."

Albert Schweizer hat es pointiert formuliert: „Ein Beispiel zu geben ist nicht eine Möglichkeit, andere Menschen zu beeinflussen, es ist die einzige."

Dafür braucht er alltagstaugliche und einfache Wege, um Denkmuster, klare Beobachtungen, Gefühle und Bedürfnisse bei sich zu identifizieren. Diesen Prozess nenne ich im Vokabular des Gesunden Kommunizierens: Selbstklärung.

Sie dient dazu, den eigenen Gedanken, Urteilen, Reaktionsmustern und Gefühlen wirksam auf den Grund zu gehen und festzustellen, welche Bedürfnisse dahinterstehen. Dann können wir klar kommunizieren und selbst die Verantwortung für unsere Gefühle und die Berücksichtigung unserer Bedürfnisse übernehmen, anstatt uns als Opfer zu sehen und andere für unsere Gefühle verantwortlich zu machen (Ich bin sauer, weil DU...).

Konkrete Bitten verhelfen dann dazu, dass es voran geht und sich Bedürfnisse eventuell erfüllen, statt dass wir uns in den gewohnten Ärgerschleifen selbst im Weg stehen. Erst mit diesem Handwerkszeug können Gespräche klar, Konflikte offen, Meetings effizient und Teams sinnvoll geführt werden.

Für Unternehmen, die sich zukunftsfähig aufstellen wollen, sind demnach Antworten auf folgende Fragen essenziell:

- Wie kann ein Bedürfnisbewusstsein bei uns entstehen?
- Wie kann das Prinzip von Selbst- und Mitverantwortung das Unternehmen durchdringen?
- Wie kann ich diejenigen einbeziehen, die involviert werden möchten?
- Welche neuen Denkweisen, Prozesse und Strukturen sind dafür nötig?

Wie sich 'Macht über andere' auswirkt

Werfen wir zuerst einen genaueren Blick darauf, wie Macht als Führungsinstrument im Unternehmenskontext Wachstum und Entwicklung behindert, wenn an mancher Stelle ein 'Macht über'-Bewusstsein vorherrscht.

Die meisten Unternehmen sind hierarchisch gegliedert, mit einem Vorstand oder Eigentümer an der Spitze, gefolgt von der Geschäftsführung, dem mittleren Management, der Teamleitung und den Mitarbeitern ohne Führungsaufgaben. Dasselbe gilt in abgewandelter Form auch für organisierte soziale Gruppen jeglicher Art, vom Verein über Schulen, Universitäten und Parteien bis hin zur familiären Gemeinschaft.

An der Spitze der Hierarchie sitzt in diesen herkömmlichen Strukturen die meiste Information und damit einhergehend die meiste Macht, die in Form von Anweisungen, Forderungen, Druck, Erwartungen, Zielvorgaben nach unten verteilt wird: Der Vorstand trifft eine Entscheidung, die die Geschäftsführung z. B. in Gestalt von Zielen an die Abteilungsleiter weitergibt. Die weisen wiederum ihre Teamleiter an, auf eine bestimmte Art und Weise zu handeln, und am Ende dieses Weges landen konkrete Arbeitsvorgaben bei den Mitarbeitern auf der untersten Ebene der Hierarchie.

Bis dahin ist jedoch – ähnlich wie bei der 'Stillen Post' – an irgendeiner Schnittstelle aus einer begründeten Entscheidung eine sinnleere Anweisung geworden, über die sich Mitarbeiter nur noch resigniert wundern oder bestenfalls ärgern.

Gleichzeitig wird allerdings von den Mitarbeitern verlangt, dass vorgegebene Ziele erreicht werden und sie sich voll dafür engagieren. Doch wann engagieren wir Menschen uns voll und ganz?

Solange Mitarbeiter noch immer den Eindruck haben, dass sie nur an Kennzahlen gemessen werden, werden sie sicherlich auch nur einen Bruchteil ihres Potentials in die Firma einbringen. Wenn ein Arbeitgeber oder Vorgesetzter 100 Prozent Leistung bezahlt, doch nur etwa 60 bis 70 Prozent des Möglichen vom Arbeitnehmer erhält, stellt sich für mich die Frage, warum sie nicht nachfragen, was diese Menschen brauchen, um sich wohl zu fühlen und ihr Bestes zu geben. Neurowissenschaftler haben schon vor Jahren eindeutig bewiesen, dass ein Klima, das von emotionaler Sicherheit, gesunder Herausforderung und Aufmerksamkeit für den Einzelnen geprägt ist, die beste Basis für Leistung und Lernen bildet.

Die langfristigen Folgen einer Oben-unten-Kultur im Unternehmen sind hinlänglich bekannt: Frustration, Leistungsabfall, Rückgang der Kreativität und damit der Innovationskraft, wenig Freude an der Arbeit, mehr Krankentage, innere Kündigung, im schlimmsten Fall Burnout und Ausfall von Mitarbeitern. Jede Ausübung von „Macht über andere" hat einen Preis. Jedes Mal, wenn jemand, weil es ganz schnell gehen „muss", allein und über die Köpfe anderer hinweg entscheidet, kostet das etwas – sei es ein kleines Stück Loyalität, Engagement, Vertrauen, Motivation, ein nominal messbarer Verlust oder im Wiederholungsfall irgendwann den wertvollen Mitarbeiter. In Einzelfällen und unter bestimmten Bedingungen, ist die Ausübung von „Macht über" diesen Preis tatsächlich wert, sogar auch tragbar von allen. Zu oft genutzt, ist der Preis für die Machtworte jedoch langfristig eindeutig höher als der Gewinn.

Wie Sie 'Macht über' erkennen: Zeichen ungesunder Machtausübung

Ob bei Ihnen persönlich, in Ihrem Unternehmen, in Ihrer Familie oder in anderen Beziehungen die Strategie 'Macht über' die Oberhand hat, können Sie relativ leicht feststellen, indem Sie auf Formulierungen und Verhaltensweisen achten, die Sie und Ihr Umfeld an den Tag legen.

Die meisten 'Machtworte' sind Sprachmuster, die sich einer irgendwie gearteten moralischen Argumentation von Schuld und Scham bedienen oder eine moralische Verantwortung (meist gegenüber dem Sprechenden) suggerieren. Auch offene oder versteckte Drohungen kommen häufig vor – insbesondere dann, wenn sich jemand gegen die 'Verantwortungskeule' immun zeigt.

Kennen Sie solche Äußerungen wie:

- „Das hättest Du wissen müssen – Du bist doch jetzt schon lange genug im Geschäft!" oder:
- „Natürlich, für Dich gilt das nicht, Du musst Dich hier nicht an die Abmachungen halten – die gelten ja nur für uns..."
- „Wer meint, er braucht sich hier am Samstag nicht sehen zu lassen, muss das selbst für sich entscheiden."

Neben solchen ironischen oder angreifenden Aussagen, in denen der Sprecher keine Verantwortung für sein Handeln übernimmt, ist Aufmerksamkeitsentzug ein weiteres schmerzliches Mittel, Mitarbeiter zu bestrafen. Dies alles sind Verhaltensweisen einer, wie ich sie nenne: autoritären Kommunikation, wie die meisten sie aus ihrer Kindheit oder Ausbildung kennen: Mehr oder weniger versteckte Drohungen und Druck statt Aufrichtigkeit, Zuhören, Wohlwollen und Verstehen wollen.

In unseren Schulen und Familien beginnt die Programmierung auf dominanzhierarchisches Denken. Zu Viele sind im Laufe ihres Lebens systematisch zu Ja-Sagern geworden, die lieber nichts hinterfragen, Verantwortung abgeben und sich Macht lieber unterordnen, als sie sich zu nehmen.

Einige Beispiele für Machtworte, also 'Macht über'-Formulierungen:

- „Sie sollten sich schleunigst um das Chaos in Ihrem Team kümmern."
- „Sie müssten dringend mal Ihre Prioritäten überdenken."
- „Kümmern Sie sich nur um Ihre Aufgaben"
- „Sie hat niemand gefragt."
- „Es interessiert mich nicht, wie andere das machen."
- „Das Gespräch ist jetzt beendet."
- „Wenn Sie das Problem nicht lösen können, dann muss ich Ihnen das Projekt entziehen."
- „Ich kann nicht anders."
- „Ihre Abteilung übernimmt ab sofort den Aufgabenbereich XY."
- „Herr Meier hat das in seiner Abteilung besser gemacht."
- „Wenn man nicht alles selbst macht, geht hier nichts voran."

Neben solchen Äußerungen zählen auch bestimmte körpersprachliche Ausdrücke zu den Zeichen einer 'Macht über'-Kultur. Dazu gehören beispielsweise abwertende Handbewegungen, Augenrollen, Stirnrunzeln, Wegdrehen oder Wegsehen.

Kommunikation aus der 'Macht über'-Haltung heraus bedient sich also vorwiegend manipulativer Mittel: Der Angesprochene soll dazu bewegt werden, sich unterzuordnen und ein gewünschtes Verhalten an den Tag zu legen.

Belohnungen (Beförderung, attraktive Aufgaben, Lob vor allen...) und Bestrafungen verdeutlichen, welches Handeln erwünscht ist.

Beweggründe – also den Sinn, die Bedürfnisse, Absichten oder Ziele – hinter bestimmten Anweisungen und Bitten, legt der Führende nicht offen, er drückt sich vielmehr um eine Selbstklärung. Sein Denken ist von Überzeugungen geprägt, die da lauten, dass Menschen Druck brauchen, freiwillig nichts fürs Unternehmen oder Andere machen, sich nur für sich interessieren...

Und solange eine Führungskraft keine Werkzeuge hat oder noch nicht einmal den Sinn darin sieht, sich selbst erst einmal klar zu werden, was in heiklen und schwierigen Momenten in ihr los ist, solange werden sich viele wohl unbewusst oder bewusst verschleiernder oder manipulativer Ausdrucksweisen bedienen.

Augenhöhe, Wertschätzung, Offenheit, also klare Verständigung und sicher die Motivation bestmögliche Lösungen fürs Unternehmen zu finden und voranzubringen bleiben hier auf der Strecke.

Ein anderes Kennzeichen autoritärer Kommunikation, die eher krank macht und lähmt habe ich ebenfalls oftmals in Unternehmen angetroffen – ich möchte es so beschreiben und bin gespannt, ob Ihnen so ein Vorgehen evtl. bekannt vorkommt?

Es geht um freundliche Bitten: Bitten werden zwar freundlich und als Frage formuliert, doch ein „Nein" wird nicht akzeptiert! Man möchte lieber bequeme 'Ja-Sager', die nicht soviel mitdenken, statt reflektierende und selbstsichere Menschen, die durch ihr „Nein" nur gerade „Ja" zu etwas anderem sagen – vielleicht zu einer noch besseren Idee, einer neuen Überlegung, zu einer weiteren Möglichkeit, doch diese Chance bleibt ungenutzt, ungehört, wenn ich ein „Nein" nicht wertschätzen kann und neugierig hören möchte, wozu genau jemand gerade „Nein" sagt und was es evtl. an Veränderungen braucht, damit es ein „Ja!" werden kann. Doch dieses Potenzial der Mitarbeiter bleibt ungehört. Zurück bleibt evtl. ein Mitarbeiter der sich denkt, „na wieder mal ein Beweis dafür, dass es hier niemanden interessiert, was ich denke, welche Ideen ich habe...!"

Auch der Führende, der zwar die Entscheidungen trifft, vorangeht und die Verantwortung übernimmt, bleibt in dieser 'alten Welt' – in diesem herkömmlichen Denken mit Überzeugungen wie: „Ich, als Führungskraft, muss allein entscheiden, darf nicht einknicken, ich werde keine Schwächen zeigen, werde durchziehen, was ich angefangen habe" – oftmals schmerzlich allein mit seinen Machtmöglichkeiten.

In den Unternehmen bzw. Gruppen, in denen Formulierungen wie die oben genannten des Öfteren zu hören sind, gibt es unter den 'Mächtigen|Führenden' BESTIMMTE DENKMUSTER die der 'Macht über'-Haltung zugrunde liegen. Diesen Überzeugungen liegt ein Menschenbild zugrunde[2]. Sogenannte X-Menschentypen sind von Natur aus faul, meiden Arbeit, meiden Weiterbildung, wollen keine

2 mehr Literatur dazu: X- und Y Menschen – Theorie nach Douglas McGregor

Verantwortung übernehmen, von sich aus keinen Beitrag leisten – man muss immer Anreize bieten, damit sie etwas tun...

Man selbst sieht sich allerdings als Y-Typen – d.h. Y-Menschen wollen von Natur aus arbeiten | leisten, sind kreativ, suchen nach Neuem, wollen und suchen Verantwortung... Sie sind motiviert und zwar von sich aus – intrinsich!

Dieses Denken führt zu folgenden Äußerungen:

- „Besser, wenn sie die Politik dahinter nicht kennen – ist eh zu kompliziert."
- „Sie sollen ihre Arbeit machen – das Denken machen wir."
- „Man muss die Menschen ständig kontrollieren, sonst tun sie einfach zu wenig."
- „Mitarbeiter sind froh, wenn man ihnen sagt, wo es lang geht."
- „Er drückt sich, wo er kann."
- „Du bist zu klein | zu jung | zu unerfahren | zu alt für..."
- „Die bekommen gutes Geld, die sollen etwas leisten und müssen nicht immer alles verstehen!"
- „Den brauchen wir nicht in der Besprechung, der hat wirklich keine Ahnung."
- „Der ist drei Gehaltsstufen unter mir, von dem lasse ich mir nichts sagen."
- „Die sollen funktionieren."
- „Die versteht es nicht – Mitdenken ist Glücksache – das kannst du nicht erwarten."
- „Den musst du im Auge behalten, sonst... ."

Genauso gibt es alte Überzeugungen bei den Geführten, die einem Miteinander auf Augenhöhe genauso im Wege stehen, z.B.:

- „Ich bin nicht wichtig..."
- „Meine Arbeit ist nicht wichtig..."
- „Die wollen uns doch nur melken..."

In jedem Unternehmen, jeder Familie, jeder Gruppe, in der so über andere gesprochen oder gedacht wird, wird versucht 'Macht über' auszuüben oder man begibt sich selbst in eine untergeordnete Position, anstatt Augenhöhe, Wertschätzung und 'Macht miteinander' anzustreben.

Ein PERSPEKTIVWECHSEL macht viele neue Türen auf, neben neuen Fragen und Sichtweisen, benötigt man dafür Vertrauen – Vertrauen in mich selbst und die Anderen.

Von der Natur lernen: Kooperation – intelligent und genial!

Von der Natur können wir viel über den Weg von 'Macht miteinander' lernen. Jeder Organismus beruht auf einem intelligenten, förderlichen Zusammenwirken seiner Teile. Jede einzelne Zelle ist wertvoll, leistet ihren Beitrag und ist sehr wichtig für die Gesundheit und Leistungsfähigkeit der nächstgrößeren Einheit, ihres 'Teams' – zum Beispiel des Organs. Mehrere Organe wiederum wirken innerhalb eines Organsystems zusammen – das wiederum nur genial funktioniert, wenn jedes einzelne Organ optimale Bedingungen hat, um seine Aufgaben, nicht zum Selbstzweck, sondern, für die Leistungsfähigkeit des Systems zu erfüllen. Alle kleinen und größeren Teile sowie deren Verbindungen ergeben nur als Ganzes einen gesunden Organismus. Jeder Teil erfüllt spezielle Aufträge – und zusammen dienen sie alle dem gleichen Zweck: einem gesunden, glücklichen und erfüllenden Leben.

In Unternehmen ist es im Prinzip genauso. Erst ein klares, gesundes und verbindliches Miteinander sorgt dafür, dass die Potentiale aller sich bei der Arbeit an den gemeinsamen Zielen aufaddieren. Jeder ist wichtig, jeder kennt die Ziele, den lebensdienlichen Zweck des Unternehmens und trägt die Vision mit. Wichtig auch: Jeder findet hier einen Teil, der für ihn | sie wichtig ist, weil dies sein eigenes Leben bereichert.

Nennen Sie bitte mindestens einen guten Grund – neben dem Geldverdienen oder dem Treffen der Kollegen, weshalb Sie jeden Tag wirklich gerne und mit Freude zur Arbeit gehen? Welchem Zweck dient Ihr Tun/Ihr Unternehmen?

Wie ermächtigen Mächtige ihre Mitarbeiter?

Zunächst braucht es tatsächlich eine neue Qualität im Denken – eigene Überzeugungen und Gedanken werden bewusst wahrgenommen, um sich aktiv und bewusst für das zu entscheiden, was Sie denken wollen. Das ist eine echte Revolution – eine bis dahin nicht gekannte Freiheit, die Weiterentwicklung gezielt möglich macht. Also ein Training zur Erweiterung des Bewusstseins – der Wahrnehmungsqualität – das Kennenlernen neuer Denkhaltungen – die die Differenzierungsfähigkeit fördern.

Intensivere Selbstkenntnis und einfach umzusetzende Werkszeuge ermöglichen modernes und gesundes Führungsverhalten.

So braucht es Klarheit darüber, dass JEDER FÜR SEINE GEFÜHLE SELBST VERANTWORTLICH ist.

Es braucht die Überzeugung, dass BEDÜRFNISSE UNSERE LEBENSENERGIE SIND UND DASS ALLES, WAS MENSCHEN TUN ODER LASSEN IMMER DEM VERSUCH DIENT, SICH EIN BEDÜRFNIS ZU ERFÜLLEN. ES GEHT NICHT GEGEN MICH!

Es braucht EINE NEUE SPRACHE, DIE KLAR ANSPRICHT, WAS IST, OHNE ANDERE ZU VERLETZEN – NICHT NETT, SONDERN ECHT!

Und NEUE HÖRGEWOHNHEITEN – DENN ZUHÖREN IST DAS A UND O FÜR GELINGENDE VERSTÄNDIGUNG, KONFLIKTLÖSUNG UND ERFOLG.

Methoden und Werkzeuge für 'Macht miteinander'

Die Lebenshaltung des Gesunden Kommunizierens und Führens, basierend auf dem Gedankengut der Gewaltfreien Kommunikation (GFK) nach Marshall B. Rosenberg und ihren 4 Schritten sind der Schlüssel zu einer transparenten, vertrauensvollen und innovativen Kultur in Unternehmen, Organisationen, Familien und Schulen.

Sie sind auf jede Situation im Alltag anwendbar. Sie ermöglichen es, Führungsüberlegungen und Entscheidungen transparent zu kommunizieren sowie unpopuläre Maßnahmen (Kündigung, Kurzarbeit, Krise) begründet, klar und einfühlsam offenzulegen.

Das Ziel besteht darin, dass die Adressaten sich einbezogen oder wenigstens berücksichtigt erleben. Dieses Handwerkszeug gibt Mitarbeitern und Führungskräften mehr Leichtigkeit und die Möglichkeit, wirkungsvoller für sich einzustehen.

Kurz: Mit ihrer Hilfe, können alle Beteiligten in einem Team bzw. einem Unternehmen deutlich leichter an einem Strang ziehen und voneinander lernen, anstatt sich an ungelösten Konflikten aufzureiben, die aus einer Führung qua Machtwort von oben nach unten oder durch Aussitzen und Stillhalten resultieren. Klassische Führungskonzepte, die den Mitarbeitern ein bestimmtes Ziel alternativlos vorgeben, Abläufe fest definieren, Ergebnisse engmaschig kontrollieren und auf Zahlen reduzieren, dabei aber weder Freude, Sinn noch Erfüllung ihrer Mitarbeiter im Blick haben, werden nur in wenigen Bereichen noch Erfolg haben können.

Gesundes Führen zielt darauf ab, die Bedürfnisse der Einzelnen, des Teams, des gesamten Unternehmens und der Umgebung im Blick zu haben. Das bedeutet nicht, dass immer alle Wünsche erfüllt werden. Entscheidend ist, dass alle Beteiligten, die Wert darauf legen, bedacht und gleichwertig gehört werden, anstatt dass die Bedürfnisse eines Chefs mehr zählen als die eines Mitarbeiters.

Häufig lernen die Mitarbeiter ihr Unternehmen durch den gemeinsamen Veränderungsprozess so gut kennen, dass sie in der Folge mehr Verständnis für Entscheidungen aufbringen, die der Sicherung des Unternehmens dienen – und hegen seltener den Verdacht, dass Maßnahmen gegen sie persönlich gerichtet seien. Um die Beteiligung möglichst vieler Personen und den zeitlichen Aufwand in Balance zu halten, braucht es neue Entscheidungsmethoden für große Gruppen, ich nutze dafür das Systemische Konsensieren.

Wenn alle Beteiligten bewusst selbstgewählt denken und kommunizieren, ergibt sich ein völlig anderes System des Miteinanders. Hier lässt sich unternehmerische Mitverantwortung über die gesamte Fläche des Unternehmens verteilen.

Die Unternehmensform der Zukunft ist vergleichbar mit einem Seestern. Wissen Sie was diese Organismen auszeichnet?

Der Schritt zur Erkenntnis: Die Selbstklärung

Gesundes Kommunizieren und Führen geht – in Anlehnung an die GFK – davon aus, dass allem, was Menschen tun, der Versuch zugrunde liegt, sich ein Bedürfnis zu erfüllen. Das kann ich gar nicht oft genug erwähnen, so sehr verändert allein diese Überzeugung die Welt.

Was ich im unternehmerischen Alltag und auch außerhalb davon sehr verbreitet vorfinde ist: dass Menschen im Gespräch oftmals nicht bewusst aus einem Bedürfnis heraus reagieren und dieses benennen – warum tun sie es nicht? Sie haben es nicht gelernt – Ihnen ist dieser Zusammenhang gar nicht klar. Selbst das Gefühl, das die Situation in Bezug auf ihr Bedürfnis auslöst, machen sich die meisten nicht bewusst. Vielmehr reagieren sie sofort impulsiv, teilweise wie ferngesteuert – ich habe das bis zum Jahr 2000 auch getan...

Solange wir uns nicht selbst klären, kommunizieren wir unbewusst und unklar, was für andere irritierend bis schmerzlich sein kann. Wenn wir selbst dazu neigen, beleidigt oder wütend zu sein, trennt uns das von Anderen, statt dass wir einander verstehen.

Auf Dauer führt unbewusste Kommunikation zu schwachen oder sogar kranken Beziehungen. Die Selbstklärung ist eine einfache Methode, die es uns ermöglicht, uns die Kette von der Wahrnehmung über das Gefühl zum Bedürfnis bis hin zur konkreten Äußerung und Klärung bewusst zu machen und entsprechend ehrlich und gezielt anzusprechen.

BEISPIEL: „Jetzt stellen Sie sich mal nicht so an!"

Betrachten wir, wie die Selbstklärung konkret funktioniert:

Thomas ist im Stress: Morgen früh findet ein Termin mit dem wichtigsten Kunden seiner Firma statt. Er wollte gerade Feierabend machen – aus seiner Sicht war das morgige Treffen fertig vorbereitet. Doch vor fünf Minuten hat sein Chef Michael ihm eine Email geschrieben: „Wir brauchen für den Termin morgen früh noch eine knackige Powerpoint-Präsentation mit den relevanten

Fakten und aktuellen Zahlen. Ich zähle auf Dich – sei morgen gut vorbereitet, wenn ich Dir das Stichwort zur Präsentation gebe!"

Na großartig, denkt sich Thomas – es ist 18:00 Uhr und jetzt das... So ein Mist! Schlechter Stimmung schlägt er sich den Abend im Büro um die Ohren, um eine gute Präsentation vorzubereiten. Zeit mit seinen Kindern bleibt ihm nicht mehr, auch seine Frau ist genervt. Es ist nicht das erste Mal, dass es so läuft. Aber was soll er denn machen? So ist das eben mit dem Chef.

Der nächste Morgen: Seit zwei Stunden sitzen Thomas, Michael und die anderen aus dem Team schon mit dem Kunden zusammen. Die Verhandlung läuft zäh, doch nach zwei Stunden sind zwei Einigungen erzielt und Michael schlägt vor, den Termin für heute zu beenden. Thomas traut seinen Ohren nicht: Soll das ein Witz sein?! Wir haben die Präsentation überhaupt nicht angeschaut. Dabei hätten wir mit Hilfe der Zahlen heute alles klären können! So ähnlich hat Michael das schon einmal mit mir gemacht – jetzt reicht es!!!

Mit Mühe hält Thomas an sich, bis die Kunden verabschiedet sind. Dann aber baut er sich vor Michael auf und es platzt aus ihm heraus: „Denkst du, ich habe überhaupt kein Privatleben, oder was? Immer müssen alle für Dich springen – Hauptsache es passt für Dich! So kannst du mit mir nicht umgehen!"

Thomas ist selbst überrascht darüber, was er da gerade gesagt hat. Wo kam das denn plötzlich her? Michael ist nicht minder irritiert, als er fragt: „Sag mal, wie redest du denn mit mir? Würdest du mich mal aufklären, warum du mich hier nach einer erfolgreichen Verhandlung derart angehst?"

„Das fragst du noch? Ist das dein Ernst? Ich schlage mir hier wieder mal den Abend um die Ohren, um noch kurzfristig die von Dir gewünschte Präsentation auf die Beine zu stellen, und dann lässt du sie einfach weg! Oder hast du schon wieder vergessen, dass du mich gestern Abend damit beauftragt hast?!"

Michael erinnert sich natürlich an die Präsentation, denn die wäre im Falle eines Falles bedeutsam gewesen – nämlich falls der Kunde die Verhandlung mit Grundsatzfragen verschleppt hätte. Oder als Joker im Ärmel, wenn sie heute noch den anderen Schauplatz aufgemacht hätten. Ein gesetzter Punkt auf der Agenda war sie für ihn jedoch nicht gewesen. Warum Thomas sich deshalb so aufregt, nachdem der Termin doch gut gelaufen und der Auftrag gesichert ist, versteht er nicht. Das war doch das Ziel? Genervt gibt er zurück: „Thomas, jetzt reg dich mal nicht so auf! Du hast es doch gesehen – wir haben die Präsentation heute nicht gebraucht.

Vielleicht brauchen wir sie beim nächsten Treffen, und dann hast du sie in der Schublade. Was machst du für ein Theater deswegen?"

„Ja, klar, dann sind die Zahlen ja auch sicher noch aktuell", brummelt Thomas abgewendet und kopfschüttelnd im Hinausgehen.

Daraufhin knallen zwei Türen: Erst die von Thomas, der Michael danach stehengelassen hat und in sein Büro gegangen ist. Und dann die von Michael, der sich fragt, was Thomas sich dabei denkt, so mit ihm zu reden.

Dieses Gespräch hätte ganz anders laufen können. Mehr noch: Zu einer so aufgeladenen Situation mit gegenseitigen Angriffen hätte es gar nicht erst kommen müssen, wenn Thomas und Michael sich der praktischen Hilfe des Gesunden Kommunizierens bedient hätten. Leider ist die Situation jedoch typisch für die Kommunikation in so manchem Unternehmen: Probleme stauen sich auf, bis es durch einen oftmals kleinen Auslöser zu einer hitzigen Entladung kommt.

Dominanz-hierarchische 'Macht über'-Strukturen in Unternehmen und Organisationen lehnen es ab, Einfühlung auszuprobieren, Gehorsam und Unterordnungsmentalität sind bequemer und gewohnter.

Sie kalkulieren mit Angst, die das Gegenüber von offenen Worten abhalten soll.

Brave Mitarbeiter haben gelernt, ihre Wut zu unterdrücken und immer weiter aufzustauen.

Manche schämen sich sogar dafür, dass sie Wut überhaupt empfinden – oder es wird ihnen gar nicht klar, dass sie wütend sind, weil sie sich solche Gefühle im Arbeitskontext nicht (mehr) zugestehen. Mit der Erklärung „Das ist eben so", nehmen sie hin, was mit ihnen gemacht wird.

Dabei könnten sie die Hauptrolle in ihrem eigenen Leben annehmen. Stattdessen bekommt der Nächstbeste den Frust ab, der ganz woanders entstanden ist.

Macht das Sinn? Ist das gesund? Schenkt das Lebensqualität? – Natürlich nicht!

Thomas' Irritation darüber, warum es so aus ihm herausplatzt, ist ein klares Anzeichen dafür, dass er kommuniziert hat, ohne sich vorher geklärt zu haben. Er gesteht sich gar nicht ein, dass er auch „Nein" zu Michaels Bitte hätte sagen können. Wer weiß, wie viele Situationen er schon ausgehalten hat, ohne seinen Ärger aufzulösen, seine Bedürfnisse anzusprechen und die Klärung mit Michael zu suchen.

Wie aber hätte er das anstellen und sein Anliegen mit Michael lösen können, anstatt die Situation durch seinen Ausbruch weiter zu verschlimmern und die Beziehung zum Chef aufs Spiel zu setzen?

Zunächst ist da der Ärger, ein Gefühl, was uns im wahrsten Sinne 'aus der Haut fahren lässt', wir sind nämlich nicht mehr mit uns selbst verbunden, sondern schimpfen und urteilen über die anderen bzw. auch über uns selbst. Um Ärger sinnvoll zu nutzen, gibt es diverse Strategien ihn zuzulassen – nur bitte toben Sie sich aus, ohne dass Ihr Gegenüber etwas davon hört oder abbekommt – danach bzw. dadurch wird es uns wieder möglich, uns selbst zu erkennen und für unser Glück und das der Anderen zu sorgen. Bitte nehmen Sie sich Ihre Zeit für diesen Schritt.

Der Prozess der Selbstklärung, der alle Schritte des Gesunden Kommunizierens in sich vereint, sorgt in solchen und allen anderen schwierigen Situationen für Durchblick, bevor sie eskalieren. Er beruht auf wenigen einfachen Fragen. Probieren wir sie einmal an Thomas' Situation aus:

1. Beobachtung

Was ist tatsächlich passiert bzw. wurde tatsächlich gesagt? Unterscheiden Sie sauber zwischen dem, was tatsächlich gesagt wurde und dem, was Sie bzw. ihr Kopf daraus machen.

Michael hat Thomas (gerade als der um 18 Uhr Feierabend machen wollte) gebeten, eine Präsentation für den Termin am folgenden Morgen zu erstellen. Thomas ist zweieinhalb Stunden länger im Büro geblieben. Am Tag darauf, in der Besprechung mit dem Kunden, hat Michael die Sitzung beendet, ohne die Präsentation einzubinden.

Thomas ist darüber wütend und frustriert. Seine Interpretationen: Michael hat ihm egoistisch und völlig unnütz den Feierabend genommen. Der denkt immer nur an sich, ist unachtsam und als Führungskraft inkompetent, da er seine Mitarbeiter nicht versteht – sogar nicht verstehen will.

2. Gefühl

Wie geht es Thomas mit dieser Situation?

Er ist wütend, doch er schiebt die Verantwortung für dieses Gefühl seinem Chef zu. Er denkt nämlich über Michael, dass der ein unachtsamer, selbstbezogener Sklaventreiber sei, der seine Macht willkürlich einsetzt und seinen Mitarbeitern Arbeit zuteilt – egal, ob die einen Sinn hat oder nicht.

Im Gesunden Kommunizieren übernehmen wir zu 100% Verantwortung für unsere Gefühle, denn wir wissen, dass Gefühle in uns selbst entstehen. Wir sind zufrieden, entspannt, glücklich oder dankbar, wenn Bedürfnisse, die uns gerade wichtig sind, erfüllt sind. Wir sind unzufrieden, ungeduldig, unglücklich oder wütend, wenn ein Bedürfnis, das uns gerade wichtig ist, nicht erfüllt ist.

3. Bedürfnis

Welches Bedürfnis steckt hinter Thomas' Gefühl?

Hinter Thomas' Wut stecken Bedürfnisse nach Sinn und Wertschätzung: Er möchte den Sinn seines Tuns, seines Beitrags, den er zum Erfolg des Unternehmens leistet, gewürdigt sehen und wünscht sich Anerkennung für sein hohes Engagement.

Er hat den Eindruck, dass er sich ständig umsonst abmüht, weil niemand bemerkt, wie unermüdlich er für die Firma da ist.

Ihn stört auch, dass er für seine vielen Überstunden nicht das zurückbekommt, was er gern hätte. Er würde außerdem gern von vornherein in Überlegungen zu Verhandlungen einbezogen werden – das würde ihm gleichzeitig Wertschätzung für seinen Einsatz geben.

4. Konkretes Bitten

Welche Bitte hätte Thomas Michael gegenüber äußern können, um zu bekommen, was er braucht?

Thomas könnte Michael zum Beispiel konkret darum bitten, ob er bereit wäre, ihn, Thomas, zu den Vorbereitungen des Kundenbesuchs einzuladen. Er könnte auch die Bitte äußern, dass er bei allen Telefonaten vorab dabei sein darf. Er könnte ihn auch um wöchentliche 15-minütige Gesprächstermine zur gemeinsamen Abstimmung der To-dos in dieser Woche bitten, damit sich Präsentationen nicht in letzter Minute als notwendig herausstellen und sie gemeinsam den Sinn im Verhältnis zum Arbeitsaufwand prüfen.

Gesundes Kommunizieren und Führen geht davon aus, dass Menschen nichts sagen oder tun, um anderen zu schaden – sondern der erste Beweggrund immer ein eigenes Bedürfnis ist, welches jemand gern erfüllt hätte.

Wäre Thomas das klar gewesen, hätte er die Situation am Abend gleich anders meistern können. Er hätte sich selbst klären oder dafür entscheiden können, durch Nachfragen zunächst verstehen zu wollen, was Michael mit der Präsentation möchte.

Er hätte mit Michael in Verbindung treten können anstatt sich Urteile über ihn oder sich selbst in den Kopf zu setzen.

In einer 'Macht miteinander–Kultur' möchte der Vorgesetzte hören, wie die Welt seines Gegenübers aussieht, hier wäre es an Thomas gewesen, zu sagen, worum es ihm geht, was er braucht und wie seine Welt aussieht. Solange Thomas aber davon ausgeht, dass Michael nur an sich denkt und ein Sklaventreiber ist, den das Wohl seiner Mitarbeiter nicht sonderlich interessiert, wird es nicht zu einer Verbindung kommen, in der die beiden sich hören können.

Angesichts Michaels Unvermögen, mit Thomas' Gefühlsausbruch umzugehen, stünde seinem Führungsstil eine weitere Möglichkeit des Gesunden Kommunizierens gut, die ebenfalls auf den vier Schritten beruht, völlig neue Lösungen ermöglicht und Führungskräften hilft, die Gesprächsqualität und Dauer deutlich zu optimieren: das empathische Zuhören.

Konflikte lösen: Das empathische Zuhören

Empathisches Hören ist die bewusste Entscheidung, den inneren Bewerter in uns für den Moment des Hörens gezielt abzuschalten. Dann ist es nämlich möglich, nicht nur die eigenen Bedürfnisse, sondern auch die Gefühle und Bedürfnisse der Anderen aus ihren Äußerungen herauszuhören. Solange wir zuhören geht es allein darum herauszufinden, wie es dem Anderen gerade geht und worum es ihm in diesem Gespräch geht. Kriterien wie richtig oder falsch, dumm oder schlau, wichtig oder unwichtig spielen dabei keine Rolle.

Betrachten wir die obige Beispielsituation noch einmal aus Michaels Perspektive. Hätte er empathisch zugehört, wäre ihm klargeworden, warum Thomas so ausgeflippt ist. Der hat es nämlich an Hinweisen nicht mangeln lassen:

„Denkst du, ich habe überhaupt kein Privatleben, oder was?!" Michael braucht keinen Abschluss in Verhaltenspsychologie um zu erkennen, dass Thomas wütend war, weil er den Abend im Büro geblieben ist, statt Zeit mit seiner Familie zu verbringen. Thomas geht es um mehr Balance zwischen Zeit und Kraft für die Arbeit sowie Zeit und Kraft für die Familie.

„Hauptsache, es passt für Dich!", meint, dass Thomas es schätzen würde, wenn bei Abstimmungen und Aufträgen darauf geachtet wird, dass die Bedürfnisse aller zählen.

„So kannst du nicht mit mir umspringen!" Dahinter steckt das Bedürfnis nach Respekt, Achtsamkeit oder Wertschätzung.

„Ich schlage mir hier mal wieder den Abend um die Ohren, um noch kurzfristig die von Dir gewünschte Präsentation auf die Beine zu stellen, und dann lässt du sie einfach weg!" Auch diese Äußerung von Thomas ist nicht schwer zu durchschauen: Er hat wertvolle Freizeit geopfert, um eine gelungene Präsentation zu bauen und hätte gerne, dass das auch mal bemerkt und gesehen wird. Ein „Danke" wäre z.B. schon wunderbar.

Anstatt empathisch zuzuhören und verstehen zu wollen, was gerade passiert ist, ist Michael an der Oberfläche des Dialogs geblieben und hat nicht einmal kurz die Welt mit den Augen von Thomas angeschaut. Stattdessen war er mit sich beschäftigt. Ihm hat gestunken, dass sein Mitarbeiter sich ihm gegenüber so im

Ton ‚vergreift'. Hätte er in dieser Situation – oder besser: schon bei früheren Gelegenheiten – empathisch zugehört, wäre ihm etwas Wichtiges klargeworden: Nämlich dass Thomas und vielleicht auch andere ein Problem damit haben, dass er zu oft Anweisungen erteilt, ohne seine Leute in die Gründe einzuweihen.

Dass er sie bei Entscheidungen nicht einbezieht und ihnen nicht die Chance gibt, ihren Beitrag zum Erfolg zu erkennen.

Dass er selten ein Feedback darüber gibt, was ihm gut gefällt oder sich dankbar zeigt - dafür aber gern anspricht, was nicht klappt.

Dass er selten offen für kritische Äußerungen oder andere Sichtweisen ist.

Kurz: Michael wäre klar geworden, dass in seinem Team ein bedenkliches Klima herrscht, weil bei ihm als Führungskraft ungesunde Einstellungen vorherrschen oder Fähigkeiten noch nicht voll entwickelt sind.

Indem er seine Einstellung reflektieren, mehr zuhören und sich besser mit seinen Mitarbeitern abstimmen würde, könnte er viel dazu beitragen, dass sich das Klima verändert – hin zu einer offenen Kultur, in der schwelende Konflikte angesprochen, andere Meinungen gehört und neue Lösungen möglich werden.

Eine empathische Reaktion eines geschulten Michaels auf Thomas' Wutausbruch hätte zum Beispiel so klingen können:

BEISPIEL: *„Dein Beitrag ist wichtig!"*

„Ich höre, dass du wütend bist, weil du gestern extra im Büro geblieben bist, um die Präsentation noch zu erstellen und sie dann nicht gebraucht wurde. Da fragst Du Dich vielleicht, welchen Sinn Deine Arbeit von gestern macht. Ist das so, Thomas? ... Magst Du hören, um was es mir dabei ging?"... „Für mich war deine Präsentation ein wichtiges Backup – ein Beitrag, der mir Sicherheit gegeben hat und sehr dazu beigetragen hat, dass ich souveräner in der Verhandlung rüberkam. Ich hatte damit einen Joker in der Hand, falls der Kunde meine Ausführungen angezweifelt hätte. Ich konnte also heute so souverän agieren, weil ich wusste, dass ich mich auf dich verlassen kann. Dafür danke ich dir.

Mir ist in diesem Zusammenhang gleich noch etwas Grundsätzliches wichtig, Thomas – bist du bereit zu hören, um was es mir geht?

Ich bitte dich in Zukunft, sofort auf mich zuzukommen und nachzufragen, wenn sich dir der Sinn einer Anweisung nicht erschließt. Es ist mir wichtig, dass meine Mitarbeiter wissen, wieso sie etwas tun. Ich werde mich auch bemühen, das in Zukunft genauer zu benennen – und ich bin sicher Lösungen zu finden, die für uns beide passen – okay?"

Deutlich gesünder wäre es natürlich gewesen, wenn Michael diese Erklärung nicht erst im Konfliktfall, sondern schon beim Erteilen des Arbeitsauftrags geliefert hätte. Dann wäre aus 'seiner' Verhandlung eine gemeinsame geworden.

Empathisch zu reagieren heißt nicht, weichgespült zu sein, sondern verstehen zu wollen und in Verständigung zu kommen. Daran schließt sich eine wertschätzende Aufrichtigkeit an, die äußerst präzise anspricht, was man selbst möchte, womit man einverstanden ist und womit nicht – ohne andere dabei niederzumachen. Das Ergebnis sind klare Lösungen, die wirklich mitgetragen und gemeinsam forciert werden!

Die innere Haltung entscheidet: Wie man Mitarbeiter einbezieht und stärkt

Mitarbeiter einzubeziehen und Individualität sowie Freiheiten zu fördern, erfordert Mut und einen gesunden Selbstwert seitens der Führungskraft. Sonst erlebt sie selbstbewusste, starke Mitarbeiter als Bedrohung.

Es gibt viele Arten der Ausübung von 'Macht über'. Den wenigsten ist bewusst, dass zum Beispiel Informationen gezielt wegzulassen, also nicht zu kommunizieren, das Bedürfnis Anderer, zu wissen, woran sie sind, mit Füßen tritt.

Jedes Mal, wenn eine Führungskraft den Mitarbeitern bewusst relevante Informationen vorenthält, übt sie 'Macht über' aus.

Über solche Verhaltensweisen versuchen sich Führungskräfte häufig Bedürfnisse wie Sicherheit, Respekt oder Erfolg zu erfüllen, doch enden diese Versuche langfristig oftmals im Gegenteil. Mit oben beschriebenen Verhaltensweisen ernten sie eher Misstrauen, Unmut, Geringschätzung, Antipathie und Stillstand. Ein Hintergrund für Informationen, die nicht weitergeleitet werden, ist auch die Fülle an Aufgaben, die Führende täglich zu bewältigen haben – da vergisst jeder mal etwas, selbst wichtige Dinge, obwohl man alles bestens erledigen möchte. Auch in diese Situationen ist empathisches Miteinander eine echte Verständnishilfe im Alltag.

Eine repräsentative Umfrage des Marktforschungsinstituts Gallup hat 2013 ergeben, dass bereits jeder vierte Bundesbürger innerlich gekündigt hat. Die am häufigsten genannten Gründe hierfür sind nicht etwa das Gehalt oder die Aufgaben im Job. Vielmehr fehlt den meisten dieser frustrierten Mitarbeiter Anerkennung seitens der Führung und die Wahrnehmung ihrer Person. Wer diese Mitarbeiter für Weicheier hält, die den Anforderungen moderner Arbeitsplätze nicht gewachsen sind, überlege noch einmal neu: Die innere Kündigung kostet die deutschen Unternehmen jährlich bis zu 124 Milliarden Euro. Es sind nicht die Mitarbeiter, sondern die Unternehmen, die dieses Geld liegenlassen. Demotivierte Mitarbeiter sind nicht nur weniger produktiv, sondern auch weniger kreativ und konzentriert in der Ausübung ihrer Tätigkeit. Und das nur, weil die Führung eine transparente, wertschätzende und empathische Haltung und Kommunikation verweigert oder sogar aktiv unterbindet – im Glauben, Mitarbeiter könnten mit geteilter Macht nicht umgehen und bräuchten Druck.

Ein fataler Trugschluss. Der Schlüssel zu erfolgreicher Kommunikation liegt nicht in der Filterung von Informationen, sondern in größtmöglicher Transparenz. Mitarbeiter engagieren sich nachweislich mehr, wenn ihr eigener Spielraum passt, Chefs ihnen auf Augenhöhe begegnen, Wissen geteilt wird, sie einbezogen werden und Aufgaben klar formuliert sind.

Eine Wachstumskultur zu schaffen bedeutet zu vertrauen statt zu misstrauen. Es bedeutet, Wissen allen zugänglich zu machen statt Angst vor zu viel Einblick zu haben. Das gilt nicht nur für gute Nachrichten, sondern auch für unangenehme Vorgänge im Unternehmen. Wenn zum Beispiel die Nachricht über eine Umstrukturierung oder gar eine Kündigungswelle die Mitarbeiter trifft wie ein Schlag aus heiterem Himmel, ist die Unternehmenskultur eindeutig marode. Die Verantwortung der Führung wurde offensichtlich schon länger vernachlässigt, und die Belegschaft war vom

Informationsfluss abgeschnitten. Sonst wäre es unmöglich, dass es soweit kommt, ohne dass die Angestellten auch nur damit rechnen würden.

Wie aber bezieht man die Mitarbeiter, die dabei sein wollen, in Themen und Entwicklungen ein? Wie denkt man jemanden groß? Wie erreicht man, dass Mitarbeiter mitverantwortlich das Wohl und die Belange des gesamten Unternehmens im Blick haben und nicht nur ihren persönlichen Mikrokosmos? Welches Handwerkszeug brauchen Mitarbeiter, um Mitunternehmer zu werden?

Betrachten wir dazu ein BEISPIEL: Was ist los mit Frau Haber?

Herr Reuther ist Abteilungsleiter in einer großen IT-Firma. Seine Teams entwickeln Software für globales Projektmanagement der Zukunft. Heute hat ihn sein Chef, Herr Feldmann, zu einem Vier-Augen-Gespräch eingeladen. Was Herr Reuther im Vorfeld weiß ist, dass es um seine Mitarbeiterin Claudia Haber geht. Das lässt ihn Unangenehmes befürchten, denn sie ist sein 'Sorgenkind'. Sie ist schon 15 Jahre in der Firma, deutlich länger als er selbst, der noch nicht einmal zwei Jahre hier ist. Sie hat durch ihr Know-how eine Schlüsselposition inne und konnte bisher immer mit besonderen Leistungen glänzen; beliebt ist sie noch dazu. Doch seit fast einem Jahr ist Vieles anders geworden: Frau Haber kann immer öfter ihre Deadlines nicht halten, vergisst Informationen weiterzugeben und ihre Produktivität bleibt deutlich hinter der ihrer Kollegen zurück. In Meetings ist sie im letzten halben Jahr sehr schweigsam. Tatsächlich hat Herr Reuther schon in Erwägung gezogen, sich von ihr zu trennen, da seine mehrfach kurzen aber klaren Hinweise an Claudia Haber bisher nicht gefruchtet haben. Immerhin lässt es sich anhand ihrer Ergebnisse fast nicht mehr rechtfertigen, sie länger zu halten. Herr Reuther ist enttäuscht und wütend, denn scheinbar nimmt Frau Haber ihn und ihre Verantwortung nicht mehr ernst und verdirbt ihm dadurch gute Gesamtergebnisse. Er hat das Gefühl, dass die Kollegen gespannt sind, wie er mit der Lage umgehen wird.

Nun befürchtet Herr Reuther, dass Herr Feldmann ihn wegen Frau Habers Leistungen zur Rede stellen will. Nervös macht er sich auf den Weg ins Gespräch – bereit, die Trennung von Frau Haber als Option auf den Tisch zu legen, um seinem Chef eine wirksame Lösung präsentieren zu können – schließlich hat er alles im Griff.

Herr Feldmann: „Herr Reuther, ich habe mir die Ergebnisse Ihrer Teams aus diesem Quartal angesehen – und es fällt auf, dass

Frau Habers Leistungen im Vergleich zu ihren 14 vorherigen Jahren im Unternehmen deutlich nachgelassen haben. Ich kenne Frau Haber schon lange und schätze sie sehr, doch wollte ich Sie, als ihren direkten Vorgesetzen, zunächst ansprechen. Wissen Sie, was los ist?"

Herr Reuther: „Allerdings, Herr Feldmann, lassen Frau Habers Ergebnisse seit einiger Zeit stark zu wünschen übrig, das sehe ich ebenfalls. Ich kann mir das auch nicht erklären – denn sonst läuft alles wirklich bestens in der Abteilung."

Herr Feldmann: „Dass Sie nicht wissen, was Ihre Mitarbeiterin zu ihrem Verhalten bewegt, macht mir Sorgen, Herr Reuther. Ich frage mich gerade, ob Sie vielleicht zu wenig mit ihren Leuten in Verbindung sind, und Ihre Unwissenheit bezüglich unserer langjährigen Mitarbeiterin unterstreicht diesen Eindruck. Wissen Sie, unsere Mitarbeiter sind unser Potenzial. Und genau deshalb ist mir eine Führungskultur wichtig, wo wir uns füreinander interessieren, miteinander statt übereinander sprechen und einander verstehen wollen. Wir Führungskräfte sind Vorbilder und haben vorzuleben, was wir von unseren Mitarbeitern sehen möchten. Was brauchen Sie, um mit Frau Haber, auch außerhalb der Halbjahresgespräche in eine Verständigung zu kommen, die über die sachlichen Themen hinausgeht?"

„Herr Reuther" ist leider keine Ausnahme, ist sogar an eine wahre Geschichte angelehnt. Er hat mitbekommen, dass Frau Habers Leistungen nachgelassen haben, sich darüber geärgert, gewundert ja letztlich nur noch geurteilt. In seiner eigenen Not hat es nicht zu einem Gespräch gereicht, in dem er versucht hätte zu verstehen, was los ist, sondern nur zu Motivationssprüchen oder Druckspitzen, die Claudia Haber zu alter Leistung anspornen sollten.

Warum ist er einem Gespräch mit ihr aus dem Weg gegangen, schließlich hätte das eine sehr positive Signalwirkung für alle Mitarbeiter haben können?
Weil er Schwierigkeiten damit hat, unangenehme Themen anzusprechen. Empathisch zuzuhören hat er nie gelernt. Er hat hingegen feste Lösungen im Kopf, möchte diese durchsetzen und sich nicht am Ende in einer Situation wiederfinden, die er nicht souverän meistern kann. Ein Vieraugengespräch im Sinne des Gesunden Kommunizierens und Führens braucht mehr als nur Sprüche oder Zahlen. Es beschränkt sich nicht darauf, Mitarbeiter zum Arbeiten oder zu neuen Zielen zu bewegen, sondern stellt den Menschen in den Mittelpunkt. Es will verstehen und verstanden wer-

den und fokussiert die Bedürfnisse. Manche Chefs demonstrieren aus einem veralteten Verständnis ihrer Führungsrolle heraus ein, überspitzt gesagt, soziopathisches Verhalten – weil sie glauben, dass sie gegenüber ihren Mitarbeitern keine ‚Schwäche' zeigen dürfen. Sie verwechseln Selbstklärung, Empathie und das Aussprechen von Bedürfnissen mit Schwäche. Lieber ziehen Sie sich auf die Rolle des ‚harten Hundes' zurück, statt sich auf solchen ‚Softie-Kram' wie Mitarbeitergespräche auf Augenhöhe und Bedürfnisebene einzulassen. Diese Rolle ist auch gesellschaftlich diejenige, die bekannt und akzeptiert zu sein scheint und somit fühlen sich Führungskräfte in der Menge sicher. Sie hoffen, mit ihrer Sachlichkeit, Respekt, Ziele und Souveränität schnell und direkt zu erreichen – den Wert, den die Förderung von Selbstvertrauen oder Verbindungsqualität hat, haben sie (noch) nicht auf dem Plan.

Das Ergebnis ist eine Führungskultur, die in Kennzahlen verliebt ist und Mitarbeiter manchmal genauso behandelt. Dahinter steckt nicht unbedingt Absicht – viele Führungskräfte haben es einfach nicht anders gelernt und sind dieses Verständnis von Autorität seit ihrer Kindheit gewohnt. Es fehlt ihnen schlicht an herzlichen Vorbildern, an aufrichtigen Führungspersonen, die ohne Druck, Belohnung und Bestrafung sehr erfolgreich sind, weil sie auf Freiwilligkeit und Mündigkeit ihrer Mitarbeiter setzen.

Hinzu kommt, dass erst wenige Chefs zeitgemäße Kommunikations- und Konfliktlösungswerkzeuge kennen, die tatsächlich Partnerschaftlichkeit anstreben und eine Unterstützungskultur aufbauen. Sie besuchen Rhetorikkurse, Motivations- oder Kommunikationsfortbildungen, doch all diese zielen lediglich auf die Spitze des Eisbergs. Die Bedeutung der menschlichen Bedürfnisse, um Potenziale zu entfalten, vor allem neue Denkweisen und Einstellungen, zu denen ein anderer Wortschatz und neue Hörmöglichkeiten gehören, lassen diese Fortbildungen meist außen vor! Doch ohne diese, verändert sich nur wenig.

Zukunftsfähige Führung heute vertraut auf zuhörstarke und mutig reflektierende Chefs, die bereit sind, sich selbst zu zeigen und andere groß zu machen, weil sie selbst in sich ruhen und ihre Möglichkeiten gerne miteinander statt in Alleingängen nutzen.

Herr Reuther würde Frau Haber fast lieber entlassen, als ein offenes ausführliches Gespräch mit ihr zu suchen. Er hat keine Ahnung von ihrer privaten Situation, der Krankheit ihres Vaters, der neuen Stelle ihres Mannes und der Schulsituation ihres jüngsten Sohnes. All das belastet sie und nimmt sie mit ins Unternehmen. Eine 45-Stunden-Woche, wie sie früher bei Claudia Haber keine Seltenheit war, möchte und kann sie einfach nicht mehr leisten. Doch der neue Chef spricht über solche Themen ungern, er möchte Erfolge vorweisen – das macht er in allen Äußerungen unmissverständlich deutlich. So versucht sie weiterhin ihr Bestes und schweigt, anstatt ihr Leben in die Hand zu nehmen und auf ihn zuzugehen.

Hätte Herr Reuther eine andere Einstellung und würde die Handwerkszeuge des Gesunden Kommunizierens und Führens nutzen, hätte er zwar gewisse Zeiten für intensivere Gespräche aufzuwenden – würde aber sicher mehr Verständigung erreichen, die letztendlich zu mehr Entspannung im gesamten Team, kurz zu einer Unterstützungskultur mit Vertrauen und Win-win-Lösungen führt. Die Chance, dass die Produktivität in einer solchen Kultur steigt, ist naheliegend.

Der Wandel vom Egosystem-Bewusstsein zum Ökosystem-Bewusstsein

Der Wandel von der Ego-Ökonomie – der klassischen hierarchischen Wirtschaft – zur Öko-Ökonomie braucht ein naturgemäßes Verständnis vom Miteinander in einem großen Ökosystem, in dem das Wohlbefinden aller im Mittelpunkt steht.

In meiner praktischen Tätigkeit als Unternehmensberaterin heißt das, ein Bedürfnisbewusstsein in Unternehmen zu entwickeln: Ziel ist es, dass alle Beteiligten ihre eigenen Bedürfnisse nennen können, was zu hoher Selbstverantwortung führt und das alle die Bedürfnisse des gesamten Unternehmens im Blick haben, was wiederum zu hoher Mitverantwortung führt, so dass alle an einem Strang ziehen.

Darüber hinaus gehören klare und gemeinsam formulierte Ziele sowie eine starke Vision, wohin das Unternehmen möchte, zu der Entwicklung eines zukunftsfähigen Unternehmens mit Bedürfnisbewusstseins. Diese modernen Unternehmen sehe ich auf einer höheren Entwicklungsstufe mit klaren Wettbewerbsvorteilen gegenüber herkömmlich geführten Unternehmen, in denen die Bedürfnisse der Menschen immer noch eine untergeordnete Rolle spielen.

Um 'Vertrauen ineinander und Macht miteinander' als Grundlage einer gesunden Kultur ins Unternehmen (oder in jedes andere Umfeld) zu integrieren, ist allerdings eine Grundsatzentscheidung zunächst nötig. Es braucht Geduld, Beharrlichkeit und vor allem Vertrauen in die Veränderungsschritte, denn es ist eine Reise in vielen kleinen Schritten, von denen jeder einzelne auf ein höheres Niveau führt. Bereits der Anfang lohnt sich, da Sie schon nach den ersten Schritten nicht mehr auf ein Bewusstsein unterhalb dieser Ebene zurückfallen können.

Vertrauen heißt auch, dem Anderen nicht trotz, sondern wegen seiner besonderen Eigenschaften und Ansprüche Macht zuzutrauen. Nur wenn Führung davon ausgeht, dass verantwortliche Mitarbeiter als Mitdenkende oder sogar als Mitunternehmer einen besonderen Beitrag fürs Unternehmen leisten, weil sie langfristig Freude und Sinn darin finden, kann eine Ermächtigung bis an die Basis funktionieren.

Damit sich ein dominanzhierarchisches Unternehmen gesundkommuniziert, ist neben einer neuen Überzeugung, Zeit und eine Gelassenheit gegenüber Anfangsschwierigkeiten notwendig.

Die Klarheit gesunder Kommunikation kann zu Beginn erschreckend ehrlich und direkt sein. Schon daran lässt sich erkennen, wie effektiv diese Art zu kommunizieren ist.

'Macht miteinander' lässt sich nicht einschalten wie ein Computer. Doch der Anfangsaufwand lohnt sich: Gesunde Führung macht Unternehmen zukunftsfähig. Sie sind reaktionsschneller, innovativer und resistenter gegen Krisen. Mitarbeiter bleiben länger, weil sie sich wohl und erfüllt fühlen. Je nach den Voraussetzungen eines Unternehmens kann der Prozess unterschiedlich lange dauern. Beginnt die Saat von Empathie, Aufrichtigkeit und Selbstverantwortung erst Wurzeln zu schlagen, wird sie sich automatisch in alle Verzweigungen des Unternehmens ausbreiten. Diese Unternehmen, sind dann von einer gesunden Macht durchdrungen: Gemeinsame Freude, Verantwortungsbewusstsein und messbar bessere Ergebnisse.

2014+ – Ziele menschlich erfolgreich umsetzen!

Grundregeln gesunder Führung

I. Übernehmen Sie 100% Selbstverantwortung für Ihre Gefühle. Lassen Sie 'Opfergedanken' hinter sich

II. Lernen Sie ihre Bedürfnisse kennen und zu äußern.

III. Sehen Sie die Bedürfnisse des Anderen.

IV. Lernen Sie empathisch zuzuhören – das sät ein Klima von tiefer Verständigung und führt zu völlig neuen Lösungen.

V. Lernen Sie, Wahrnehmungen von Interpretationen zu trennen – erst das macht klare und präzise Gespräche möglich.

VI. Stellen Sie die Menschen und ihre Bedürfnisse (Bedürfnisse im Sinne der GFK) in den Mittelpunkt von Entscheidungen.

VII. Nutzen Sie in heiklen Konfliktsituationen die vier Schritte der Gewaltfreien Kommunikation .

VIII. Leben Sie als Führungskraft vor, was sie in Ihrem Team/Ihrer Familie erleben möchten. Predigen hilft nicht!

IX. Erlernen Sie neue Entscheidungsprozesse, die alle integrieren.

X. Sprechen Sie unangenehme Themen kleinschrittig zeitnah und offen an – das schafft Vertrauen!

XI. Nehmen Sie sich die Zeit, gemeinsame und trennende Werte und Ziele zu klären – das spart Zeit, Kraft, Nerven und Geld.

XII. Sie haben als Arbeitgeber weder einen Therapievertrag noch einen Erziehungsauftrag. Mitarbeiter sind Erwachsene – und möchten so behandelt werden.

XIII. Geben Sie Ihren Mitarbeitern Verantwortung und Freiraum für eigene Interessen – das bringt Freude und neue Ideen.

XIV. Sehen Sie jeden als Individuum und behandeln Sie jeden einzigartig!

XV. Klären Sie bereits bei der Einstellung neuer Mitarbeiter, welche Bedürfnisse diese sich erfüllen wollen und ob sie meinen, diese bei Ihnen realisieren zu können.

XVI. Erinnern Sie sich: Alles, was Menschen tun, tun Sie, weil sie versuchen, sich ein Bedürfnis zu erfüllen.

Und das war es auch schon. Das ging schnell, nicht wahr?

Erst einmal möchten wir uns bei Ihnen bedanken – ich, Suzanne Grieger-Langer, die Entwicklerin der 7 Säulen und Herausgeberin des ersten und dieses zweiten Reloads und unsere sieben Erfolgs-expertinnen:

- Simone Gerwers, die Stand-Up-Unternehmerin
- Daniela A. Ben Said, die Kundenverblüfferin
- Antje Heimsoeth, der Olympiafaktor
- Carmen Brablec, die Markenübersetzerin
- Nicola Tiggeler, die Stimmende
- Silvia Ziolkowski, die Zukunftsentwicklerin und
- Angela Dietz, die Biologin der Kommunikation .

Wir freuen uns über Ihr Interesse und wir freuen uns an Ihrem Erfolg. Wir gönnen Ihnen den Erfolg und sind gern bereit Sie darin zu unterstützen – mit diesem Buch oder auch in der Academy.

Sie möchten ein Seminar zu den 7 Säulen der Macht erleben? Kontaktieren Sie uns.

Sie wünschen einen Vortrag zu den 7 Säulen ob von mir oder einem oder mehreren unserer Experten? Zögern Sie nicht uns anzusprechen. Wir freuen uns auf Sie.

FON +49 (0)521 60 145

Die Community der 7 Säulen-Experten veranstaltet regelmäßig Events rund um die 7 Säulen der Macht.

Informationen dazu finden Sie auf unserer Verlagswebsite www.profilerspublishing.com

Wir wünschen Erfolg in und Freude an Ihren Unternehmungen.
Suzanne Grieger-Langer & Experts

Suzanne Grieger-Langer – Die Profilerin

Persönlichkeit . Macht . Sinn

Suzanne Grieger-Langer ist die Frontfrau der Grieger-Langer Gruppe und seit 1993 Jahren erfolgreiche Unternehmerin.

Die Profilerin ist spezialisiert auf die Erkennung von persönlichen Potenzialen als auch von Betrug. Seit über zwanzig Jahren instruiert sie weltweit Nachrichtendienstler wie auch Entscheider der Wirtschaft und Wissenschaft.

Die Lehrbeauftragte der bekanntesten Wirtschaftshochschulen Europas (Wirtschaftsuniversität Wien, Universität Bern) entwickelte u.a. den Studiengang 'Certified Profiler' für die Frankfurt School of Finance and Management.

Ihr Credo: Persönlichkeit.Macht.Sinn!

Und wenn man|frau etwas anfängt, dann bitte 007 statt 08|15!

Das Hörbuch

Wussten Sie, dass es diesen Reload auch als Hörbuch gibt?

Und das Besondere:

Sie hören nicht nur die Texte, Sie hören die Expertinnen.

Jede unserer Autorinnen hat ihren Beitrag für Sie persönlich eingesprochen. Erleben Sie die Energie, die Persönlichkeit und spüren Sie das Potenzial jeder Expertin.

Weitere Einblicke in Einsichten und Ansichten unserer Autorinnen finden Sie im Videoblog http://profilerspublishing.com/blog/

Der männliche Reload

Und wussten Sie, dass es auch einen männlichen Reload gibt?

Es warten auf Sie:

1. **Wolfgang Bönisch**, der Verhandlungsretter
   mit 'Stand your ground!'
2. **Nils Bäumer**, der Menschenbegeisterer
   mit 'Eine Idee ohne Leidenschaft ist wie Sex ohne Partner!'
3. **Thierry Ball**, der selfment®-Coach
   mit 'Who ist driving the bus?'
4. **Dietmar Baum**, der Ressourcer
   mit 'Rohrkrepierer – oder vom Konzept zum Erfolg!'
5. **Falk S. Al-Omary**, der Namenmacher
   mit 'Bescheidenheit zieht Armut an!'
6. **Ronald Hanisch**, der rEvolutionär
   mit 'Veränderung erfolg(t)!'
7. **Michael Bandt**, der Zielverwirklicher
   mit 'Die eigenen Schätze bergen!'

Das Original – <u>Der</u> Coaching-Guide! (Cosmopolitan)

2006 erblickte das Original der sieben Säulen der Macht das Licht der Buchwelt.

Es ist randvoll mit transaktionsanalytischen Konzepten, geschrieben für Coaches, für die Begleitung von Personen zur Persönlichkeit.

Die sieben Säulen der Macht sind nicht nur eine unschätzbare Hilfe zur Persönlichkeitsentwicklung. Sie sind auch eine Erfolgsstory für sich:

- 1991 begann Suzanne Grieger-Langer den Muff aus dem jahrtausendealten Stoff zu klopfen und die sieben Säulen der Macht für Menschen von heute zu übersetzten.

- Seit 1998 trainiert Suzanne Grieger-Langer Führungskräfte mit den sieben Säulen der Macht: von der Person zur Persönlichkeit. Die Kunden sind das 'Who is Who' der Wirtschaft; von A (wie Audi), über B (Bertelsmann), C (Canon) bis Z (Zeppelin).

- Seit 2003 sind die sieben Säulen der Macht® eine eingetragene Marke.

- Seit 2009 unterstützen die sieben Säulen der Macht auch Wissenschaftler u.a. der Wirtschaftsuniversität Wien, u.a. im internationalen Doktorenprogramm.

- 2013 akkreditierte die Deutsche Gesellschaft für Transaktionsanalyse die sieben Säulen der Macht für die Ausbildung zum Coach (Transaktionsanalyse).

- 2013 der erste und männliche Reload

- 2014 der zweite und weibliche Reload

Mittlerweile können wir selbst den Bedarf an Vorträge und Seminaren nicht mehr allein bewältigen und lizenziere Coaches, Trainer und Speaker für die 7 Säulen der Macht®.

Fühlen Sie sich berufen?
Rufen Sie uns an, Sie erreichen uns.

FON +49 (0)521 60 145

Der Hybrid – Das Intensivtraining

Wenn Sie die Champions League nicht nur schauen, sondern in Sachen Führung mitspielen wollen, dann brauchen Sie die sieben Säulen der Macht in allen drei Machtfacetten der Führung: Mensch (Selbstführung), Marke (Unternehmensführung) und Management (Mitarbeiterführung)!

- **Mensch**
  Hier geht es um Ihre Persönlichkeitsentwicklung, denn Macht und Machtwerkzeuge sind nur so gut, wie die Hände in denen sie liegen.

- **Marke**
  Hier geht es um die Übersetzung der Firmenphilosophie in Ihr Führungshandeln: warum machen wir was, was ist unser Commitment, unser Ziel, unser Versprechen, unser Anspruch...

- **Management**
  Hier geht es um die klassische Führungsarbeit. Aber! Bitte auf höchstem Niveau. Aus diesem Grund sind Persönlichkeitsentwicklung (Mensch) und UnternehmensCommitment (Marke) unerlässlich.

Das Intensivtraining nach den 7 Säulen der Macht mit den 3 Ms – Mensch, Marke, Management – ist ein Hybrid-Training, damit wir uns während der Live-Sessions zu 100% Ihrer Handlungskompetenz widmen können.Checks, Laufzettel, Umfragen, Theorien, weiterführende Literatur und Tipps sind online in zwei geschützten Bereichen verfügbar

- Gruppenraum
  offen für alle Teilnehmer des Jahrgangs – hier finden Diskussionen statt, per Push-Nachricht werden neue Infos geteilt

- Einzelraum
  nur für Sie persönlich zugänglich – hier finden Sie alle Tests, Checks und ihre Profiling-Ergebnisse, als auch Lernvideos und PodCasts.

Woher Sie wissen, dass es etwas Neues gibt? Sie erhalten von uns Push-Nachrichten auf Ihre App.

Nur einmal im Jahr!

... öffnet die Profiler's Academy die Türen für einen neuen Jahrgang.

HTTP://PROFILERSACADEMY.COM

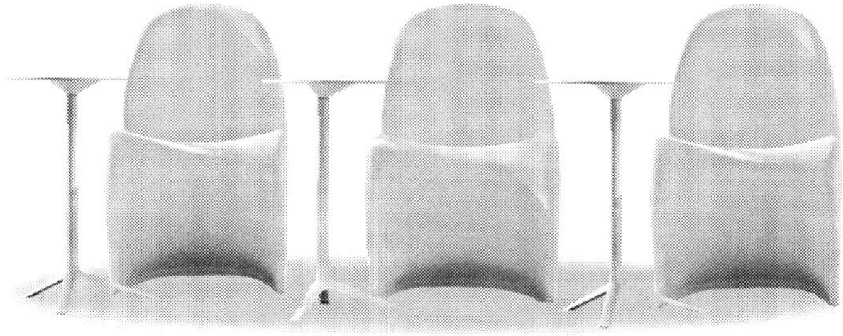

Drei Jahre begleiten wir Sie intensiv, denn Substanz- wie auch Reputationsaufbau gelingen nicht über Nacht. Ist aber erst einmal ein substanzieller Kern mit Standfestigkeit, Leidenschaft, Selbst-Kontrolle, Liebe, Kommunikation, Wissen und Ethik versorgt, dann komme, was da wolle – Sie werden bestehen und Ihren Weg gehen.

Wenn Sie also Ihren Erfolg garantieren wollen. Wenn Sie Ihr Potenzial wecken wollen. Wenn Sie Schutz und Chancen gegenüber Machtmenschen nutzen wollen. Wenn Sie leben und arbeiten wollen, wie Sie es lieben, dann sind Sie in der Academy richtig.

Rufen Sie uns an, Sie sind uns herzlich willkommen.

FON +49 (0)521 60 145

Printed in Poland
by Amazon Fulfillment
Poland Sp. z o.o., Wrocław

62029715R00141